천재보다 집중 잘하는
청소년이 성공한다

천재보다
집중 잘하는
청소년이
성공한다

| 김동하 지음 |

평 단

집중을 잘하면 뇌가 천재의 뇌로 바뀐다!

위대한 인생, 남다른 인생을 살고자 한다면 무엇보다 집중력에 집중해야 한다.

평범함을 거부하고, 탁월함에 도전하는 자들이라면 무엇보다 집중력에 집중해야 한다.

왜 그럴까?

집중력이 그 어떤 재능보다, 그 어떤 기술보다 더 강력한 재능이자 기술이기 때문이다.

한 평범한 30대 혹은 40대 직장인이 있었다. 그런데 그 평범했던 중년의 남자가 3년 후에 세상을 놀라게 할 만한 일들을 할 수 있는 비범한 사람으로 변신했다. 그는 초등학교, 중학교, 고등학교 내내 평범한 학생이었고, 대학 시절에도 지극히 평범했다. 또한 직장을 다닐 때도 절대로 돋보이거나 두각을 나타내지 않았다. 그 야말로 그는 평범함 그 자체였다.

그러나 직장을 그만두고 3년 동안 도서관에서 책에 집중한 결과 그토록 평범하기 그지없던 사람이 완전히 달라지고 그의 인생은 빛이 나기 시작했다.

단지 평범한 직장인에 불과했던 그가 2013년 한 해 동안 24권의 책을 써서 출간까지 하게 되었고, 글쓰기를 시작하고 나서 2년 동안 40여 권 이상의 책을 출간하는 진기록을 세웠다. 그중에는 2012년 국립 도서관에서 가장 많이 읽힌 책 열 권 중에 포함된 책도 있고, 2013년 문화체육관광부 선정 '우수 교양 도서'가 된 책도 있으며, 중국에 번역 출간되어 해외 정치인 부문 베스트셀러가 된 책도 있고, 일본, 중국, 베트남 등지에 번역 출간된 책도 있다. 또 스테디셀러가 되어 꾸준히 독자의 사랑을 받는 책들도 적지 않다.

이 중년의 남자가 이렇게 될 수 있었던 것은 과연 무엇 때문이었을까?

이 남자는 특별히 남다른 재능도, 능력도, 소질도 갖고 있지 않았다. 그런데 도서관에 틀어박혀 3년 동안 책에 집중하자 3년 후 (하루 열 시간에서 열다섯 시간을 책만 봤기 때문에 최소한 1만 시간 이상을 책에 집중한 것)에는 대한민국에서 책을 가장 빨리 쓰는 작가, 1년에 24권의 책을 출간하는 작가, 다양한 분야의 책을 거침없이 쏟아내는 작가라는 타이틀을 거머쥐었다.

이런 놀라운 현상의 원인은 무엇일까? 바로 '집중력'이다.

만약 그가 책에 집중하지 않았다면 이런 일은 결코 일어나지 않았을 것이다. 그 남자는 다름 아닌 이 글을 쓰고 있는 본인이다. 나는 집중력에 집중하지 않았다면 이런 놀라운 결과를 얻지 못했을 거라는 사실을 누구보다 잘 알고 있다. 3년 동안 책에 집중하기 전의 뇌와 집중을 한 후의 뇌가 달라졌다는 사실을 누구보다 정확하게 알고 있기 때문이다.

집중을 하면 강력한 힘과 에너지가 나오게 된다. 그런 힘과 에너지는 정신력과 상상력으로 발전하게 되고, 그것은 결국 기적과 같은 성과로 이어지게 된다.

집중을 잘하는 사람일수록 기적과 같은 일들을 경험하게 된다. 집중을 하면 뇌가 바뀌게 된다. 게임을 많이 하는 사람은 뇌가 게임에 최적화된 상태가 되어 집중력이 급격하게 떨어지고 만다. 반대로 무엇인가에 집중하는 훈련과 연습을 하는 사람은 뇌가 집중을 하는 데 최적화되어 집중력이 놀랍게 향상된다.

집중력이 향상된 사람들은 그렇지 못한 사람들이 열 시간 동안 해야 하는 일이나 업무를 한 시간 만에 해치울 수 있다. 집중력은 우리가 상상하는 것 이상으로 엄청난 힘과 에너지를 갖고 있기 때문이다.

직장에서 성공하고 싶다면 집중력에 집중해야 한다. 학교에서 공부를 잘하고 싶다면 집중력에 집중해야 한다. 또한 독서를 잘하는 독서의 고수가 되고자 한다면 그렇게 해야 하고, 축구를 잘하기를 원한다면 그렇게 해야 한다.

모든 길이 로마로 통하듯, 모든 능력과 소질은 집중력에서 비롯되기 때문이다.

아무리 뛰어난 재능이 있다고 해도, 혹은 좋은 머리를 갖고 있다 해도 집중할 수 있는 능력이 없는 사람은 절대로 거인으로 성장할 수 없다. 집중력은 비행기가 하늘을 날기 위해서 반드시 필요한 연료와 같은 것이기 때문이다. 성능이 뛰어난 스포츠카도 연료가 없으면 단 1미터도 움직이지 못한다. 사람도 마찬가지다. 아무리 좋은 재능을 갖고 있어도 집중하지 못하면 절대로 그 재능을 향상시킬 수 없다.

그러므로 성공은 얼마나 많은 재능을 갖고 있는가보다 얼마나 제대로 집중할 수 있는지에 달려 있다 해도 과언이 아니다. 집중을 잘하게 되면 독서, 공부, 일, 운동 등 무슨 일이든 즐겁고 쉽다. 이렇게 되면 속도도 빨라지고 성과도 금방 얻게 되니 또다시 즐거워져 선순환이 이루어진다. 그러나 집중을 잘하면 무엇보다 당신의 뇌가 천재의 뇌로 바뀌게 된다.

집중력에 집중을 해야 하는 이유는 바로 여기에 있다. 성공인들의 공통적인 특징이 집중력에 집중하는 것인 이유도 바로 이 때문이다.

자녀들로 하여금 집중력에 집중하게 하면 그들이 어떤 분야를 선택하더라도 그 분야에서 거인이 될 수 있다.

　당신을 성공으로 이끄는 것은 능력, 지식, 스펙이 아니라 바로 집중력이라는 사실을 잊지 말라.

김병완 작가

학부모들이여!
아이의 성적보다는 아이들의 집중력에 집중하라!

학부모들이여! 아이의 성적보다는 아이들의 집중력에 집중하라!

집중하면 뇌가 바뀌고 인생이 바뀐다. 천재가 될 수도 있고, 노벨상의 주인공이 될 수도 있다. 공부를 열심히 하면 성적이 하위권에서 중상위권으로 오르는 것은 사실 어렵지 않다. 하지만 중상위권에서 상위권으로의 도약은 열심히 해도 그다지 쉽지 않다. 도대체 그 원인이 무엇일까?

상위권에 있는 학생이라면 누구나 공부를 열심히 한다. 또한 남들보다 우수한 만큼 똑똑한 것도 사실이다. 그래서 여기서부터는 집중력이 경쟁력이 된다.

"많은 사람이 정해진 시간을 한 가지 방향으로만 사용하고 한

가지 목표에만 집중한다면 그들은 성공할 것이다."

이는 천재 발명가 토머스 에디슨의 말이다. 즉, 성공하려면 목표를 정하고 그것에 집중하면 된다는 의미다. 이것이 곧 '성공 방정식'이다. 대한민국의 아이들은 좋은 대학에 입학하는 것만이 인생의 목표인 줄 알고 자란다. 그래서 좋은 대학에 가기 위해 목숨을 걸고 공부에 집중한다. 그러나 많은 학생이 "공부를 잘하고 싶지만 집중이 잘 안 돼요"라고 토로한다. 학부모는 "우리 아이가 좀 더 집중하면 성적이 쑥쑥 오를 텐데, 더 좋은 대학에 갈 수 있을 텐데!"라고 안타까워한다. 그래서 학부모들은 아이의 집중력 향상을 위해 기꺼이 많은 노력과 비용을 지불한다. 하지만 그것에 비해 아이들의 집중력이나 성적은 잘 오르지 않는 것이 현실이다.

그렇다면 학부모들이나 아이들이 목표 달성을 위해 간절히 원하는 집중력은 왜 쉽게 이루어지지 않는 것일까?

우선 가장 큰 요인은 아이들을 둘러싼 환경에서 찾을 수 있다. 집중력을 분산시키는 요인이 상당히 많기 때문이다. 통계에 따르면, 아이들이 또래 친구들과 대화하는 시간, 운동하는 시간, 독서하는 시간은 점점 줄어들고 있는 반면에 텔레비전 시청, 게임, 인터넷, 스마트폰 등에 쏟는 시간은 점점 증가하고 있다. 아이들이 공부보다 재미있고 생각 없이 즐길 수 있는 디지털의 유혹에 쉽게 빠지기 때문이다. 또 한편으로는 성적 향상을 위해 학원을 다니거나 과외 공부를 하느라 밤이나 새벽까지 잠을 자지 못하기 때문이다.

이런 환경 속에서 아이들의 뇌는 피곤에 절어 있다 해도 과언이 아니다. 그런 까닭에 아이들은 학교에서 눈은 뜨고 있지만 정신은 멍한 상태로 대부분의 시간을 보내게 된다. 고교생의 절반이상이 수업 시간에 자고 있는 것이 우리나라 학교의 현실이다. 그래서 아침부터 저녁까지 책상에 앉아 공부를 하고 있음에도 성적은 좀처럼 향상되지 않는 것이다.

뇌 과학 측면에서 보자면 이는 뇌의 항상성이 깨져서 집중력도 떨어지고 뇌의 효율성도 저하된 것이다.

아인슈타인은 집중력과 뇌의 효율성에 대해 다음과 같이 말했다. "제대로 집중하면 6시간 걸릴 일을 30분 만에 끝낼 수 있지만, 그렇지 못하면 30분이면 끝낼 일을 6시간을 해도 못한다."

바로 이러한 현상이 공부에서도 나타난다. 학년이 높아질수록 집중력은 아이들의 실력으로 나타난다. 그러므로 부모들은 아이가 어려서부터 디지털 세상의 유혹을 잘 이겨내고 원하는 목표를 세워 집중할 수 있도록 도와줄 필요가 있다.

집중력 향상이라는 문제도 새로운 디지털 환경에 대체할 수 있는 새로운 방법을 찾아야 한다. 하지만 대부분의 학부모가 변화하는 환경이나 아이의 뇌 상태는 간과하고 집중력을 높이는 방법에만 관심을 기울인다. 나는 20년 이상 아이들의 학습능력 향상과 관련된 일을 하는 와중에 뇌 과학을 접하게 되었다. 그리고 지금의 환경에 알맞은 집중력을 향상시키는 방법을 마치 마법처럼 알게 되었다.

이 책에서는 디지털의 가상공간이 지배하는 환경 속에서 아이들이 자기조절 능력을 키워 집중력을 향상시키는 방법을 제시하고 있다. 또한 아이의 집중력 향상을 위해서 부모가 알아 두면 좋은 방법들에 대해서도 소개하고 있다. 여기에 소개된 방법들을 부모와 아이가 함께 꾸준히 실천한다면 마법처럼 집중력이 향상될 것이다.

집중력은 힘이 세다. 집중력은 어떠한 어려움도, 고통도 다 이겨내고 목표에 도달할 수 있게 하는 가장 큰 원동력이다.

| 목차 |

제3부 - 누구나 할 수 있는 집중력 향상법

제4부 - 아이의 미래, 뇌에 달렸다

관점 바꾸기

21세기는 창조의 시대다. 창조성을 키우기 위해서는 집중력의 향상이 그 무엇보다 중요하다. 집중력의 향상을 위해서는 지금까지 학부모가 주체가 되어 왔다면 이제 아이들 중심으로 교육 환경이 철저히 바뀌어야 한다.

집중력 훈련은 유아기부터 시작해야 한다

집중력을 키우려면 뇌가 급속도로 발달하는 유아기부터 시작하는 것이 좋다. 아이들은 자신이 관심 있는 분야에는 놀라울 정도의 집중을 보인다. 이것이 바로 집중력의 기초다. 이를 잘해야만 정서적으로 불안전하고 충동적인 십 대 청소년 시기를 슬기롭게 보낼 수 있는 기초가 마련된다.

아이의 인생에서 집중할 그 무엇인가를 찾기만 한다면 아이의 내면에 내재해 있는 잠재력이 항상 집중하게 된다. 이를 통해 아이는 성공하는 사람으로 자라게 되는 것이다.

Viewpoint

Training

concentration

Efficiency

효율적인 뇌 훈련

이제 우리나라에서도 뇌 과학을 활용해서 집중력을 향상할 수 있는 뇌 훈련을 쉽게 접할 수 있다. 단, 뇌 훈련 전에 아이와 학부모가 먼저 준비해야 할 것이 많다. 아무런 준비 없이 시작하면 시간과 엄청난 비용을 쓰고도 효과를 보지 못하는 경우를 많이 보았다.

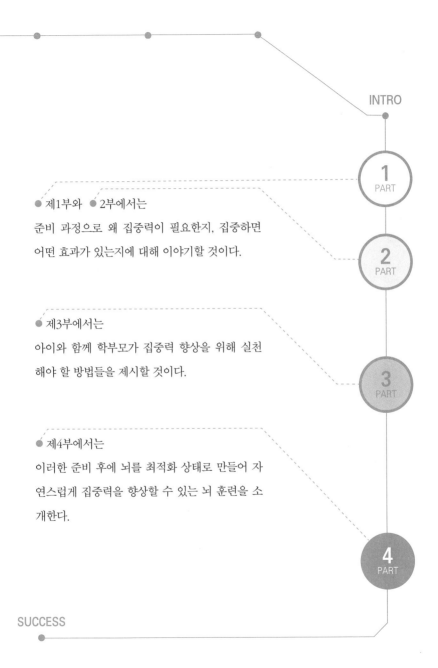

INTRO

1
PART

● 제1부와 ● 2부에서는
준비 과정으로 왜 집중력이 필요한지, 집중하면
어떤 효과가 있는지에 대해 이야기할 것이다.

2
PART

● 제3부에서는
아이와 함께 학부모가 집중력 향상을 위해 실천
해야 할 방법들을 제시할 것이다.

3
PART

● 제4부에서는
이러한 준비 후에 뇌를 최적화 상태로 만들어 자
연스럽게 집중력을 향상할 수 있는 뇌 훈련을 소
개한다.

4
PART

SUCCESS

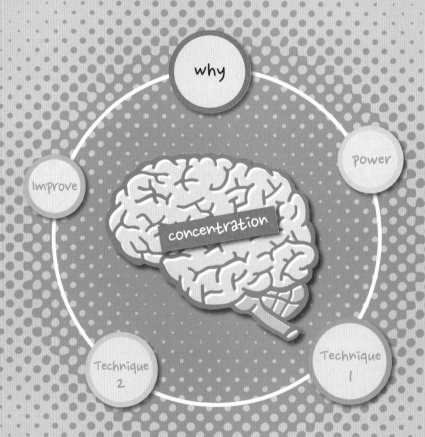

1
PART

왜 집중력인가?

왜 **성공** 방정식의 **정답**은 **집중력**인가?

누구나 성공을 꿈꾸고 성공을 이루기 위해 노력한다. 하지만 그 성공이란 것이 누구나 쉽게 얻을 수 있는 것은 아니다. 그렇다면 어떻게 하면 성공을 내 것으로 만들 수 있을까?

성공하기 위해서는 먼저 시대의 흐름을 파악해야 한다. 지금은 무조건 근면 성실하게 열심히 한다고 해서 성공할 수 있는 시대는 아니다. 최근 문을 닫은 세계적인 기업들이 열심히 하지 않아서 망한 것은 아니다.

21세기는 창의성의 시대라 해도 과언이 아니다. 이런 시대에 성공하기 위해서는 창의성을 발휘하기 위해서 더욱더 집중해야 한다. 남들과 다른 원천 기술을 개발하고자 한다면 집중하고 또 집중해야 한다. 고도로 집중할 때만이 많은 아이디어가 생겨나고 그 아이디어에 집중함으로써 새로운 창의적 제품을 만들 수 있는 것이다.

《오리진이 되라》의 저자 강신장은 이 책에서 집중력의 중요성에 대해 다음과 같이 말했다.

내가 생각하는 집중력은 몸과 마음이 하나가 될 때 나오는 힘이다. 사람의 몸과 마음이 하나가 되면 엄청난 힘이 발휘되어 때로는 '초인적' 또는 '기적'이라는 수식어가 따라붙는다. 모든 성공의 뒤에는 집중력이 있고, 성공한 사람들은 집중력이 강한 사람들이다. 획기적인 아이디어를 찾아내도 집중력이 따르지 않는다면 설득에 실패하고, 개발에 실패하고, 판매에 실패할 수밖에 없다.

위대한 성공을 거둔 사람들이나 천재들은 공통된 비결을 갖고 있다. 그것은 자신이 좋아하는 분야나 옳다고 생각하는 일에 미치도록 집중한 것이다.

우리나라의 정신문화를 꽃피운 선비들을 살펴보면 대나무처럼 올곧고 강인한 정신력을 갖고 있었다. 그들은 단 1초도 헛되이 보내지 않고 하고자 하는 일에 목숨을 걸고 집중했다. 세종대왕은 백독백습으로 책에 집중했고, 그로 인해 사고가 확장될 수 있었는데 이를 백성을 이롭게 하는 데 집중했다. 그 결과 세계 어느 나라 언어보다도 뛰어난 '한글'을 창제하고 창의적인 발명으로 조선시대 문화의 르네상스를 이룩하는 등 수많은 업적을 남겼다. 또 다산 정약용은 18년간의 유배 생활 동안 복숭아뼈에 세 번 구멍이

날 정도로 책 읽기와 글쓰기에 집중해 500권이 넘는 방대한 양의 책을 저술했다.

아인슈타인은 "몇 달이고 몇 년이고 생각하고 또 생각한다. 그러다 보면 99번째까지 틀리고 100번째가 되어서야 비로소 맞는 답을 찾아낸다"고 말했을 정도로 집중하고 몰입하는 능력이 뛰어난 인물이었다.

이는 현대에도 마찬가지다. 엄청난 부와 명성을 거머쥐고 세상을 놀라게 한 사람들도 머리와 재능보다는 자신이 하고 싶은 일에 집중했다. 빌게이츠는 하버드 대학의 졸업장을 포기하고 컴퓨터에 집중해 윈도우즈라는 새로운 시스템을 만들어 지구상 모든 사람의 책상 위에 개인용 컴퓨터를 올려놓게 했다. 스티브 잡스는 창의와 혁신에 집중해 세상을 스마트하게 바꾸어 놓았다. 아이폰과 아이패드를 선보이며 전화기가 단순히 전화만 거는 물건은 아니라는 것을 보여 주었다. 이처럼 큰 성공을 거둔 사람들은 우리 삶을 바꾸어 놓고 인류 문명에 진보라는 선물을 가져다주었다.

《아웃라이어》의 저자 말콤 글래드웰은 이 책에서 집중의 힘을 다음과 같이 말했다.

자기 분야에서 최소한 1만 시간 동안 노력한다면, 누구나 아웃라이어가 될 수 있다. 매일 하루도 빼놓지 않고 3시간씩 연습한다고 가정했을 때, 10년을 투자해야 하는 엄청난 시간이다. 1만 시간의 노력을 다할 때 비로소 우리 뇌는 최적의 상태가 된다.

　　말콤 글래드웰은 성공은 IQ나 천재적인 재능에 의해 얻을 수 있는 것이 아니라 1만 시간 동안 쉼 없는 노력을 하며 자기 분야에 집중할 때 얻을 수 있다고 말했다.

　　이승엽 선수는 뛰어난 선수가 되기 위해 훈련이 끝난 후에도 하루 1,000개의 공을 치는 연습을 했다고 한다. 연습 때는 어떤 공이라도 모두 치겠다는 자세로 타석에 서서 날아오는 공을 하나도 놓치지 않고 집중해서 쳤다. 그렇게 집중해서 연습에 임하자 마침내 그의 뇌 회로는 점차 공이 오는 것에 대한 반응을 뇌에 인식시키며 새로운 신경망을 만들어 갔다. 연습을 하면 할수록 신경망은 더욱더 발달되고, 또 그만큼 집중력도 높아져 갔다. 그 결과 연습을 통해 발달된 뇌 신경망과 공에 대한 집중력이 그에게 어떤 공이 와도 칠 수 있는 능력을 가져다주어 출중한 선수가 되게 했다.

　　초통령으로 불리는 피겨의 여왕 김연아도 마찬가지다. 그녀에게는 남다른 엄청난 집중력이 있었다. 그녀는 2007년 최악의 부상 상태에서 세계선수권 대회에 출전했는데 경기를 마친 후 인터뷰에서 이렇게 말했다. "허리와 꼬리뼈 통증은 느껴지지 않았다. 다른 우승 후보들에게도 신경 쓰지 않았다. 내 연기를 어떻게 잘 펼치느냐만 생각했다. 그 외에는 아무 생각이 없었다."

　　《김연아의 6가지 성공코드》 저자 박은몽은 이 책에서 김연아 선수의 집중력에 대해 다음과 같이 설명한다.

그녀는 외부에 대해 일체 신경 쓰지 않고 오로지 자신과 경기에만 집중했다. 만약 그녀가 부상을 걱정하고, 자신의 컨디션 때문에 다른 선수들에게 밀리면 어떻게 하나 라고 조금이라도 염려하고 신경 썼다면 오히려 큰 불안감에 경기조차 제대로 치르지 못했을지도 모른다. 그러나 자신과 경기에 모든 신경을 집중한 것이 결국 그녀에게 성공의 발판을 마련해 준 것이다. 그녀는 부상에 대한 걱정이나 경쟁 선수를 의식 하지 않았다. 오로지 자신이 연습한 경기에만 집중했다. 이러한 김연아 선수의 경기 집중력은 모든 방해 요소들을 뛰어넘어 그녀의 정신력까지 성장하게 만들었고, 그녀는 세계 최고의 선수로 성공할 수 있었다.

그런데 한 가지 중요한 사실은 집중은 자신이 원하는 것을 할 때 더 큰 효과를 보인다는 것이다. 그래서 집중력에는 의도와 선택이 포함된다. 운동선수들뿐만 아니라 어떤 한 분야에서 성공한 모든 사람은 자신이 그 분야를 선택한 것이다. 그러하기에 더 적극적으로, 더 깊이 집중할 수 있었던 것이다. 그리고 그러한 집중력이 우승, 금메달, 세계 최고의 부자, 노벨상 수상자, 최고의 작가라는 성공과 명예를 가져다주는 것이다.

뇌 과학 측면에서 보면, 인간이 목표에 집중하는 삶을 살게 되면 뇌에서는 새로운 신경망이 형성된다. 또한 도파민이라는 신경 전달물질이 분비되어 지속적인 집중을 도와준다. 이런 강화를 통해 신경망은 강력하게 활성화된다. 집중하면 결과적으로 성공할 수밖에 없는 뇌 상태가 만들어진다. 집중하면 뇌가 바뀌는 것이다. 또한 집중하는 정도에 따라 성공의 크기도 달라진다. 모든 인간의 뇌는 성공을 도와줄 무한한 잠재력을 준비하고 있다. 그래서 집중하기만 하면 엄청난 신경망의 지원을 받을 수 있게 된다.

2013년 수능에서 삼수생으로 수능 만점을 기록한 전봉열 군은 만점을 받을 수 있었던 이유를 '끈기'라고 말했다. 끈기는 다른 말로 하면 지속적인 집중이다. 그는 수능이라는 목표를 향해 3년간 계속 집중했던 것이다. 집중력은 연습에 의해서 강화된다. 확실한 결과를 가져올 방법들을 연습함으로써 집중력은 향상된다. 관련성 있는 일에 시간을 사용하면 집중력은 배가 된다. 배가된 집중력은 가장 중요한 목표를 이룰 수 있게 도와줌으로써 성공의 문으로 이끌어 준다.

목표를 향해 열심히 나아간다 해도 집중하지 않으면 목표에 빨리 도달하지 못하거나 영원히 도달할 수 없다. 결국 성공의 시작은 집중력에서 비롯되는 것이다. 그러므로 성공 방정식의 정답은 바로 집중력이다.

성공
=
지능 + 운 + 노력 + 집중력

START

집중력이 분산된 위기의 아이들

　　다음은 학부모 강좌에서 '우리 아이의 문제점'이란 제목으로 설문조사를 통해 나온 문제점들이다.

산만하다

집중을 못 한다

잘 잊어버린다

느리다

말을 잘 안 듣는다

성질이 급하다

표현을 잘 안 한다

수학을 싫어한다

책을 안 읽는다

잘 운다

감정의 기복이 심하다

친구들과 잘 어울리지 못한다

피곤해한다

마르고 키가 안 큰다

음식을 편식한다

너무 많이 먹어 뚱뚱하다

이러한 문제점은 최첨단 디지털 시대에 나타나는 집중력 저하의 원인이 될 수 있다.

성공을 위해서는 집중력이 반드시 필요함에도 요즘 아이들 대부분이 디지털 때문에 집중력 분산의 위기에 처해 있다.

《디지털 세상이 아이를 아프게 한다》의 저자 신의진 박사는 디지털 환경의 풍요가 우리 사회와 가정에 불러오는 문제에 대해 경각심을 갖도록 다음과 같이 역설했다. "마약과 같은 디지털 기기 때문에 요즘 아이들은 충동적이고, 짜증을 잘 내고, 불안해한다. 또한 또래와 못 어울리고 정서와 사회성 발달이 느린 아이가 빠른 속도로 늘고 있다. 디지털 기기가 아이들을 '팝콘 브레인'으로 만들고 기억력과 집중력을 떨어뜨린다."

아이들에게 수학문제를 풀게 해 보면 아이들은 자신이 아는 문제인데도 틀리는 경우가 많다. 연필로 줄을 획획 긋고는 "몰라요" 하면서 그냥 가지고 온다. 이때 나는 아이에게 문장을 읽어 보라고 하는데, 대부분의 경우가 글자가 많은 문제를 제대로 읽지 않아서 모른다고 하는 것이다. 또는 몇 번 생각을 거듭해야 하는 사고력 문제가 나오면 제대로 이해하지 못해서 그냥 모른다고 하는 것이다. 많은 아이가 설명을 해 주어도 집중해 듣지 않는다. 그냥 답만 맞추면 된다고 생각한다. 결국 똑같은 문제를 8번 틀리고 9번 만에 맞춘 아이도 있었다.

이처럼 아이들이 문제를 제대로 읽지도 않고, 같은 문제를 계속해서 틀리는 이유는 무엇일까? 바로 집중력의 분산 때문이다.

소셜미디어 시대인 요즘, 아이들의 환경을 보면 집중력을 분산시키는 요인이 너무도 많다. 첫째, 스마트폰, 텔레비전, 게임 등 디지털 기기다. 요즘 아이들은 태어나면서부터 움직이는 화면에 익숙해 있다. 한 살도 안 된 한 아기가 부모보다 스마트폰을 더 잘 만지며 폰에서 나오는 노래나 소리를 따라 했을 때 부모는 아이가 천재가 아닌가 하고 놀랐다. 그러나 두 살이 지나고 세 살이 되어 글자가 있는 그림책들을 보여 주었을 때 아이의 행동에 부모는 또다시 놀랐다. 아이는 폰에 하는 것처럼 책의 그림들을 터치했는데 그림책은 아무런 변화가 없자 몇 번을 반복하는 것이었다. 그래도 변화가 없자 아이는 갑자기 화를 내고 짜증을 내고 울고불고하면서 책을 찢고 던져 버렸다. 이것은 뉴스에 보도된 사례다.

계속 움직이는 화면은 전두엽 발달에 심각한 장애를 가져올 수 있고, 한 가지에 오랫동안 집중하지 못하도록 한다.

둘째, 뛰어놀 공간과 시간의 부족이다. 유아기는 급속도로 신경망이 발달해 기운이 넘치며 호기심이 왕성한 시기다. 그래서 아이들은 산과 들을 뛰어다니며 넘어지고 만지며 많이 느껴야 한다. 그러나 또래와 뛰어놀 수 있는 공간과 시간이 크게 부족한 것이 요즘 아이들의 현실이다. 이는 욕구 불만이 되어 내면에 쌓인다. 어쩌면 사춘기를 맞이한 청소년들이 정서적인 불안을 호소하는 것이 이런 이유때문인지도 모른다.

셋째, 게임과 인터넷이다. 《공부 집중력을 확 높이는 우리아이 게임 절제력》의 저자 권장희는 이 책에서 게임에 대해 다음과 같이 말한다.

부모가 게임의 특성에 대해서, 아이들이 왜 빠져드는지, 게임은 왜 아이들의 뇌를 파괴하는지, 어떻게 아이를 지도해야 하는지 모르면서 소리만 질러서는 결코 지혜로운 양육을 할 수가 없습니다. 초등학교 고학년이 될수록 게임 등 영상 미디어의 과도한 자극에 빠져 공부의 재미를 잃어버리고, 부모와 단절의 길을 걷고 있는 아이가 기하급수적으로 증가하고 있습니다. 우리의 자녀들을 미디어의 블랙홀에서 구해내야 할 때입니다.

정보가 넘쳐나는 인터넷의 바다를 헤매다 보면 뇌는 대충 훑어보는 데 익숙해지고, 한 가지에 집중하지 못하면서 엄청난 시간만 낭비하게 된다. 이렇게 되면 책을 읽는 데 5분도 집중하기 힘든 것이 습관이 된다.

넷째, 스마트폰이다. 스마트폰 사용 시간의 증가는 공부에 집중해야 할 아이들에게는 치명적인 독이 될 수 있다. 스마트폰에 중독되면 문자로 시시콜콜한 이야기를 주고받기를 즐긴다. 또한 시도 때도 없이 울리는 문자 알림은 아이들의 집중력을 떨어뜨린다. 이보다 더 심각한 사실은 기억력 감퇴, 사고력 감퇴 등의 상황을 초래할 수 있다는 점이다.

다섯째, 멀티태스킹이다. 아이들 중에 공부하면서 텔레비전을 켜 놓고, 인터넷을 연결시켜 놓고 휴대폰을 놓아두고, MP3로 음악을 듣는 학생이 많다. 이럴 경우 눈으로는 책을 보고 있어도 머릿속에서는 전혀 집중하지 못하고 있는 상태다. 텔레비전 드라마의 내용과 노랫말과 책의 내용이 뒤섞여 전혀 깊이 이해하지 못하고 대충 넘어가고 있는 것이다. 분산된 신경은 결국 스트레스

과연 머릿속에서는 공부에 집중하고 있는 것일까?

가 된다.

　디지털시대인 요즘 집중력을 분산시키는 요인은 지금까지 말한 것보다 훨씬 많이 존재한다. 불규칙한 일상생활, 밤늦은 취침, 밤에도 대낮처럼 환한 환경, 무수한 소음, 넘쳐나는 패스트푸드와 정크푸드 그리고 일회용 음식들, 맞벌이로 바쁜 부모로 인해 여러 사람에게 떠넘겨지는 아이들의 불안정한 환경 문제 등등.《집중력의 탄생》을 쓴 저널리스트 매기 잭슨은 이 책에서 환경이 주는 집중력 분산에 대해 다음과 같이 경고했다.

　가상세계를 진짜로 여기고, 화면을 분할시킨 채 여러 가지 일을 동시에 하고, 유목민처럼 이리저리 떠도는 이 집중력 분산의 세계에서 우리는 더욱 산만하고, 파편화되고, 서로에게서 멀어진 삶을 살아가게 된다. 우리는 서로에게 깊은 관심을 갖는 법을 잊어버리기 시작했고, 그릇된 생각과 번지르르한 기교에 점점 더 주의를 돌리고 있다. 신뢰, 깊이 있는 사고, 그리고 마침내 인간만의 영혼을 우리는 잃어버리기 시작했다.

　정보를 접했을 때 우리가 받아들이는 과정을 뇌 과학 측면에서 살펴보면 다음과 같다. 시각 정보가 눈으로 들어오면 시신경을 지나 뇌의 뒤쪽인 후두엽으로 정보를 넘긴다. 넘어온 정보는 시상을 통해 사고하고 판단을 내리는 전두엽으로 전달된다. 그러면 전두엽은 어떻게 할 것인지 정리, 분석, 사고를 하면서 판단하고, 결정을 내려 행동을 하도록 지시한다.

게임을 하는 아이의 뇌파를 측정해 보면 전두엽이 전혀 활성화되지 않는다. 텔레비전을 보는 것도 이와 같다. 생각할 시간 없이 계속 화면이 바뀌기 때문에 전두엽은 전혀 활동하지 않는다. 그러면 정보가 전두엽까지 가지 못하는 뇌 회로의 신경망 손상이 일어나게 된다. 다시 말해 뇌의 항상성이 깨지는 것이다. 이는 뇌가 산만해지고 면역력과 효율성이 떨어지는 결과를 가져온다.

반면 독서를 할 때 뇌파를 측정해 보면, 전두엽이 엄청나게 활성화되고 있는 것을 볼 수 있다. 인지된 단어와 단어들을 연결해 상황들을 추리하고 상상하며 스토리들을 연결하느라 전두엽은 부지런히 작업에 집중하게 된다. 이로 인해 가소성이 증가해 신경망 연결이 활발하게 진행된다.

이제 집중력이 분산된 위기의 아이들을 위해 학부모들은 아이가 스마트폰, 게임, 인터넷, 텔레비전과 거리를 유지하도록 하는 지혜가 필요하다. 미국 실리콘 밸리의 학부모들은 자녀를 디지털 기기가 없는 발도르프 학교(The Waldorf School)에 보낸다고 한다. 우리나라 학부모들도 아이의 집중력을 향상하기 위한 방법에 집중해야 할 때다.

아이의 집중력을 떨어뜨리는 요인

1. 스마트폰, 텔레비전, 게임 등 디지털 기기
계속 움직이는 화면은 전두엽 발달에 심각한 장애를 가져올 수 있고, 한 가지에 오랫동안 집중하지 못하도록 한다.

2. 뛰어놀 공간과 시간의 부족
유아기는 급속도로 신경망이 발달해 호기심이 왕성한 시기이므로 가능한 많은 것을 보고, 만지고, 느끼도록 해야 한다.

3. 게임과 인터넷
게임과 인터넷에 빠지면 뇌는 대충 훑어보는 데 익숙해져 한 가지에 집중하지 못하게 된다. 이것이 습관이 되면 집중력에 치명적일 수밖에 없다.

4. 스마트폰
요즘 아이들의 집중력을 방해하는 가장 큰 요인 중의 하나가 스마트폰이다. 스마트폰에 빠져 친구들과 시시콜콜한 대화를 주고받는 아이들도 많다. 또한 시도 때도 없이 울리는 알림 소리는 당연히 집중력에 큰 방해 요인이다.

5. 멀티태스킹
여러 가지를 함께 하는 것이 마치 능력이라고 착각하는 사람들도 있다. 그러나 이럴 경우 머릿속에서는 전혀 집중이 이루어지지 않고 있는 상태다. 분산된 신경은 결국 스트레스가 된다.

『경쟁력은 다름 아닌 집중력에 있다』

우리는 살아가면서 수많은 경쟁을 하게 되는데 경쟁은 때로는 우리에게 말할 수 없는 성공과 승리의 기쁨을 선사하기도 하지만 때로는 삶을 포기하게 만들기도 한다. 양극단의 면을 가진 이러한 경쟁에서 살아남고 이기기 위한 최선의 방법은 오로지 자기 자신에게 집중하는 것이다. 자신에게 집중할 때 엄청난 내면의 힘이 발현된다.

많은 운동선수를 통해 이를 확인할 수 있다. 김연아 선수는 5살 때부터 수많은 경기에 참여해 다른 선수들과의 경쟁에서 살아남았다. 그러나 경기 마지막 3분 동안은 그 누구도 아닌 자신과의 싸움이다. 경기를 치르는 모든 선수는 이러한 사실을 체험으로 알고 있다. 그 마지막 자신과의 싸움에서 이기느냐 지느냐가 경쟁에서의 승패와 직결된다는 사실을 말이다. 그러므로 경쟁력은 다름 아닌 바로 집중력에 있다.

장승수 씨는 서울대에 지원해 다섯 번을 떨어지고 여섯 번째 수석으로 합격했다. 그러고 나서 그는 "공부가 가장 쉬웠어요"라고 말했다. 대부분의 수험생에게 공부는 매우 어렵고 지겨운 것인데 장승수 씨에게는 어떻게 공부가 가장 쉬운 것이었을까? 그가 천재이기 때문일까? 그렇지 않다. 그는 자신의 아이큐는 지극히 평범한 113이고, 내신은 5등급이라고 밝혔다. 더욱이 그는 재수 시절에는 막노동을 하면서 공부를 해야 했기에 매우 힘든 나날을 보냈다. 그러나 그는 남이 아닌 자신과 경쟁하면서 공부에 집중했던 것이다. 공부에 집중하다 보니 공부가 재미있어지고, 공부가 재미있으니 뇌가 활성화되어 그 치열한 대입 경쟁에서 우위에 설 수 있었던 것이다.

링컨은 어린 시절 통나무 오두막에 살 정도로 집이 가난해서 정규교육을 제대로 받지 못했다. 설상가상으로 동생, 엄마, 누나도 잃게 되고 사랑하는 연인마저 장티푸스로 잃었다. 그런 삶 속에서 그는 책 읽기를 유일한 낙으로 삼고 자신의 미래에 집중했다. 나이가 들어서는 정치에 입문했으나 하원의원 선거에 떨어지는 등 수많은 실패를 거듭했다. 하지만 좌절하지 않고 인내하면서 남들과의 경쟁보다는 자신에게 집중했다. 결국 그는 미합중국의 대통령으로 당선되었고, 노예 해방이라는 역사상의 위대한 업적을 남길 수 있었다.

뇌 과학적으로 분석해 보면, 우리가 집중할 때 뇌의 신경세포와 신경세포 사이의 시냅스가 오랫동안 활성화 상태를 유지한다. 다시 말해 신경망 네트워크가 활발하게 작동하고 신경망이 두터워진다. 이렇게 되면 뇌가 새로운 정보를 쉽게 받아들이고 기억력이 증가해 경쟁을 넘어설 수 있는 효율적인 뇌 상태가 되는 것이다.

이것이 바로 우리가 자신의 분야에 집중해야 하는 가장 큰 이유다.

성공한 사람들은 자신의 신경망을 잘 발달시켜 무의식에 잠자고 있는 잠재력을 최대한 이끌어 내고 활용했다. 뇌가 어떠한 경쟁에서도 이길 수 있는 상태가 된 것이다. 자신이 원하는 것에 집중만 한다면 뇌는 언제든지 자신의 한계를 뛰어넘을 준비를 하고 기다린다. 그러니 경쟁을 두려워하지 말고 즐겨 보라. 즐기는 가운데 성공의 문에 다가서게 된다. 그러기 위해선 가장 먼저 자신의 분야에 집중해야 한다.

경쟁력은 다름 아닌 얼마나 집중을 잘 하느냐다.

집중할 때 우리의 뇌

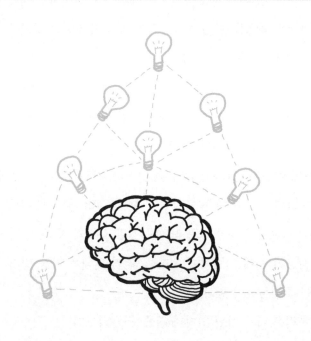

뇌의 신경세포와 신경세포 사이의 시냅스가 오랫동안 활성화 상태를 유지한다. 다시 말해 신경망 네트워크가 활발하게 작동하고 신경망이 두터워진다. 이렇게 되면 뇌가 새로운 정보를 쉽게 받아들이고 기억력이 증가함으로써 경쟁을 넘어설 수 있는 효율적인 뇌 상태가 된다.

『무한경쟁에서 지친 아이들의 탈출구는?

현대는 정보가 홍수처럼 넘쳐나고 디지털 환경은 빛과 같이 빠른 속도로 변화하고 있다. 이런 환경 속에서 기업들이나 사람들은 생산성 향상을 위해 바삐 움직이며 변화에 대처하고 적응하기 위해 발버둥 치며 살고 있다. 하지만 그러한 분주함이 오히려 집중력과 효율성을 떨어뜨리고 시간만 낭비하게 하는 경우가 많다. 특히 학생들에게는 이런 현상이 심각한 문제가 되고 있는 것이 현실이다. 다음은 2010년 8월 KBS 텔레비전 뉴스에 보도된 내용이다.

이어폰을 귀에 꽂고, 이메일을 확인하며 인터넷을 즐기다가, 스마트폰에 새로운 애플리케이션을 내려 받고, 다시 텔레비전에 눈을 돌리고……. 첨단기술 발달과 함께 따분할 틈이 없는 디지털 시대, 우리의 뇌는 즐겁기만 할까? 절대 아니다. 과학자들은 오히려 두뇌가 디지털 과부하 속에서 휴식 시간을 빼앗겨 더 잘 배우고,

기억하며, 새로운 생각을 떠올릴 기회를 놓친다고 지적한다.

24일 뉴욕타임스(NYT) 인터넷판에 따르면 미국 샌프란시스코 캘리포니아 대학 연구팀은 휴식 시간을 가질 때 사고력이 향상된다는 결론에 도달했다. 이 연구팀은 쥐의 뇌 활동을 관찰한 결과 낯선 곳을 탐험하는 등 새로운 경험을 할 때는 뇌가 평소와 다른 작동 양상을 보이지만, 경험을 지속적으로 기억하는 활동은 쥐가 휴식을 취할 때에만 이뤄진다는 사실을 알아냈다. 휴식이 뇌에 보약이 된다는 점은 쥐나 인간이나 마찬가지라는 것이 연구팀의 판단이다.

캘리포니아 대학의 로렌 프랭크 생리학 교수는 "분명히 뇌는 휴식 시간에 경험을 점검하고 굳히며 영구적인 기억으로 전환한다"면서 뇌가 끊임없이 자극받을 때는 이런 학습 과정을 차단하는 셈이라고 말했다.

또 미시간 대학 연구팀은 사람들이 복잡한 도심을 걸을 때보다 자연환경에서 산책할 때 훨씬 잘 학습한다는 사실을 알아냈다며 뇌가 '정보 세례'를 받으면 지친다고 지적했다.

운동하면서 디지털 기기로 멀티태스킹을 하거나, 버스를 기다리면서 짤막한 비디오를 감상할 때 즐겁게 느낄지라도 뇌는 혹사당한다는 설명이다. 심지어 틈틈이 휴대전화를 확인해도 뇌에 부담을 준다.

미시간 대학의 신경과학자인 마크 버먼은 "사람들이 (이런 활동을 통해) 생기를 되찾는다고 여기지만 스스로 피곤을 불러오는 꼴"이라고 말했다. 하지만 모바일 게임과 같은 첨단기술 업체들은 '틈새'를 공략하고, 수시로 메일과 전화가 날아들기 때문에 쉴 짬을 찾기가 여의치 않다. 전문가들은 이에 따라 뇌 건강을 위해서는 되도록 첨단기기로 들어찬 실내보다 야외 활동을 즐기라고 권한다.

집중력이 성공하는 데 가장 큰 요인이라 할지라도, 디지털 시대 피곤에 지친 아이들에게 집중력을 이야기한다는 것은 사실상 무리가 아닐 수 없다. 뇌는 피곤하면 졸린 상태가 된다. 즉, 공부를 하거나 일을 하고 있어도 뇌는 잠을 자는 것이다. 순간순간 졸기 때문에 본인은 자신이 졸았다는 사실을 알지 못할 수도 있다. 그러나 뇌파를 측정해 보면 진실을 정확하게 알 수 있다. 눈을 뜨고는 있지만 알파파가 강하게 나와 졸고 있는 것을 볼 수 있다. 이때는 뇌가 휴식이 필요한 상태라 할 수 있다.

요즘 아이들에게서 많이 나타나는 현상이 뇌 훈련을 시키면 꾸벅꾸벅 조는 것이다. 심지어 코를 골면서 인사불성의 상태가 되는 아이들도 있다. 왜 그럴까? 그만큼 지쳐 있는 상태이고, 저녁에 깊은 잠을 자지 못한 결과다. 학부모의 이야기를 들어보면 아이가 낮에 집에서 잔 적이 한 번도 없다고 한다. 그러나 실상은 디지털 환경이 아이들로 하여금 편안하게 낮잠을 잘 수 없게 한 것이다. 그러므로 현명한 학부모라면 아이가 학교에서 돌아오면 낮잠을

한 시간 정도 재우든가, 또는 뇌 훈련을 30분 정도 하도록 해야 한다. 뇌가 휴식을 통해 재충전되면 집중해서 공부를 할 수 있다.

뇌 과학에서 '휴식'이란 눈을 감고 편안한 휴식을 취할 때 알파파가 강하게 나오는 것을 말한다. 만약 그렇지 않다면 아이의 뇌는 제대로 된 휴식을 취하고 있는 것이 아니다. 휴식을 통해 충분한 충전이 이루어져야 집중력은 자연스럽게 높아진다. 그리고 디지털 환경을 스스로 조절할 수 있는 능력을 길러 주어야 한다.

제대로 된 휴식을 취하기 위해서는 많은 준비와 노력이 필요하다. 자세한 방법은 제3부와 제4부에서 이야기하도록 하겠다.

뇌의 휴식이란?

뇌 과학에서 '휴식'이란

눈을 감고 편안한 휴식을 취할 때 알파파가 강하

게 나오는 상태를 말한다.

노는 것은 뇌에 있어서 휴식이 아니다.

만약 뇌가 알파파의 상태가 아니라면 뇌는 제대로 된 휴식
을 취하고 있는 것이 아니다.

휴식을 통해 충분한 충전이 이루어져야 집중력은

자연스럽게 높아진다.

현명한 학부모라면 아이가 학교에서 돌아오면 낮잠을 1시
간 정도 재우든가, 또는 뇌 훈련을 30분 정도 하도록 해야
한다.

뇌가 휴식을 통해 재충전되면 또다시 집중해서 공부를 할 수
있다.

『 정보의 홍수 속에서
생각하지 않는 아이들 』

고대 철학자들은 한 가지 문제에 집중하고, 계속해서 질문하고, 끊임없는 사색을 통해 답을 얻었다. 하지만 오늘날 과학문명을 통해 편리한 삶을 누리는 대다수의 사람은 질문하고 생각하는 것을 싫어한다. 이는 집중력, 기억력, 사고력이 점점 떨어지는 심각한 사회 문제로 이어지고 있다. 이것은 공부하는 학생들에게는 치명적이라 할 수 있다. 귀중한 시간을 아무 의미나 목표 없이 그냥 흘려보내게 되기 때문이다. 우리는 인생을 한 번밖에 살지 못한다. 살다 보면 우리는 수없이 많은 선택의 갈림길에 서게 되고, 그렇게 선택한 길을 다시 되돌아올 수는 없다. 그래서 우리는 수많은 후회와 반성을 하게 되고, 후회를 조금이라도 줄이려고 부단히 방법을 찾아 헤맨다.

그런데 디지털의 편리한 세상은 그런 후회할 시간도 없이 우리 인생을 그냥 덧없이 흘러가게 만든다. 더 심각한 것은 수명이 늘어나면서 치매 환자가 급증하는 사회적 문제를 불러온다는 것이다. 스스로 질문하고 사고하지 않음으로써 뇌의 노화가 급격하게 진행되고 있기 때문이다. 물론 오래 사는 것은 좋은 일이지만 온전한 제정신으로 노년을 멋지게 살지 못한다면 오래 사는 것이 무슨 큰 의미가 있겠는가?

경영컨설턴트인 니콜라스 카는 《생각하지 않는 사람들》에서 다음과 같이 무분별한 인터넷 사용이 우리의 뇌 구조를 바꾸고 있다고 강력하게 경고했다.

훑어보고, 건너뛰고, 멀티태스킹을 하는 데 사용되는 신경 회로는 확장되고 강해지는 반면 지속적이고 집중력을 갖고 사고하는 데 사용되는 부분은 약화되거나 사라지고 있음을 짐작할 수 있다. 우리가 온라인에 있을 때마다 받아들이게 되는 서로 다른 메시지의 유입은 우리의 작업 기억에만 과부하를 가하는 것은 아니다. 이는 전두엽이 한 가지 대상에만 집중하는 것을 어렵게 한다. 기억의 강화 과정은 아예 시작될 수도 없다. 또 신경통로의 가소성 덕분에 인터넷을 더 많이 사용할수록 우리의 뇌는 더욱 산만해지도록 훈련받는데, 이를 통해 정보를 매우 빨리, 효율적으로 처리하긴 하지만 지속적인 집중은 불가능하다.

니콜라스 카는 인터넷 서핑을 시작한 후 어느 날 책을 읽는데 집중이 잘 되지 않아 5분을 집중하는데도 엄청난 노력을 해야만 했다고 한다. 그래서 그는 인터넷에 의해 우리의 뇌가 어떻게 변해 가기에 이런 현상이 일어나는지에 대해 연구를 시작했다. 그리고 그 연구를 책으로 집필한 것이다. 그는 인터넷이 우리의 뇌를 산만한 구조로 만들어 가고 있다고 지적한다.

"하늘 아래 공유되지 않는 정보는 없다"고 할 정도로 이제 인터넷은 우리에게 생활에 필요한 정보와 유용함을 주는 없어서는 안 될 존재가 되었다. 그러나 우리는 모든 정보를 인터넷에 의존하고 자극적인 인터넷에 탐닉함으로써 생각하는 일과는 멀어지게 되었다. 그 결과 사고 능력이 둔화되고 주의가 분산되어 집중력이 급격하게 떨어지게 되었다.

인터넷을 즐기며 여러 정보를 훑어보는 방식에 길들여져 산만해진 뇌는 책을 볼 때도 대충 건성으로 본다. 책을 읽고 생각하기가 어렵다는 말이다. 이러한 습성이 공부를 할 때도 이어져 결국 집중할 수 없게 만든다. 정확한 목적 없이 또는 절제하지 않고 인터넷을 이용하면 게임과 같이 중독으로 이어질 가능성이 높고, 많은 시간을 낭비하게 된다. 우리는 대부분 문제 해결을 위해 인터넷을 활용하기보다는 습관적으로 흥미 있는 정보를 찾아 아주 오랜 시간을 헤매고 있을 뿐이다. 그러므로 이것을 집중력이라 할 수는 없다.

또한 인터넷의 바다에서 검색하며 재빨리 훑어보는 정보들은 해마에서 걸러져 장기기억으로 들어가지 못한다. 우리가 하루 종일 인터넷의 바다에서 놀았다 하더라도 거의 대부분을 기억하지 못하는 이유는 여기에 있다. 그러므로 인터넷 서핑은 시간만 낭비하게 하고 뇌를 산만하게 만드는 결과를 가져온다. 우리는 인터넷을 통해 필요한 정보를 찾아내는 능력은 향상할 수 있다. 하지만 찾아낸 정보는 결국 뇌에 저장되는 것이 아니기 때문에 종합적인 사고를 도와주지는 못한다. 찾아낸 정보를 자기 것으로 만들기 위해서는 깊은 성찰과 사고 과정을 거쳐야만 한다.

결과적으로 장시간의 인터넷 사용은 우리 뇌를 산만하게 하고, 정보에 의존하게 함으로써 집중하고 깊이 사고하는 능력을 잃어버리게 한다.

일주일에 몇 시간만 인터넷이나 게임을 하게 되더라도 아이들의 뇌는 공부하는 데 집중력을 발휘하기 힘들다. 초등학교 3학년이 되면 공부에 집중하기 시작해야 하는 시기다. 하지만 이미 각종 미디어에 노출되어 있는 아이들이 공부에 집중하기가 힘든 것은 어쩌면 당연한 일인지도 모른다. 아이들의 뇌는 이미 산만함에 길들여져 있기 때문이다.

그런데 아이들에게도 문제는 있다. 요즘 아이들은 생각하는 공부를 하지 않으려고 한다. 아이들에게 생각하라고 말하면 왜 그걸 생각해야만 하냐고 오히려 반문한다. 사칙 연산은 계산기로 하면 되고, 역사나 과학은 컴퓨터에서 검색하면 정보를 얼마든지 찾을

조금만 어려워도
계산은 계산기로 하려는
요즘의 아이들

수 있고, 영어는 사전을 찾으면 되는데 왜 굳이 단어의 의미를 생각하고, 역사적 사건이 일어난 시기나 배경을 생각해야 하느냐고 따진다. 역사적 사건에 대한 것은 선생님보다 컴퓨터가 더 자세히 가르쳐 준다는 것이다.

그러나 중요한 사실은 우리가 공부를 하는 궁극적인 목적은 어떤 사실을 외우고 시험을 보기 위해서가 아니다. 그러한 사실들을 생각하는 사고 과정을 통해 이해력을 키우고 교훈을 얻기 위해서다. 또한 공부는 종합적인 판단력을 키우는 하나의 과정이다. 그러니 아이들에게 생각의 중요성을 충분히 이해시킬 필요가 있다.

이제 더 이상 아이들이 인터넷의 넘쳐나는 정보의 홍수 속에 빠져 생각하지 않는 사람으로 자라게 해서는 안 된다.

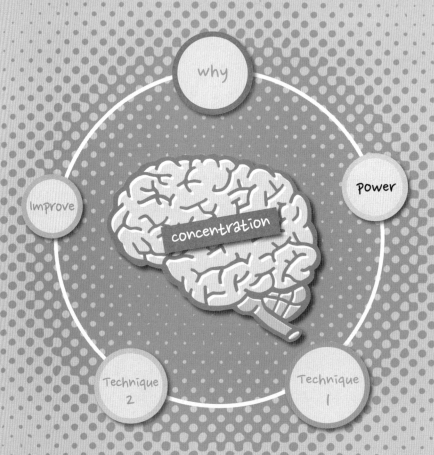

2
PART

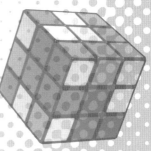

집중하면 얻게되는
브레인 파워

집중하면 뇌가 보상한다
+도파민, 지칠 줄 모르는 열정+

우리는 아침에 눈을 뜨면 일을 하기 시작한다. 일이라고 해서 다 똑같은 집중력을 발휘하는 것은 아니다. 우리 뇌는 우리가 진정 원하는 집중의 대상을 찾으면 엄청난 집중력을 발휘하며 활동이 달라진다. 집중해서 일을 수행하면 기존의 뇌세포의 신경망 연결이 활발해지고, 새롭게 생겨나는 신성세포들과도 왕성한 네트워크 작업이 일어난다. 또 도파민이라는 신경전달물질이 분비되어 뇌의 기분을 좋게 하는 작용을 한다. 우리 뇌는 이러한 기분을 맛보기 위해 더욱더 집중하게 된다.

또한 하지 않으면 안 되는 간절한 목표가 생기면 뇌는 기능을 최적화하고 잠재력이 발현되도록 변화한다. 바로 여기서 창의성이 나온다. 집중하면 이런 선순환이 계속해서 이루어진다. 하지만 대충 해도 되는 일을 수행할 때는 도파민이 분비되지 않는다. 뇌가 집중하지 않기 때문이다. 그래서 정약용은 하는 일 없이 빈둥

거리는 소일(消日)을 경계하라고 했고, 율곡은 자경문(自警文)을 붙여 놓고 학문에 집중하도록 스스로의 마음을 경계했다.

뇌는 생명 현상을 유지하는 항상성에 최우선적으로 반응한다. 인간이 의식주를 중요하게 여기는 이유는 뇌에 있다. 예를 들어 춥고 배가 고프면 뇌는 비상사태로 인식하고 긴장한다. 항상성에 문제가 생기기 때문에 즉각적으로 반응한다. 반대로 따뜻하고 배가 부르면 뇌는 이완한다.

해방이 되고 나서 보릿고개를 어렵게 넘기던 시절에는 헝그리 정신이라는 말을 많이 했다. 헝그리 정신은 가난과 배고픔을 이겨내기 위한 도전 정신을 말하는데, 뇌를 각성시켜 어려운 문제를 해결할 수 있는 집중력이기도 하다. '한강의 기적'도 이런 헝그리 정신의 산물이라 할 수 있을 것이다.

우리나라가 현재 선진국에 입성한 것은 아니지만, 의식주 문제는 어느 정도 해결되어 국민 대부분은 안정된 생활을 하고 있다. 이전 시대에 비해 아이들은 물질적인 풍요를 마음껏 누리면서 자라고 있다. 이제 먹을 것이 없어 배를 곯고 필요한 것을 갖지 못하는 시대는 아니다. 오히려 먹을거리가 넘쳐나고, 필요한 물건은 언제든지 얻을 수 있다. 그러다 보니 뇌가 항상성의 위협을 느끼고 각성하는 기회가 거의 없다. 부모의 성화로 공부에 대한 압박을 받는 것은 사실이지만, 이것이 뇌의 항상성을 위협할 정도는 아니다.

집중하면
얻게되는
브레인 파워

사실 왜 해야 하는지도 모르는 채 공부를 열심히 하기는 절대로 쉬운 일이 아니다. 그래서 지금 시대에는 부모는 현명해져야 하고 지혜를 발휘해야 한다.

옛날 우리나라 왕족들은 물질적으로 풍족했지만 자녀 교육만큼은 스승을 따로 두고 엄격하게 했다. 현재 미국의 명문가 집안도 50개 주를 이끌어 가는 큰 인물을 만들기 위해 아이에게 높은 목표와 도전 의식을 심어 주고, 어려서부터 엄격한 규율로 교육한다.

이제 우리나라도 상류층이나 재벌 집안에서부터 자녀 교육에 엄격할 필요가 있다. 물론 요즘은 한두 명밖에 낳지 않는 관계로 자식을 아끼는 마음이야 크겠지만 도전 의식을 키워 주고 검소함과 남을 배려하는 마음을 갖도록 교육해야 한다. 부족함이 있어야 필요성을 찾아 집중하게 되고, 도전해서 실패를 맛봐야 성공하겠다는 야망을 갖고 집중하게 된다.

이렇듯 자녀 교육에 엄격하다는 것은 곧 뇌를 각성시켜 집중할 수 있는 환경을 만들어 주는 것이다.

'행복한 진로'를 찾아 주는 프로그램을 만든 고봉익 사장은 이 프로그램으로 많은 아이가 변화하는 모습을 지켜보았다고 말한다. 아이들이 자신이 좋아하는 것이 무엇인지, 자신이 잘하는 것이 무엇인지를 찾아 고민하고 해결해 가는 동안 자신의 꿈과 목표를 정하고, 목표를 이루기 위한 실천프로그램을 스스로 만들어 가는 과정을 진행하는 프로그램이다. 이 과정에서 학교 성적이 부진한 아이들이 성적이 좋은 아이들보다 더 적극적으로 프로그램에 참가하며, 일단 자신의 꿈과 재능을 발견한 아이는 무서운 속도로 변화한다고 한다. 그중 가장 기억에 남는 사례는 내신이 8등급임에도 꿈을 발견하는 이 프로그램의 진행을 포트폴리오로 만들어 결국 연세대에 합격한 학생이라고 한다.

이처럼 아이들은 집중할 대상을 찾으면 눈빛이 달라지고 인생이 달라진다. 그러므로 부모들이 해야 할 일은 "공부 열심히 해!"라고 말하기보다 집중할 그 무언가를 찾아주는 것이 더 시급하다.

대한민국은 대학을 졸업한 졸업생의 취업난이 매우 심각하다. 사실 취업난 그 자체가 문제가 아니라 대학을 졸업하고도 집중할 대상을 찾지 못해 방황하고 있는 것이 더욱 큰 문제라 할 수 있다. 앞에서 말한 《아웃라이어》의 저자 말콤 글래드웰은 '1만 시간의 법칙'을 내세우며 1만 시간만 자기가 좋아하는 일에 집중하면 어떤 분야든 그 분야의 전문가가 될 수 있다고 말했다. 유아기부터 계산하면 거의 20년이라는 시간을 공부에 바쳤는데도 아직도 집중할 대상을 찾지 못하고 방황한다는 것은 심각하고 안타까운 일이 아닐 수 없다. 그렇게 많은 시간을 그냥 흘려보내며 낭비했다는 것은 우리 모두가 반성할 일이다. 지금이라도 시간과 노력을 들여 집중할 대상을 본격적으로 찾아보라. 너무나 많은 일이 기다리고 있을 것이다.

이는 사실 학생들과 젊은이들의 문제일 뿐만 아니라 중·장년

집중하면
얻게되는
브레인 파워

층의 문제이기도 하다. 회사에서 강제로 퇴직당하고 신세 한탄으로 시간을 흘려보내고 있을 때가 아니다. 지금이라도 집중할 대상을 찾고 거기에 집중해 보라. 그러면 뇌가 도와주기 시작하고 뇌의 보상을 받으면서 화려하게 재기할 수 있다.

뇌의 신경망은 나이보다는 얼마만큼 간절히 집중해서 사용하는지가 더 중요하다. 경영학의 귀재 피터 드러커 박사는 아흔이 넘어서도 강의를 했다. 우리나라의 경우 여든이 넘은 이시형 박사가 《세로토닌하라!》는 책을 집필해 베스트셀러가 되었다. 이시형 박사는 현재 여든이 넘은 나이임에도 하루 12~16시간의 업무를 하고, 1년에 1~2권의 책을 쓰며, 강연과 각종 행사에 참석하는 등 열정적인 삶을 살고 있다. 조정래 작가는 일흔이 넘은 나이에도 아직도 쓰고 싶은 책의 목록이 10가지 이상 있다고 밝혔다. 이처럼 집중하는 삶은 나이에 상관없이 열정이 넘치며, 그 모습은 젊은이의 열정을 넘어선다 해도 과언이 아니다.

집중할 대상을 찾아 집중하는 삶은 뇌가 제공해 주는 풍부한 보상으로 가치 있는 삶을 살 수 있게 된다.

집중력의 가장 큰 결실은 바로 창의성이다!

집중해서 일을 수행하면 기존의 뇌세포의 신경망 연결이 활발해지고, 새롭게 생겨나는 신성세포들과도 왕성한 네트워크 작업이 일어난다. 또 도파민이라는 신경전달물질이 분비되어 뇌의 기분을 좋게 하는 작용을 한다. 우리 뇌는 이러한 기분을 맛보기 위해 더욱더 집중하게 된다.

또한 하지 않으면 안 되는 간절한 목표가 생기면 뇌는 기능을 최적화하고 잠재력이 발현되도록 변화한다. 바로 여기서 창의성이 나온다.

집중은 기적을 불러온다
+불가능은 없다. 잠자는 거인 깨우기+

삼풍백화점 붕괴 참사 때 지하에 갇힌 생존자를 기감(기를 느끼는 능력)으로 알아낸 사람이 있었다. 바로 국선도 법사이자 대학교수인 임경택 씨다. 첨단 장비를 동원해 확인한 결과 더 이상의 생존자는 없다고 결론을 내린 이후였기 때문에 상당히 충격적인 일이었다. 정신을 집중하고 호흡에 집중하면 눈으로 보이지 않는 것을 느낄 수 있고 내면에 잠자고 있는 거인을 깨워 기적같은 일들을 만들 수 있다. 정신일도 하사불성(精神—到 何事不成)도 바로 이러한 의미다.

임경택 교수는《단전호흡 숨 쉬는 이야기》에서 집중의 힘에 대해 다음과 같이 말했다.

호흡에 집중하면 기감의 파장이 마치 레이더처럼 퍼져 나가는데, 몰입 정도가 깊을수록 파장의 범위가 늘어난다. 그러니까 마음이 고요히 가라앉고 한곳으로 집중되면 우주를 향해 마음이 트이는데, 집중력이 클수록 점점 더 트여 마침내 우주와 완전히 하나가된다. 물아일체(物我一體)의 경지를 지나 우아일체(宇我一體)가 되는것이다. 구심력이 클수록 원심력이 커지는 것과 같은 이치다.

이처럼 집중력은 우리의 상상을 초월하는 일이 일어나게 하는원동력이다. 이는 곧 우리가 의식하지 못하는 무의식이 작동되어내면의 잠자는 거인이 깨어나는 것이다.

세상에는 수많은 작가가 있지만 일생 동안 대하소설을 한 편쓰는 것은 절대로 쉬운 일이 아니다. 그런데 조정래 작가는《태백산맥》,《아리랑》,《한강》과 같이 대하소설을 세 편이나 썼다. 그는20년 동안 이 세 작품을 쓰면서 하루 12~14시간 동안 30매의 원고 쓰기를 목표로 하고 글을 썼다고 한다.

조정래 작가의 자전에세이《황홀한 글감옥》에는 남들은 한 편도 내기 어려운 대하소설을 세 작품이나 쓰고 건강을 유지하는 그비결이 나온다.

저는 매일 아침 6시에 일어납니다. 모든 준비를 끝내고 8시 반쯤글쓰기를 시작합니다. 그리고 12시 30분에 점심을 먹습니다. 그럼 온몸이 가누기 어렵게 힘이 듭니다. 어젯밤 늦게 잔 피곤이 덜풀린 데다, 오전의 글쓰기로 그만 지친 탓입니다. 그래서 바로 낮

잠에 듭니다. 한 시간 정도 낮잠을 자고 나면 언제 그랬느냐는 듯 푸른 산의 정기처럼 새 기운이 솟습니다. 그 싱싱한 기분에 맨손 체조를 보태면 다시 펜을 잡을 의욕이 팽팽해집니다. 저녁을 6시 30분에 먹습니다. 그러고 나면 또 오후 작업의 피곤이 덮쳐옵니다. 소화시킬 겸 텔레비전 뉴스를 보고 낮잠과는 달리 그대로 소파에 누워 잠깐 눈을 붙입니다. 그 시간은 10여 분. 그런데도 눈이 번쩍 뜨입니다. 늘 놀라운 잠의 효과입니다. 다시 밤 체조를 하고 저녁 작업에 돌입합니다. 굳이 '돌입'한다는 말을 쓰는 건 그때까지만 해도 하루 평균량인 '30~35'매 중 '10~12매' 정도밖에 못 썼기 때문입니다. 하루 쓸 양을 그때까지 하루 종일 생각해서 다 다져놓았고, 밤 작업을 통해 다 써야 하니까 '돌입'하는 기분이 드는 것입니다. 하루 일은 새벽 2시쯤에 끝납니다. 글이 잘 안 풀릴 때는 3시가 되기도 합니다. 그러나 기상은 언제나 6시입니다. 부족한 잠은 낮잠으로 보충합니다. 일요일도 없고, 그 습관은 글을 안 쓸 때도 꼭 6시에 몸을 일으키게 합니다.

그는 작품을 쓸 때는 거의 아무도 만나지 않고 하루 12~16시간 정도를 글쓰기에만 집중한다. 그럴 때면 작품 속의 세계와 현실의 세계가 혼동이 되기도 한다고 한다. 한번은 이러한 순간에 전기선을 만졌는데 전기선이 타 버린 적도 있고, 또 아내의 손을 잡았는데 아내에게 전기가 통해 아내가 기겁을 하며 손을 뿌리친 적도 있다고 한다. 조정래 작가는 사람이 무엇인가에 집중하고 있을 때에는 몸에서 전류가 5배 이상 분출되기 때문에 그런 전기적 충격이 일어날 수 있다는 사실을 나중에 알게 되었다고 말했다.

이처럼 사람이 무엇인가에 깊이 집중하면 우리 몸에 이상 현상이 일어날 정도다. 조정래 작가가 글 쓰는 일을 즐기며 집중하지 않았다면 몸에서 그런 이상 현상이 일어나지 않았을 것이다. 또한 그 방대한 작품을 쓰지도 못했을 것이다. 글 쓰는 일이 매우 힘들지만 거기에서 오는 스트레스를 술을 마시거나 다른 오락거리로 푸는 대신 오히려 글 쓰는 일에 집중했기에 좋은 작품을 계속해서 내놓을 수 있는 것이 아니겠는가? 그의 표현대로 글 쓰는 일은 자기 자신을 감옥에 가두는 일과 같다. 친구도 만나지 않고 매일 원고지를 채우는 일로 시간을 보내니 말이다. 하지만 하루 원고지 30매라는 자신의 목표를 달성했을 때 느끼는 쾌감, 글을 쓰는 동안 일어나는 여러 가지 현상에서 느끼는 황홀함, 새로운 작품을 만들어 냈을

즐기면서 공부하는 나는
진정한 챔피언!

때의 기쁨, 작품이 좋은 반응을 얻었을 때의 성취감 등을 즐겼기 때문에 그는 '황홀한 글감옥'이라고 표현하지 않았을까?

공자는 아무리 능력이 뛰어나도 좋아하는 사람만 못하고, 좋아하는 것보다는 즐기는 것만 못하다고 말했다. 즐기며 집중하는 동안 자신도 모르는 자기 내면의 무의식이 발현되어 다른 이들은 불가능하다고 하는 일들을 자기도 모르게 해내고 마는 것이다.

집중을 통해 내면의 잠자는 거인을 깨워 보라. 이때 우리 뇌는 최고의 결과물을 만들어 내게 되고 기적을 현실로 만든다.

집중하면 생각이 커진다
+위대한 성공, 존엄성, 감동, 반성+

대한민국의 아이들은 학창 시절 세계 어느 나라 아이들보다도 열심히 공부한다. 그러나 어른이 되고 나서 세계적인 석학들과 비교해 보면 대부분 연구 실적이 떨어진다. 대한민국의 기성세대도 마찬가지다. 어른들은 세계 어느 나라의 국민보다 열심히 일하지만 우리나라에서 세계적인 부자는 극히 적다.

왜 이런 모순이 생기는 것일까? 왜 우리는 남들보다 더 많이 노력하고 더 열심히 사는데도 그 결과는 노력에 비해 초라한 것일까? 우리나라의 경제도 6.25의 폐허를 딛고 일어나서 국민 모두 허리띠를 졸라매고 열심히 일한 결과 '한강의 기적'을 이루며 큰 성장을 이룩했다. 그런데 그다음은 어떠했는가? 국민 소득 2만 불 주위를 10년째 표류하고 있다. 왜 우리나라는 국민소득 3만 불, 4만 불을 넘기는 선진국으로 진입하지 못하는 것일까?

그 이유는 바로 '생각'에 있다. 죽어라 열심히 살기는 하지만 자기 생각이 없는 것이다. 그러나 이제 세상이 바뀌었다. 21세기는 생각하지 않으면 생각하는 자의 지배를 받는 시대다. 아직도 우리나라 아이들은 별 생각 없이 의무감에서 아침부터 저녁까지 공부에 매달리고 있다. 그러나 이제는 정보 주입의 교육에서 철저히 벗어나야 한다. 1만 시간만 투자해도 전문가로서 대접받으며 잘 살 수 있는데 현실은 어떠한가? 우리나라 젊은이들은 2만 시간 이상을 투자하고도 대부분 두각을 드러내지 못하고 남들과 비슷비슷한 삶을 살아가고 있다.

이에 대한 해결 방법도 다름 아닌 '생각'에 있다. 이제 학부모들은 아이를 생각하는 아이로 키워야 한다. 2만 시간을 투자하고도 아르바이트나 전전하게 해서는 안 된다. 예전에는 사업을 하려면 자금이 많이 필요해서 "돈 없고 빽 없으면 성공하기 힘들다"고 말했다. 그러나 지금은 사업을 하려면 최우선으로 필요한 것이 아이디어다. 남다른 아이디어만 있다면 창업이 가능하다. 또한 돈 없이도 사업을 할 수 있다. 남들이 하지 않는 방법으로 세계여행을 하겠다는 제안서를 갖고 기업을 찾아가 후원을 받고, 돈 한 푼 들이지 않고 세계 일주를 하는 청년들이 탄생했다. 그들은 아이디어를 팔아 자신의 꿈을 이룬 것이다.

또 이 시대는 아이디어를 팔아 엄청난 부를 일굴 수 있다. 누가 얼마나 더 참신한 아이디어를 갖고 있느냐가 명예와 부를 좌우하는 시대라 할 수 있다. 지역, 공간, 시간의 제약도 사라졌다. 미국의 인재와 한국의 인재가 동시에 팀을 이루어 프로젝트를 수행할 수 있고, 프로젝트에 따라 알맞은 인재를 회사 내에서 찾아 팀을 이루고 프로젝트를 진행할 수 있다. 진행 상황은 이메일로 공유하고, 필요할 때는 카페나 편안한 공간에서 만나 서로 토론하면 된다. 그러므로 특별한 사무실이 없어도, 내 책상이 없어도 얼마든지 일을 하고 프로젝트를 진행할 수 있다.

《미래를 경영하라》의 저자 톰 피터스는 미래는 참신하고 혁신적인 아이디어를 가진 인재를 많이 찾아낸 사업자만이 살아남을 것이라고 말했다. 미국 실리콘 밸리에서 인재가 필요하면 IT강국인 인도에 가서 찾는 것이 일반적이다. 그럼, 왜 우리나라에서는 찾지 않는 것일까? 우리나라 사람은 생각이 없기 때문이라고 한다. 1년 정도는 일할 만하지만 그 뒤로는 같이 일을 할 수가 없다는 것이다. 시키는 일은 열정적으로 하는데 자신의 의견이 없고, 생각을 하지 않아서 새롭게 변하는 세상에 대처할 참신한 아이디어를 내지 못한다고 한다. 그래서 똑같은 학력과 전문성이 있어도 인도 사람을 뽑지 한국 사람은 뽑지 않는다고 말한다.

이런 현상의 원인은 무엇 때문인가? 바로 주입식 교육이 주범이다.

그러니 이제는 철저히 아이의 집중력에 집중해야 한다. 아이가 집중할 대상을 찾게 되면 생각하는 사람으로 변모하기 시작한다. 집중해서 생각하는 아이들은 스스로 무언가를 찾아서 하는 자기

주도 학습이 가능하고, 생각이 커져 끊임없이 도전하고 성취감을 맛보게 된다. 이처럼 집중해서 이룬 하나의 성취는 새로운 자신감을 낳고, 새로운 아이디어로 새로운 도전에 나선다. 이를 통해 생각은 계속해서 커져 간다.

단, 이때 주의해야 할 점이 있다. 부모는 강제하거나 강요해서는 안 된다. 또한 부모의 욕심이 반영되어서도 안 되고 부모의 간섭이 따라서도 안 된다. 부딪치고 깨지더라도 아이가 직접 경험하고 스스로 일어날 수 있도록 배려해야 한다. 아이로 하여금 생각하고, 도전하고, 집중하고, 스스로 결과를 피드백 하고, 개선하고, 또 도전하는 과정이 되풀이되는 선순환의 삶을 살게 하자. 이 과정을 통해 아이가 스스로 자기 인생에 대한 책임을 느끼게 해 보자. 유대인들은 아이에게 어릴 때부터 자기 인생에 대한 책임을 지도록 교육한다. 또한 아이에게 '다르게'를 강조한다. 이를 위해 모든 교육 프로그램은 다르게 생각하도록 짜인다. 이런 제도 덕분에 유대인들은 세계적인 갑부와 노벨상 수상자를 세계에서 가장 많이 배출하고 있다.

이제 우리도 우리의 아이들을 21세기가 원하는 생각하는 사람으로 키워 보자. 이제부터 집중의 대상을 찾아내 집중할 수 있도록 환경을 만들어 주자. 그래서 21세기를 이끌어 갈 위대한 인물이 다수 탄생하도록 다 같이 노력하자.

집중과 성공의 관계

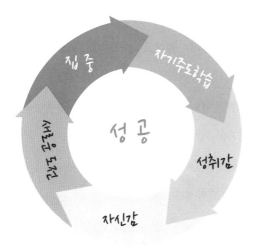

집중 · 자기주도학습 · 성취감 · 자신감 · 새로운 도전 · 성공

집중은 선순환을 만드는 시작점이다!

집중하면 노벨상이 보인다
+성적 향상, 공부의 축복+

세상에서 가장 머리가 좋은 민족이 유대인과 한국인이라고 한다. 하지만 결과를 놓고 보면 이야기가 달라진다. 세계적인 부호 중에는 유대인이 수없이 많다. 또한 노벨상 수상자의 23퍼센트가 유대인이다. 노벨평화상을 받은 김대중 대통령을 제외하고, 학문 분야에서 노벨상을 수상한 한국 사람은 단 한 명도 없다. 혹자는 우리의 국력이 미약해 노벨상을 받지 못한거라고 말한다. 그러나 이는 변명에 불과할지도 모른다. 아마도 대한민국의 학부모들 중에는 우리 아이들이 공부를 열심히 안 해서 노벨상을 못 받는 것이라고 생각하는 사람이 많을 것이다.

그러나 공부를 열심히 한다고 노벨상을 받을 수 있는 것은 절대로 아니다. 분명 유대인과 우리의 교육 방법은 근본적으로 다르다. 물론 이스라엘 아이들이 열심히 공부하는 것은 사실이지만, 그들은 탈무드를 통해서 고기를 잡는 방법을 배운다. 고기 잡는 방법을 배웠으니 스스로 고기를 잡으며 살아갈 수 있다. 이에 반해 우리나라는 고기 잡는 법은 가르쳐 주지 않고 그냥 고기를 잡아서 준다. 그래서 스스로 고기를 잡으며 살아갈 수가 없는 것이다.

문제는 이 방법의 차이가 결과적으로는 엄청난 차이를 조성한다는 것이다. 그러므로 우리도 방법을 바꾸면 뛰어난 인재가 많이 배출될 수 있다. 그 인재들 중 노벨상을 받는 인물도 탄생하게 될 것이다. 물론 노벨상을 인생의 목표로 삼으라는 것은 아니다. 하지만 가치 있는 일에 집중하다 보면 노벨상은 덤으로 받게 된다.

그럼 구체적으로 방법을 어떻게 바꾸어야 할까? 우선 다음과 같이 몇 가지만 바꾸어 보자.

첫째, 학습의 주체를 아이로 바꾸어 보자.

요즘 대부분의 학부모가 아이의 의사와 관계없이 어릴 때부터 무조건 학원에 보낸다. 절대로 옆집 아이에게 뒤져서는 안 된다는 압박감과 경쟁의식에서 아이의 적성과 의견은 무시한 채 학원으로 내몬다. 그러나 이제 바꾸어 보자. 아이가 진정으로 원하고, 하고 싶어 하는 것을 찾아 주자. 그러기 위해서는 상당한 인내가 필요하고, 부지런히 움직여야 한다. 그래서 아이들이 좋아하는 것을 찾게 되면 아이가 스스로 하도록 내버려 두자. 다만 수다쟁이 부모가 되어 끊임없이 질문을 해 보자. 그러다가 아이가 질문하면 적극적으로 대답해 주고 같이 해답을 찾아보자. 이런 과정을 통해 스스로 생각하고 미래를 설계하는 사람으로 성장하도록 이끌어 보자.

둘째, 뇌 발달에 관심을 갖고 뇌를 적극 활용하자.

인간은 3~6세에 뇌 발달이 최고조에 이른다. 전두엽의 신경망이 거의 80퍼센트 이상 이 시기에 완성된다. 그런데 안타까운 점은 대부분의 부모가 이 시기를 놓친다는 것이다. 이 시기에는 뇌세포가 수없이 생겨나고 신경네트워크가 형성된다. 부모는 아이를 키우면서 쏟아야 할 관심의 90퍼센트 이상을 이 시기에 쏟아야 한다 해도 과언이 아니다. 그야말로 아이에게 최대한 집중해야 한다. 다른 일은 뒷전으로 미루더라도 아이의 엄청난 호기심을 채워주는 데 최선을 다해야 한다. 그리고 편안하고 안정된 환경에서 스킨십, 긍정적인 말, 근육 자극, 웃기, 책 읽어 주기, 운동 등 아이의 뇌 발달에 도움이 될 만한 일을 가급적 많이 해야 한다.

셋째, 원대한 꿈을 꿀 수 있도록 환경을 조성해야 한다.

꿈을 크게 가져야 두뇌를 활성화시킬 수 있다. 아이가 어릴 때부터 "이 다음에 커서 어떤 사람이 될래?"라고 끊임없이 물어야 한다. 이는 아이가 자신의 꿈에 대해 계속 생각하도록 하는 것이다. 물론 꿈은 매 순간 바뀔 수 있다. 하지만 그것은 그만큼 꿈에 대해 생각하고 있다는 증거이기도 하다. 일반적으로 부모들은 아이가 유치원 다닐 때는 그런 질문을 자주 하지만 고학년이 되면 어느 순간부터 묻지 않는다. 꿈보다 공부에 전념하기를 바라기 때문이다. 심지어는 아이가 자신의 꿈에 대해 말하면 '공부도 못하는 것이……'라고 핀잔을 준다. 이렇게 되면 아이는 자신의 꿈을 잃어 가기 시작한다.

물론 공부를 잘하면 좋은 점이 많다는 것은 누구나 안다. 그러나 주위를 둘러봐도 공부만이 절대적인 것은 아니라는 사실을 쉽게 확인할 수 있다. 그러므로 무엇보다 아이의 관심 분야에 지속적인 관심과 애정을 갖고 아이가 꿈을 키울 수 있도록 돕는 역할이 바로 부모의 몫이다. 아이와 함께 자주 여행을 다니면서 직접 경험을 쌓게 하고, 책을 많이 읽게 해서 간접 경험도 넓히도록 해주자. 그리고 무엇이 좋았는지, 무엇을 느꼈는지, 왜 좋은지, 이다음에는 어떻게 하고 싶은지, 어디를 가고 싶은지, 다음에는 무엇을 어떻게 했으면 좋은지, 누구를 좋아 하는지 등등을 물어보자.

어린 시절 꿈의 목록을 작성한 존 고다드는 273가지의 꿈의 목록을 적어 그 꿈을 거의 다 이루었다고 한다. 그는 자신의 꿈대로 의사, 인류학자, 영화제작자, 세계적인 탐험가가 되었다. 어떤 사람은 한 가지도 이루지 못한 것을 그는 모두 성취하는 놀라운 삶을 살았다. 그것은 바로 '꿈의 리스트' 덕분이었다. 그러니 아이의 성공을 바란다면 아이의 방에 꿈의 목록으로 도배를 해 보자.

넷째, 자존감을 길러 주자.

부모는 아이가 가치 있는 삶을 살도록 이끌어 주어야 한다. 그러기 위해서는 먼저 자기 스스로를 사랑하는 자존감을 길러야 한다. 자존감을 기르기 위해서는 부모가 아이의 강점이나 장점을 찾아 칭찬해 주고 관심을 보여 주어야 한다. 부모에게 매일 꾸중을 듣고 잘못을 지적받는 아이는 자존감이 생기지 않는다. 오히려 자신감이 사라지고 자신의 능력을 제대로 발휘하지 못하며 항상 위축될 뿐이다.

반면 잘하는 것에 대해 칭찬을 들으면 자신감을 갖게 되고 자신이 존중받는다고 생각하게 된다. 이때 자존감이 생겨난다. 자신이 사랑받기 때문에 다른 사람에게도 너그럽고, 자신이 소중하다고 생각하는 만큼 남도 배려할 줄 안다. 아이들이 자존감에 눈을 뜰 때 비로소 잠재의식이 깨어난다. 더 나아가 인류에 봉사하는 가치 있는 삶을 살기 위해 노력하게 된다.

아이가 훌륭한 인재로 자라나기 위해서는 앞에서 끌어 주고 뒤에서 밀어주어야 한다. 부모는 한걸음 앞서서 아이가 걷는 방향을 잘 조절해 주어야 한다. 훌륭한 인재로 만들겠다는 욕심에 두 걸음만 앞서도 아이는 비틀거리게 된다. 이 완급을 조절하는 것이 부모가 가장 신경 써야할 점이다. 옛말에도 있듯이, 문제아는 없고 단지 문제부모가 있을 뿐이다.

1. **학습의 주체를 아이로 바꾼다.**
   부모의 간섭이 적고 아이가 스스로 할수록 아이가 성공인
   으로 자랄 확률은 커진다.

2. **뇌 발달에 관심을 갖고 뇌를 적극 활용하게 한다.**
   공부를 잘한다고 창의성이 발달하는 것이 아니다. 창의성
   은 뇌의 발달에서 나온다.

3. **원대한 꿈을 꿀 수 있도록 환경을 조성해 준다.**
   꿈을 크게 가져야 두뇌를 활성화시킬 수 있다. 아이가 많
   은 경험을 할 수 있도록 이끌어 주고 생각할 수 있도록 많
   은 질문을 해 보자.

4. **자존감을 길러 주자.**
   자존감을 가져야 자기 자신을 사랑할 수 있고, 자기 자신
   을 사랑해야 자신감을 갖고 남에게도 관대할 수 있다. 자
   존감을 기르기 위해서는 부모가 아이의 강점이나 장점을
   찾아 칭찬해 주고 관심을 보여 주어야 한다. 부모는 아이
   의 잘못을 고치려고 노력하기보다는 강점을 살리는 데 더
   주목해야 한다.

『집중하면 기억력이 좋아진다』
+깊은 숙면, 적절한 휴식+

학생들이 가장 많이 하는 말 가운데 하나는 열심히 공부했는데 시험 볼 때면 기억이 나지 않는다는 것이다. 그래서 많은 학생이 기억이 잘 나면 공부를 잘할 것이라는 로망을 갖는다. 공부하는 학생 입장에서는 기억이 잘되면 공부하기가 수월하고 시간을 효율적으로 사용할 수 있어 여유롭다. 그래서 학생들은 기억을 잘하기 위한 다양한 방법을 동원하고 있다. 아이들은 기억을 잘하기 위한 방법으로 소리 내어 외우거나, 종이에 써 가면서 외우기도 한다. 그러나 이런 방법은 사실상 별로 효과가 없다.

그런데 놀랍게도 눈으로만 쓱 한 번 보고 나서 기억하는 아이들이 종종 있다. 이런 아이들은 그야말로 선망의 대상이 된다.

그럼, 그 비결이 무엇일까? 이것은 뇌와 관련이 있다. 에빙하우스의 망각 곡선을 보면 대부분의 사람은 공부하고 10분이 지나면 40퍼센트 이상, 한 달이 지나면 80퍼센트 이상을 망각하게 된다. 왜 인간은 기억을 하려고 열심히 공부하고 노력하는데 시간이 지나면 야속하게도 망각하는 것일까? 인간의 뇌는 생명 현상을 유지하는 항상성에 모든 관심을 쏟기 때문이다. 해마에서는 쏟아지는 많은 정보를 취사선택해서 필요한 부분은 램 수면 시에 장기 기억으로 보낸다. 하지만 이때 필요 없는 부분은 자연스럽게 사라져 버린다. 시냅스에서는 이런 작업이 원활하게 이루어지도록 끊임없는 활동이 이루어진다. 그래서 생명 현상과 그다지 관계없는 학습 내용은 금방 잊히는 것이다.

그럼 만약 인간이 망각을 하지 않는다면 어떻게 될까? 기억하고 싶지 않은 수치스럽고 괴로운 일들을 기억 속에서 하나도 지우지 못하고 살아가야 한다면 어떻게 될까? 아마 너무나 괴롭고 힘에 겨워 삶을 이어갈 수가 없을 것이다. 가끔 우리는 기억력이 좋고 공부를 잘하는 사람이 정신이상에 걸리는 경우를 보게 된다. 바로 이런 경우가 잊어야 할 좋지 않은 기억들이 너무 생생하게 오래 남아 정신분열 현상으로 나타난 것이다. 그래서 우리 인간에게는 뇌의 망각 기능도 반드시 필요하다.

이 망각 기능은 뇌의 항상성 때문에 나타나므로 뇌의 항상성은 아주 중요하다. 필요하고 좋은 기억은 오래 잘 저장하고 나쁜 기억들은 빨리 잊어버려야 하는 것이다. 뇌가 최적화되었다는 것은 뇌의 이런 기능이 정상적으로 잘 수행된다는 것을 의미한다. 그래서 우리는 항상 아이의 뇌 상태에 많은 관심을 가질 필요가 있다.

나는 학교 공부에 대해 학부모와 상담하면서 다음 두 가지 유형의 질문을 많이 받았다. 그중 한 가지는 "우리 아이는 공부는 안 하고 맨날 노는 것 같은데 성적은 잘 나옵니다. 그래서 뭐라 할 말은 없지만 다른 아이들처럼 공부를 열심히 하는 모습을 보여 주었으면 좋겠어요. 그러면 성적이 더 올라가지 않을까요?"라는 것이다. 이런 질문을 하는 학부모는 뇌에 대한 지식이 부족하다 보니 아이의 뇌를 더 발달시키는 데 도움을 주지 못하는 경우가 많다.

사실 이런 유형의 아이가 많지는 않다. 이런 아이의 뇌 상태는 정보를 인지하고 단기기억과 장기기억으로 가는 신경망이 잘 발달되어 있는 상태다. 매우 좋은 상태라고 할 수 있다. 이런 아이들은 강도 높은 자극을 주어 신경망 활동을 더 높여 주는 것이 바람직하다. 즉, 강력한 라이벌을 붙여 주거나 목표를 상향 조정해서 더 높은 목표를 추구하도록 동기 부여를 해야 한다. 이렇게 되면 아이의 뇌는 더 발달하게 될 것이다. 우리가 천재라 부르는 아인슈타인도 뇌의 10퍼센트도 활용하지 못했다고 하지 않는가! 뇌는 사용하면 할수록 더욱더 발달한다.

또 다른 유형은 "아이가 착실하게 공부를 열심히 하는데 나중에 물어보면 기억을 못하고, 시험기간에는 거의 밤을 새우며 열심히 하는데 성적은 좋지 않아요"라는 것이다. 이런 경우에는 뇌파를 측정해서 현재 상태를 분석해 보는 것이 바람직하다. 신경망이 또래의 친구들보다 덜 발달했는지, 아니면 주의력이 부족해서 그런 것인지, 집중력이 부족해서 그런 것인지, 휴식 능력이 부족해서 그런 것인지, 아니면 공부하는 방법이 잘못된 것인지 등을 파악할 수 있다. 정확한 원인을 파악하지 못하면 아이는 많은 시간을 공부에 투자하고도 성적은 기대에 못 미쳐 공부에 흥미를 느끼지 못하고 자신감을 잃고 공부에 대한 의욕을 상실할 가능성이 있다. 한마디로 밑 빠진 독에 물 붓기 식의 비효율적인 현상이 되풀이된다. 뇌파 측정을 통해 문제점이 발견되면 뇌 훈련을 통해 뇌 상태를 최적화해야 한다. 그래야 시간의 낭비를 줄일 수 있다.

현대는 디지털 기기의 남용으로 뇌 기능이 떨어진 상태의 아이가 많아 기억력에도 상당히 좋지 않은 영향을 미친다. 이럴수록 뇌 훈련을 해서 뇌의 항상성을 높여야 한다.

공부에 있어서 기억력이 중요하다는 사실은 누구나 인정한다. 그러면 어떻게 하면 기억력을 향상시킬 수 있을까? 그 답은 바로 집중력에 있다. 우리 인간의 뇌는 하루에도 수많은 정보를 무의식적으로 받아들인다. 그 많은 정보를 해마에서 다 기억 할 수는 없기 때문에 많은 정보 중에서 자기가 좋아하는 것이나 관심 분야만 쉽게 기억한다. 그 이유는 뇌가 집중하는 분야의 신경망이 다른 분야의 신경망보다 더 활성화되기 때문이다. 또한 우리가 관심 있는 분야는 다른 분야보다 더 많이 더 자주 정보를 취하기 때문에 그 분야의 신경망이 더욱 활성화된다는 말이다. 이런 이유로 집중하게 만드는 분야가 있으면 다른 분야보다 기억이 잘 되는 것이다. 또 해마에서도 그 분야의 신성세포들이 더 많이 생성되고, 세포끼리의 연결도 활발하게 이루어지는 것이다. 즉, 뇌의 가소성을 최대한 활용하게 된다.

뇌의 가소성을 높이는 것이 기억력을 높이고 머리를 똑똑하게 만드는 비법이다. 이를 통해 하나를 들으면 열을 알게 되는 '문일지십(聞一知十)'이 가능해지는 것이다. 뇌세포끼리의 연결이 활발하면 새로운 연결 패턴이 많이 생겨나서 창의적인 새로운 방법이 많이 떠오르는 것이다. 어차피 기억은 한계가 있고, 모든 것을 다 기억할 수는 없다. 그러나 집중한 정보만으로도 얼마든지 새로운 창조물을 만들어 낼 수 있다. 집중한 정보에 그와 연관된 새로운 정보를 계속해서 제공하는 길이 기억력을 창조적으로 향상시키는 좋은 방법이다.

기억력을 향상시키는 또 한 가지의 방법으로 편도체를 활용하는 방법이 있다. 편도체는 해마 옆에 있고 해마와 교류가 활발한 부분이다. 편도체는 생명 현상에 우선 반응한다. 가령 자신이 현재 춥고 배가 고파 죽을 지경이라고 해 보자. 그러면 편도체는 나에게 따뜻한 것과 먹을 것을 찾으라고 명령을 한다. 우리는 이 명령에 따라 위기를 벗어나기 위해 온갖 방법을 다 생각해 낸다. 결국 춥고 배고픈 것이 해결되어 생명의 위협이 사라지면 편도체는 안도하고 우리를 느긋하게 만든다. 이처럼 편도체는 감정, 정서와 밀접한 관계가 있으므로 이를 고려하는 것이 좋다.

현재 자신이 어려운 환경이나 처지에 놓여 있다면 편도체를 활용해서 잘 극복하고, 부유하고 좋은 환경에 있다면 '젊어서 고생은 사서 한다'는 심정으로 목표를 상향하고 더 나은 가치에 도전함으로써 편도체를 활용할 수 있다. 이런 악조건이나 더 나은 삶을 살기 위한 목표가 편도체에 왕성한 활동을 하게 하는 원동력이 된다. 그리고 편도체는 좋아하는 것에 바로 반응한다. 집중할 대상이 생기면 지칠 줄 모르는 의욕과 열정이 생기는 것은 편도체가 쉽게 반응하는 덕분이다.

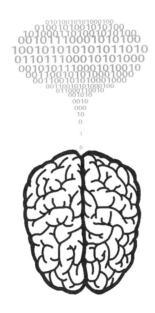

요즘 학교에서 학생들이 어려워하는 수학교과서에 스토리텔링을 첨가하고 있다. 옛날 우리는 우화 속에서 권선징악 등 도덕과 윤리를 모두 배웠다. 짚신을 짜고, 길쌈을 하면서 과학적 비밀을 이야기 속에서 배웠다. 그래서 논리적 사실에 기초한 수학을 재미있는 이야기와 섞어 수학에 재미있게 다가갈 수 있도록 만든 것이 스토리텔링이다. 딱딱한 내용을 그냥 전달하는 것보다 스토리로 만들어 전달하면 편도체의 왕성한 활동으로 기억이 잘되는 것이다. 그러므로 어린아이들에게 책을 읽어 주는 것도 편도체 발달에 도움을 준다.

　　이런 뇌의 항상성과 가소성, 편도체의 역할 등을 활용한 기억력 향상 방법은 뇌를 최적화하는 좋은 방법들이다. 그래서 어려서부터 뇌 훈련을 하고 집중할 대상을 찾아 집중력을 키워주는 것이 기억력을 향상시키는 데 많은 도움이 된다. 결국 공부를 잘할 수 있는 틀은 어릴 때 만들어야 하는데, 부모들이 뇌에 관심을 가지지 않아 놓치는 경우가 많다. 뇌를 모르고, 뇌를 활용하지 않고서는 아이를 우수한 인재로 키우기 힘들다는 사실은 자명하다.

뇌를 좋게 하는 비결

뇌의 항상성과 가소성, 편도체의 역할 등을 활용한
기억력 향상 방법은 뇌를 최적화하는 좋은 방법들이다.

항상성

필요하고 좋은 기억은 오
래 잘 저장하고 나쁜 기억
들은 빨리 잊어버리도록
뇌의 항상성을 높인다.

뇌를 좋게하는 3요소

가소성

뇌가 집중하는 분야는 해
마에서 그 분야의 신성세
포가 더 많이 생성되고, 세
포끼리의 연결도 활발하게
이루어져 뇌의 가소성이
높아진다.

편도체

편도체는 해마 옆에 있고
해마와 교류가 활발한 부
분이다. 편도체는 감정, 정
서와 밀접한 관계가 있는
데 목표가 생기면 활발하
게 활동한다.

집중하면
얻게되는
브레인 파워

『집중하면 도전 의욕이 생긴다』
+활력, 잠재 능력 총동원, 자기주도+

《멈추지마 다시 꿈부터 써봐》의 저자 김수영은 중학교 시절에는 소위 '문제아'였다. 서울에 살던 그녀는 아버지의 사업 실패로 가족이 지방으로 야반도주한다. 그 후로 김수영은 비뚤어지기 시작해 아버지에 대한 반항으로 거리를 헤매며 아이들과 함께 오토바이를 타고 밤마다 질주를 하고, 본드를 흡입하기도 했다. 그러던 어느 날 새로운 삶을 살기로 마음먹고 실업고에 들어가 대학을 가기로 결심했다. 그러나 대학에 합격한다 해도 입학금이 문제였다. 그때 KBS 〈도전! 골든벨〉이 그녀가 다니는 학교에서 하게 되었다. 골든벨을 울리면 입학금이 해결되므로 김수영은 골든벨을 울리기로 마음먹었다. 집중할 대상을 발견한 것이다. 그리하여 열심히 준비해 도전한 결과 아무도 예상치 못했지만 마침내 골든벨을 울리는 데 성공했다.

그 후 김수영은 좋은 대학에 입학하고 좋은 기업에 들어갔지만 암에 걸렸다. 그러나 이대로 끝낼 수는 없다는 오기가 다시 발동해 자신이 하고 싶은 일의 목록을 써내려 가기 시작했다. 그리고 수술 후 자신이 쓴 꿈의 목록을 이루기 위해 도전하기 시작했다. 그리고 집중했다. 꿈을 하나씩 이룰 때마다 자신감이 생기며 더 큰 꿈을 찾아 도전하고 집중하면서 또 이루어 갔다. 지금은 꿈을 이룬 사람들을 찾아 꿈을 이룬 원동력이 무엇인지 알아내는 프로젝트를 진행하기 위해 세계를 돌아다니면서 도전과 집중을 통한 열정적인 삶을 살고 있다.

그녀의 삶은 꿈을 잃고 대기업이나 공무원에 목매다는 우리나라 젊은이들에게 의욕적인 도전을 할 수 있는 용기를 주고 있다. 아프고 힘들고 실패할수록 뇌는 성장한다. 스스로 자포자기하지 않는다면 뇌는 포기를 모른다. 어떤 어려움과 실패가 있더라도 더 큰 성공을 바라는 마음이 무너지지 않는다면 뇌는 견뎌내고 오히려 더 단단히 단련된다. 집중하는 사람은 하늘도 돕겠지만 뇌가 돕는다. 우리가 의식적으로 사용하는 것이 자신의 전부가 아니다. 우리 내면에는 자신도 알지 못하는 또 다른 자신이 존재한다. 심리학자들은 그것을 잠재의식이라고 부르는데, 우리는 이 잠재의식을 10퍼센트도 사용하지 못하고 죽는 경우가 대부분이라고 한다.

세계 최고의 동기부여가 중의 한사람인 지그 지글러는《시도하지 않으면 아무것도 할 수 없다》라는 책에서 끊임없이 도전하고 집중할 것을 당부한다. 그러다 보면 "정상을 향한 계단에 설 수 있다"고 격려한다.

　우리가 시도하면 1,000억 개의 뇌세포가 새로운 연결망을 만든다. 원하는 것에 집중하면 당장 편도체가 활성화되고 그와 이웃한 해마가 활성화된다. 즉, 천하무적의 상태가 되어 이루지 못할 일이 없다. 그러므로 성공하고자 하는 마음이 있다면 도전해야 한다. 자신의 모든 것을 걸고 도전한 것에 집중해야 한다. 작은 성공이라도 상관없다. 오늘 일기 쓰기에 도전해 보자. 그리고 작은 성공을 맛보자. 이렇게 작은 도전에 집중해 성공하는 맛을 알게 되면 계속해서 더 큰 도전을 하고자 하는 열정이 불타오른다.

　요즘 우리나라에서는 오디션 프로그램이 큰 인기를 끌고 있다. 그중 '슈퍼스타 K'는 공개오디션을 통해 우승자를 뽑는 과정을 보여 준다. 1등의 자리를 놓고 어린아이에서부터 60대 노인까지, 아마추어에서 우리가 잘 아는 프로뮤지션까지도 참가하는 것을 볼 때면 가슴이 뭉클해진다. 그리고 그들의 꿈을 향한 도전정신에 박수를 쳐 주고 싶다. 더욱 감동적인 것은 그들이 도전하며 점점 성장해 가는 모습이다. 그리고 그 성장을 통해 점점 더 도전의식을 높이며 더 높이 올라가기 위해 집중하는 모습이다. 그 과정에는 좌절도 있고, 눈물도 있고, 기쁨도 있다. 하지만 여러 친구와 멘토들과의 관계에서 점점 자신이 집중해야 할 대상을 찾아 간다는 것이다. 처음에는 단지 '음악이 좋아서', '한번 해 보고 싶어서'라는 이유로 무대에 오르던 사람이 순위가 좁혀질수록 '이제 죽을 때까지 음악을 하고 싶어요'라는 말을 서슴지 않는 모습을 보게 된다. 순위권에 든 사람이든 그렇지 못한 사람이든 간에 이 도전으로 막연히 생각만 하던 자신의 꿈에서 정말 집중할 만한 꿈을 발견해 가는 것이다.

21세기는 그야말로 기회의 세상이고 도전의 세상이다. 인터넷으로 전자상거래가 이루어지면서 획기적인 기업들이 탄생하고 있고, 이전에는 없던 직업이 수없이 생겨나고 있다. 국가 간의 장벽도 허물어지고, 언어의 장벽도 사라져 가고 있다. 그래서 미지의 영역에 도전할 기회가 무궁무진하게 주어지고 있는 것이다.

또한 21세기는 100세를 살아야 하는 고령화 사회다. 60세의 자식이 90세의 부모를 봉양해야 하는 시대인 것이다. 그래서 자식들이 부모를 봉양해 줄 것이라는 생각은 애초에 버려야 한다. 그러므로 누구든 나이가 들어서도 도전을 멈추어서는 안 된다. 대부분의 사람이 죽기 전에 가장 후회스러운 일이 하고자 했던 일을 하지 못했던 것이라고 한다. 가지 않은 길은 영원히 후회로 남는다. 하지만 도전을 시도했던 길은 그 끝이 실패였다 해도 새로운 길의 터전으로 남지 후회로 남지는 않는다.

오랜 인생길을 끝까지 건강하고 행복하게 살기 위해서는 새로운 것에 도전하고 집중하며, 다시 도전하는 삶이 반복되어야 한다.

집중하면 효율성이 높아진다
+시간 절약, 우선순위, 명확한 목표+

현대를 살아가는 대부분의 사람이 분주히 살 수밖에 없는 이유는 무엇일까?

우리나라 국민은 OECD 국가 중에서 하루 중 일하는 시간이 매우 긴 쪽에 속한다. 또한 우리나라 학생들도 OECD 국가 중에서 하루 중 공부하는 시간이 가장 많다고 한다. 그럼, 효율성은 어떨까? 우리 국민이 하루 중 일하는 시간이 매우 많기 때문에 우리나라는 가장 잘사는 나라 대열에 있어야 한다. 하지만 현실은 어떤가? 국민 1인당 소득은 2만 달러를 넘지 못해 아직 선진국에 진입하지 못했다. 그러나 국민 소득이 2만 달러에 미치지 못한다고 하더라도 국민 소득 3,000달러인 나라보다는 더 부유하다. 그렇다면 모든 국민은 가난한 인도네시아나 방글라데시보다 더 행복해야 한다. 그런데 현실은 어떠한가? 우리나라는 OECD 국가 중 행복지수가 가장 낮은 나라다. 그럼 행복지수 1위는 과연 어디일까?

바로 가장 가난한 방글라데시다.

우리나라 학생들도 마찬가지다. 하루 중 공부하는 시간이 가장 많으므로 세계에서 가장 똑똑하고 뛰어난 인재가 많아야 한다. 하지만 실상을 살펴보면 인재가 그렇게 많은 것도 아니다. 세계 수학 올림피아드 등에서는 대상을 수상하는 등 우수한 것처럼 보이지만, 실제로 연구나 학문 분야에서 새로운 발견이나 성과를 내는 경우는 매우 드물다.

이런 결과들이 의미하는 바는 무엇일까? 이는 효율성 측면에서 많이 떨어진다는 증거다. 그래서 한때는 효율적인 시간관리가 크게 유행했다.《성공하는 사람들의 7가지 습관》의 저자 스티븐 코비 박사가 선풍적인 인기 속에 방한해서 '시간 관리의 중요성'을 강의한 적도 있다. 그 덕분에 이제 많은 사람이 시간 플래너를 갖고 다니는 모습을 흔하게 볼 수 있다. 또한 학생들이 스스로 시간을 효과적으로 관리해 학업 성취도를 높일 수 있도록 해 주는 '자기주도 학습관리'도 우후죽순 생겨났다. 그런데 왜 사회 전반적으로 보면 아직도 시간에 대한 효율성은 상당히 떨어지고 모두 여유 없이 바쁘게 살고 있는 것일까?

얼마 전 초등학교 1학년이 학교수업을 마치고 학원에 가서 공부하고 집에 돌아오는 시간이 밤 11시라는 뉴스가 보도되었다. 아파트 놀이터나 학교 운동장에는 노는 아이를 찾아볼 수 없다. 놀고 싶어도 함께 놀 친구가 없어 학원을 다닌다는 말은 놀라운 사실도 아니다. 이처럼 초등학생이 밤늦게까지 공부를 해야만 성공할 수 있는 것일까? 이렇게 질문을 던지는 이유는 시간 관리에서 무언가 중요한 것이 빠진 것은 아닌지 함께 생각해 보자는 의미에서다.

우리가 인생을 살아가는 데 있어 3분의 1은 잠자는 데, 3분의 1은 먹고 휴식을 취하는 데, 3분의 1은 일하는 데 시간을 쓴다고 한다. 이중에서 일하는 데 쓰는 3분의 1의 시간을 어떻게 사용하느냐에 따라 우리 각자의 인생은 크게 달라진다. 어떤 사람은 대기업의 사장이 되고, 어떤 사람은 대학교수가 되고, 어떤 사람은 자신의 밥벌이도 제대로 못하는 인생을 살게 된다. 그러므로 인생을 살아가는 데 시간을 잘 활용하는 것은 그 무엇보다 중요하다. 자신이 어떻게 시간을 보내느냐에 따라 그 결과는 판이하게 달라지기 때문이다.

그렇다면 똑같이 주어진 시간을 보다 잘 활용할 수 있는 방법은 무엇일까?

나는 예전에 초등학교 6학년 학생에게 뇌 훈련을 시킨 적이 있다. 학부모는 "아이가 사춘기를 심하게 겪어서 좀 신경질적이고 정서적으로 안정이 되지 않아 공부 집중력이 떨어진다"고 했다. 뇌파를 측정해 보니 뇌 상태는 대체로 양호했는데 스트레스를 많이 받고 있는 상태였다. 그래서 호흡과 뇌 훈련을 꾸준히 하게 하자 표정도 밝아지고 집중력도 향상되었다. 훈련을 시작한 지 2년

정도 흘렀을 때 학부모가 아이의 좋
아진 점을 이야기해 주었다. 학교에서
영어 본문 암기 테스트가 있었는데 아
침에 15분 정도 보고 학교 테스트를 통
과했다고 한다. 기적적인 효과였다.
다른 아이들은 며칠에 걸쳐 본문을
외워도 외우지 못해 테스트를 통과
하지 못했으니 말이다.

　그 후부터 나는 바빠서 허둥대
는 아이를 보면 뇌 훈련을 권했다. 공부를 열심히 하는 것도 물론
좋지만 집중해서 하는 것이 훨씬 더 효율적이기 때문이다. 호흡을
통해 피곤한 뇌를 충분히 이완시키고, 뇌를 활성화하는 훈련을 통
해 뇌의 기능을 깨어 있게 한 다음 공부를 하게 하면 아이들은 높
은 집중력을 보인다. 그리고 평소보다 짧은 시간에 필요한 양의
공부를 마칠 수 있다. 이런 사례와 경험을 통해서 나는 뇌 훈련이
뇌가 충분한 휴식을 취하도록 돕고, 신경망이 활성화되게 함으로
써 다른 영역과의 신경망 연결이 쉽게 이루어져 이해도와 기억력
등이 향상되는 것으로 판단했다. 거의 대부분의 아이가 뇌 훈련을
통해 집중력이 좋아지고, 새로운 것을 쉽게 받아들이고 이해하며,
기억력이 좋아지는 것을 현장에서 직접 경험했다.

　만약 3시간 공부할 분량을 30분 만에 마칠 수 있다면 얼마나 좋겠는가. 하루 종일 오로지 공부하는 데 시간을 보내는 것보다는 집중해서 빨리 공부하고, 나머지 시간은 자신의 관심 분야에 시간을 투자하는 것이 더 효율적이다. 짧은 시간에 높은 집중력으로 자신이 하고 싶은 일을 해결하는 것이 시간을 효율적으로 사용하는 것이 아니겠는가!

《공부기술》을 쓴 조승연 학생이 집중력을 발휘해 시간을 효율적으로 보낸 대표적인 경우라고 생각한다. 조승연은 뉴욕 대학 비즈니스 스쿨과 줄리아드 음대를 동시에 다니면서도 우등생을 유지했다. 또한 유명한 연주가의 음악회는 빠지지 않고 참석했고, 미술관의 전시 작품이 바뀔 때마다 구경을 갔다. 이런 그를 친구들은 '괴물'이라고 불렀다고 한다. 그러나 정작 조승연은 자신이 머리가 좋은 것이 아니라 공부기술을 터득했기 때문이라고 말한다. 하지만 나는 그가 집중력이 아주 탁월하기 때문이라고 생각한다.

공부든 무엇이든 간에 한 분야에 집중하면 집중할수록 그 분야의 뇌신경망이 더욱 활성화되므로 효율성이 높아진다. 그러므로 같은 일을 하더라도 집중해서 짧은 시간에 끝내는 습관을 길러 뇌의 효율성을 높이자. 뇌 훈련을 통해 뇌 기능을 활성화시켜 집중할 수 있는 기본을 다진다면 집중력은 더욱 높아진다.

문제점 생각해 보기

우리나라 국민은 OECD 국가 중에서 하루 중 일하는 시간이 매우 긴 쪽에 속한다.

우리나라 학생들은 OECD 국가 중에서 하루 중 공부하는 시간이 가장 많다.

그런데 왜 우리나라는 선진국이 아닐까?

우리나라는 왜 노벨상 수상자가 없을까?

무엇이 문제인지 곰곰이 생각해 보라. 그 원인을 깨닫고 실천하면 결과는 확연히 달라질 것이다.

집중하면 강력한 정신 에너지가 생긴다

+태산을 움직일 신념, 자신감+

《꿈을 이룬 사람들의 뇌》 저자 조 디스펜자는 집중력의 힘에 대해 다음과 같이 이야기한다.

주의집중력은 의미정보를 통해 신경망을 만들고 이것을 기억하는 데 필요한 핵심 요소다. 배우고 있는 것에 집중하다 보면 뇌에는 집중하고 있는 정보를 위한 길이 만들어진다. 반대로 현재 하고 있는 일에 완전히 집중하지 않으면 그 일을 방해하는 신경회로가 자극된다. 주의집중 없이는 신경회로가 만들어지지도 않고 기억도 저장되지 않는 것이다.
주의집중의 정도가 강해질수록 뉴런들이 주고받는 신호의 강도가 강해져 신경망이 더 강력하게 활성화한다. 주의집중은 신경세포의 일반적인 활성화의 역치를 뛰어넘을 정도로 강한 자극을 만든다. 뉴런들 사이에 새로운 신경망이 결속되도록 촉진하는 것이다.

산에 오를 때 보면 많은 길이 있다. 그중 경치가 좋은 길은 많은 사람이 다녀서 더욱 넓어진다. 그러나 험한 길은 사람들의 발길이 줄어들면서 길이 있었는지 없었는지 모르게 된다. 우리 뇌도 이와 같다. 우리가 매일 접하는 사소한 자극들에 의해 뇌는 변화를 일으킨다. 자주 사용되는 자극에 대한 신경망은 더욱 굵고 튼튼해지며 가지를 많이 친다. 하지만 자극이 없는 신경망은 끊어지고 없어지고 만다.

그래서 우리는 우리의 신경망을 어떤 쪽으로 발달시킬지 생각해 보아야 한다. 첫째, 끊임없이 들어오는 자극에 대해 어떻게 받아들일지 선택을 해야 한다. 우리 뇌는 우리에게 주어진 자극이 좋은지 나쁜지 구별하지 못한다. 우리의 감정이 자극을 구별하게 만든다. 힘든 일도 자신을 단련할 수 있는 기회로 여기고 긍정적으로 생각하면 우리 뇌는 힘든 일도 좋은 일로 받아들이게 된다. 이런 일이 반복되면 오뚝이처럼 쓰러져도 일어나고 또 일어나는 칠전팔기의 정신을 보여 주는 것이다. 반면, 성과를 올린 일도 불만스럽게 생각하면 그것은 부정적으로 받아들여져 나쁜 일로 변한다.

또한 우리 뇌는 우리가 생각하는 일과 실제 일을 구별하지 못한다. 꼴찌가 자신이 열심히 공부해 1등 하는 그림을 마음속으로 계속 그리고 생각하면 우리 뇌는 1등을 하는 방향으로 우리 자신을 몰고 간다는 말이다.

프로듀서이자 방송작가인 론다 번이 쓴 《시크릿》은 한때 큰 선풍을 일으켰는데, 이 책에서 한 이야기는 실제로 우리 뇌에서 일어나는 이런 신경망의 변화들을 보여 주는 것이다. 또한 이미지 트레이닝도 뇌의 이런 기능을 이용한 것이다.

둘째, 우리는 무엇에 집중해야 할지 선택해야 한다. 발레리나 강수진은 일곱 살 때부터 발레에 집중해 세계 최고의 발레리나가 되었다. 빌 게이츠는 컴퓨터 프로그램에 집중해 세계적인 갑부가 되었다. 로스차일드는 금융업에 집중해 세계적인 금융업자가 되었다. 그 밖에도 자신의 일에 집중해 위대한 사람이 된 사람은 수없이 많다. 이처럼 우리가 무엇에 집중하느냐에 따라 우리의 삶이 달라진다. 우리 뇌는 우리가 집중한 것에 대해 더 튼튼하고 많은 신경망을 만들어 낸다. 거기서 집중한 것에 대한 강력한 정신 에너지가 생겨난다. 그러므로 다른 분야보다 집중한 분야에서 더 두각을 나타내게 되는 것이다.

셋째, 신경망을 발달시키기 위해서 우리는 집중 대상에 대해 얼마만큼 집중해야 할지 선택해야 한다. 뇌 과학자들은 뇌가 무언가 새로운 것을 아무런 의혹 없이 받아들이는 데는 21일이 걸린다고 밝혔다. 그리고 이것이 완전히 습관으로 형성되려면 100일의 시간이 걸린다고 밝혔다. 이 말은 새로운 신경망이 형성되려면 100일의 시간이 걸린다는 의미다. 전문가가 되기 위해선 1만 시간의 법칙이 적용된다고 한다. 1만 시간은 신경망이 완전히 자리 잡아 그 분야에서 독보적인 존재가 될 수 있는 시간이라는 말이다. 그러므로 우리가 어느 분야에서 전문가가 되기 위한 신경망을 발달시키기 위해선 집중 대상을 찾은 후 1만 시간 이상의 집중을 해야 한다. 다시 말하면, 매일 꾸준히 10년 이상은 투자해야 한다.

하지만 뇌의 신경망과 우리 사고의 변화를 일으키기 위해서는 어느 순간 폭발적인 집중이 이루어져야 한다. 우리가 어느 분야의 전문가가 되기 위해서는 그 분야의 책 100권 정도를 읽어야 한다. 그리고 1,000권 정도의 책을 읽으면 사고가 변화되고 사람이 변한다고 한다. 하지만 책을 아무리 읽어도 변화되지 않았다고 말하는 사람도 있다. 왜 그럴까?

바로 집중의 차이 때문이다. 일주일에 한 권씩 10년 동안 1,000권의 책을 읽은 사람과 하루에 한 권씩 3년에 1,000권의 책

을 읽은 사람의 삶에는 분명 차이가 나타난다. 앞서 말한 사람에게는 별다른 변화가 이루어지지 않는다. 책을 읽을 때 여유롭게 읽었기 때문에 신경망의 변화가 별로 일어나지 않기 때문이다. 그러나 집중해서 3년 동안 1,000권의 책을 읽은 사람은 삶의 변화를 일으킨다. 신경망의 변화와 더불어 사고의 변화를 가져오기 때문이다. 《리딩으로 리딩하라》의 작가 이지성과 《기적의 48분 독서법》의 작가 김병완은 이런 사례의 본보기다. 1,000권의 책은 우리 사고의 변화를 일으키는 임계치다. 물이 끓기 위해서는 100도라는 임계치를 넘어야 하듯이 우리 신경망의 변화를 일으키기 위해서는 사고의 임계치를 넘는 집중의 시간이 필요하다는 말이다. 그러므로 우리는 매일 꾸준히 반복해서 집중의 대상에 집중해야 하고 어느 순간에는 폭발적인 집중력으로 임계치를 넘어야 한다.

　지금까지 우리의 신경망을 어떤 쪽으로 발달시킬지 생각해 보았다. 자극에 대해 어떤 선택을 할 것인지, 무엇에 집중할 것인지, 얼마만큼 집중할 것인지에 대해 이야기했다. 자극에 대해 긍정적으로 반응하고, 집중의 대상을 찾아 거기에 꾸준한 집중과 어느 순간 임계치를 넘는 폭발적인 집중의 순간을 지나야 한다. 즉, 자신이 집중해야 할 대상이 있다면 집중을 반복해야 한다. 어떤 정보가 반복되면 뇌세포는 강력하게 활성화되고, 그러면 강력한 정신 에너지가 생성된다는 말이다.

무엇에 집중하고 있습니까?

뇌 과학자들은 우리 뇌가 무언가 새로운 것을 아무런 의혹 없이 받아들이는 데는 21일이 걸린다고 밝혔다. 그리고 이것이 완전히 습관으로 형성되려면 100일의 시간이 걸린다고 밝혔다. 전문가가 되기 위해선 1만 시간이 필요하다고 한다.

1만 시간은 신경망이 완전히 자리 잡아 그 분야에서 독보적인 존재가 될 수 있는 시간이라는 말이다. 다시 말해, 매일 꾸준히 10년 이상은 투자해야 한 분야에서 전문가가 될 수 있다.

당신의 아이는 전문가로서 성공하기 위해 현재 무엇에 집중하고 있습니까?

집중하면
얻게되는
브레인 파워

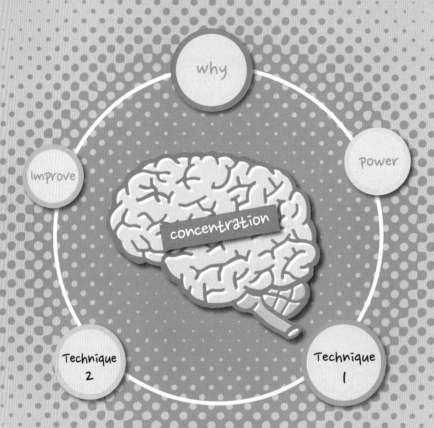

3
PART

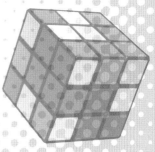

누구나 할 수 있는
집중력 향상법

1
휴식에 집중하라

휴식을 위한 마법의 3초 호흡

우리는 앞에서 집중력은 성공의 중요한 요소이고, 집중력이 있으면 멋진 생활을 영위할 수 있다고 이야기했다. 이제 어떻게 하면 집중력을 향상시킬 수 있는지 구체적인 방법들을 설명하겠다.

집중력 향상을 위해서 우선 점검해야 할 것이 두 가지가 있다. 첫 번째는 휴식 능력이고, 두 번째는 주의력이다. 휴식 능력이 떨어지면 집중력 향상은 기대하기 힘들다. 학부모들은 아이가 잘 놀고, 잘 먹고, 잘 자기 때문에 휴식 능력이 높다고 생각하는 경우가 많다. 그러나 실제로 뇌파를 측정해 보면 휴식 능력이 떨어지는 아이가 상당히 많다. 21세기 디지털 환경은 현대인들의 휴식 능력을 떨어뜨린다. 우리의 뇌를 활성화시키기 위해서는 휴식을 통한 재충전이 필요한데 디지털 기기의 수많은 기능이 우리 뇌에 쉴 틈을 주지 않는다. 즉, 뇌의 휴식을 방해하는 것이다.

"현대인들은 고개 숙인 사람들"이라고 하는 우스갯소리가 있다. 잠시도 고개 숙여 스마트폰을 보지 않으면 안 되기 때문이다. 회사, 거리, 버스, 자동차, 집, 학교 등등에서 사람들이 스마트폰을 들여다보고 있는 광경은 너무나 익숙한 모습이다. 디지털 기기의 비약적인 발달 앞에서 사람들은 단지 그 편리성에만 매혹된다. 그러나 그것이 가져오는 후유증은 상당히 심각하다. 그 대표적인 것이 사람들의 주의력이 산만해진 것이다.

《생각하지 않는 사람들》의 저자 니콜라스 카는 인터넷과 컴퓨터, 구글과 전자책, 디지털 기기들로 인해 사람들의 주의력이 산만해짐을 학계에 보고했다. 지금 이 시간에도 너무나 많은 정보가 디지털 기기를 통해 쏟아져 나오고, 사람들은 그 많은 정보를 무방비 상태로 받아들인다. 하지만 그 정보들 중에 정말 중요한 것은 몇 개나 될까? 문제는 너무나 많은 정보 때문에 정말 필요한 정보조차 기억하지 못하는 것이다. 뇌는 쉬는 시간에 정보를 저장한다. 그러나 뇌가 쉴 틈이 없다. 인터넷의 바다에 들어서면 정보가 밀물처럼 몰려오고 썰물처럼 빠져나가기를 반복한다. 그런 까닭에 뇌는 차분히 분석하고 생각할 틈이 전혀 없다. 읽을지 말지를 결정하는 것조차 바쁘다. 그러다 보니 뇌는 정보를 그냥 대충 스캔하게 된다. 이 때문에 스트레스가 쌓여 생산적인 일은 하지도 못하고 피곤에 절어 하루를 보내게 된다.

이런 현상은 비단 어른들뿐만 아니라 아이들도 마찬가지다. 아이들은 한창 뇌가 발달하는 시기이므로 이때 자기조절력을 키워

가야 한다. 그러나 아이들의 무분별한 디지털 기기 사용은 자칫하면 자기조절력을 방해한다. 자기조절력이 약해지면 자신의 행동을 제어하지 못하므로 자칫하면 중독으로 가기 쉽다. 그러므로 부모들은 아이의 디지털기기 사용에 각별한 주의를 기울일 필요가 있다.

그래서 디지털 환경에서 집중력을 향상시키기 위해 점검할 요소인 휴식 능력을 먼저 이야기하겠다. 휴식 능력을 키우는 데는

여러 요인이 있지만 여기서는 호흡을 먼저 이야기하고 명상, 양질의 수면을 살펴보겠다.

집중력 향상을 위해 점검해야 할 또 하나의 요소인 주의력은 제4부에서 이야기할 예정이다.

먼저, 휴식의 필요성에 대해 알아보자.

상대평가가 주를 이루는 우리나라에서 학부모들은 아이가 남들과의 경쟁에서 앞서도록 쉬지 않고 공부하기를 원한다. 아이들도 경쟁에서 이기기 위해 잠자는 시간까지 줄여 가며 쉬지 않고 공부에 매진한다. 하지만 그렇게 쉬지 않고 공부에 매진해도 효과는 그다지 높지 않다. 이에 우리는 뇌의 속성을 알아보고 확실한 성공의 방법을 찾는 것이 중요하다.

인간의 뇌는 기계가 아니다. 기계도 하루 종일 쉬지 않고 가동하면 무리가 따른다. 아이들도 마찬가지다. 여기서 쉰다는 것은 우리가 일반적으로 생각하는 쉰다는 의미가 아니다. 아이들이 게임을 하거나 책을 보는 것은 결코 쉬는 것이 아니다. 그렇다고 밖에서 열심히 뛰어노는 것도 진정한 의미의 쉬는 것이 아니다. 쉰다는 것은 뇌 과학적으로 볼 때 전두엽에 들어오는 정보를 차단하는 것이다. 이것은 뇌가 휴식을 취한다는 의미다. 뇌파를 측정했을 때 폐안시 알파파가 강하게 형성되어야 한다. 다시 말해, 눈을 감았을 때 정보가 차단되고 편안해야 된다는 말이다.

요즘 아이들은 상대평가에 익숙해져 있어 쉬지 않고 정보를 인지하고 기억하는 데만 주력한다. 그러다 보니 잠깐씩 쉬면서 정보를 분석하거나 종합하지 않는다. 그러나 시대가 변하고 있는 만큼 정보 활용 방법도 변화하고 있다. 단순히 정보를 인지하는 공부 방법으로는 21세기 글로벌 시대의 인재로 성장하지 못한다. 글로벌 인재로 성장하려면 뇌의 성향을 잘 분석해 활용해야 한다.

뇌는 중간중간 쉬어야 제 기능을 발휘할 수 있고, 밤에는 충분한 숙면을 취해야 충전하고 휴식하고 기억하고 성장하고 발달한다. 뇌가 제 기능을 발휘한다는 것은 업무를 집중해서 수행한다는 것이다. 그래서 뇌 과학 전문가들은 아이들의 공부 실력을 판단할 때 아이큐보다는 집중력을 살펴본다. 집중해서 공부하는 것과 그렇지 않은 것은 큰 차이를 가져온다. 집중력은 시간과 받아들이는 사고활동의 역량에 따라 큰 차이를 보이게 된다.

우선 시간적인 면에서 엄청난 효율성의 차이를 나타낸다. 사람들은 이것을 머리가 좋은지 혹은 나쁜지로 판단하려고 하는데 그렇지 않은 경우가 많다. 물론 유전적인 부분이 30퍼센트 정도 반영된다 하더라도 환경을 개선함으로써 얼마든지 집중력을 기르고 시간을 효율적으로 사용할 수 있다. 그래서 아이들의 집중력을 분석해서 집중할 수 있는 환경을 만드는 것이 시급하다.

집중력을 판단할 때 가장 먼저 점검하는 것이 휴식 능력이다. 실제로 아이들이 휴식 능력이 떨어져서 아무리 공부를 열심히 해도 효율성이 떨어지는 경우가 많다. 그러므로 뇌가 휴식하는 방법을 알고 실천해야 한다. 쉬지도 않고 열심히 하기만 하면 오히려 뇌가 혹사당하고 자신이 갖고 있는 능력을 발휘하지 못한다. 휴식 능력을 키운다는 것은 남녀노소를 불문하고 아무리 강조해도 지나치지 않다.

■ 휴식의 필요성 1

휴식은 시간 낭비인가?

《휴식의 힘》의 저자 매튜 에들런드는 자신의 저서에서 휴식에 대해 다음과 같이 말한다.

휴식은 시간 낭비가 아니다. 그것은 생물학적으로 필요한 회복의 과정이며 우리 몸이 재생하고 생존하는 데 꼭 필요한 과정이다……. 우리는 휴식 과정을 통해 자신을 다시 창조하고, 다시 새롭게 하며, 다시 조직한다. 휴식의 중요성은 왜 그토록 쉽게 무시되는 것일까? 부분적으로는, 우리가 기계와 함께, 기계를 위해, 기계 주위에서 일하는 시간이 너무 많은 나머지 우리 자신도 하나의 기계로 생각하게 되었기 때문이다……. 인간의 신체가 설계된 방식의 한 가지 기본적인 특징은 휴식을 통한 재생이 필요하다는 점이다. 인간이 생존하는 데 음식이 필요하듯이 휴식도 필요하다……. 휴식은 무엇보다 우리의 활력과 창의력을 회복시키는 적극적인 과정이다.

이처럼 휴식은 시간 낭비가 아니다. 제대로 하는 휴식은 뇌의 집중력을 향상시켜 업무를 효율적으로 수행할 수 있게 한다.

■ 휴식의 필요성 2
긴장 속에 생활하는 아이들에게 이완이 필요하다

아이를 긴장시키는 주범은 바로 부모다. 아이에게 "이거 해라 저거 해라"하면서 손수 스케줄까지 짜 주며 공부를 강제한다. 그래서 아이들은 부모의 눈빛만 봐도 주눅이 든다. 요즘 아이들은 엄청난 긴장의 후유증을 앓고 있다. 그래서 긴장을 풀 수 있는 방법으로 찾는 것이 인터넷이나 게임, 스마트폰이다.

우리의 뇌는 긴장과 이완을 되풀이한다. 계속 긴장을 하게 되면 뇌에 과부하 현상이 나타나 뇌의 항상성이 깨진다. 또한 계속 긴장만 하게 되면 뇌의 효율성은 저하된다. 아이들은 자신도 모르게 부모나 주위 환경 때문에 긴장을 하게 된다. 옆집이나 주위의 잘 아는 아이들과 상대적으로 비교를 당하면 긴장감은 폭발할 정도로 팽팽해진다. 물론 목표 달성을 위해서는 뇌를 각성시키는 적당한 긴장이 필요하지만 요즘 아이들이나 어른들의 뇌파를 측정해 보면 긴장도가 너무 높아 정서가 불안하고 산만한 행동을 하는 것을 종종 발견하게 된다. 현명한 부모라면 아이가 긴장할 수 있는 행동을 지양하고, 마음을 편하게 가질 수 있도록 집중력을 높일 수 있는 방법을 찾아 주는 것이 바람직하다.

■ 휴식의 필요성 3
과도한 교감신경의 사용

　현대인들은 아이들은 물론 어른들까지 너무 많이 차 있는 상태여서 문제다. 너무 바쁜 나머지 하루가 25시간이라도 모자라는 현대인들에게는 피로와 스트레스가 친구처럼 붙어 다닌다. 심리학자인 마야 슈토르히와 의사인 쿤터 프랑크는 자신들의 저서 《휴식능력 마냐나》에서 현대인들이 얼마나 긴장 속에서 살아가고 있는지 다음과 같이 말한다.

　사자가 나타나면 우리 몸은 긴장한다. 이렇듯이 교감신경이 활성화되면 머리카락이 서고 눈동자가 커지고, 심장 박동이 빨라지고 숨이 가빠진다. 전투준비를 하는 것이다.
　이처럼 교감신경은 전투, 도주, 육체노동을 담당한다. 그러다 위협이 사라지면 부교감신경이 활동을 시작한다. 전투모드에서 일상모드로 돌아가는 것이다. 심장박동은 느려지고 혈압은 떨어지고 근육은 느슨해진다. 소화시스템도 정상으로 돌아간다. 교감은 단기위험으로부터 우리를 지켜주고, 부교감신경은 장기위협으로부터 우리를 지킨다. 부교감신경은 우리 몸의 자율신경 시스템 중 일부인데, 이 부교감신경이 활성화될 때 몸은 피로를 회복하고 외부의 침입으로부터 몸을 지킬 수 있다. 그리고 창조적 능력도 높여 준다. 또한 부교감신경이 활동하지 않으면 우리는 우리에게 필요한 것이 무엇인지 인식할 수 없다. 자신이 원하는 삶을 성공적으로 살고 있다고 하더라도 만성 스트레스에 시달리기 십상이다. 부교감신경은 재생, 성장, 회복을 담당한다.

전구를 발명하기 전까지만 해도 해만 지면 온 세상이 깜깜했다. 기름등잔과 촛불 정도가 흐릿한 불빛을 만들어 냈을 뿐이다. 사람들은 원하지 않을 경우에도 쉴 수밖에 없었다.

그렇지만 지금은 밤도 낮처럼 환하다. 자동차, 휴대전화 벨소리, 컴퓨터 화면, 텔레비전, 라디오, 사이렌, 어디에나 밝게 켜져 있는 야간 조명…… 이런 모든 것이 우리의 교감신경을 격렬하게 만드는 '초원의 사자'들이다. 우리는 거의 24시간 내내 도주. 혹은 전투 시스템을 가동해야 한다. 부교감신경은 철저하게 억압당하고 우리는 재생과 회복의 기회를 찾을 수 없다.

이처럼 현대 생활은 교감신경을 활발하게 만들어 긴장시키는 일이 너무 많다. 남들과의 경쟁에서 이기기 위해 밤낮 없이 바쁘게 활동하고, 쏟아지는 정보에 보조를 맞추기 위해 쉴 새 없이 정보를 받아들이다 보면 뇌는 몹시 지쳐 있는 상태다. 우리는 교감 신경만 지나치게 활용하고 부교감 신경을 등한시하는 것이다. 그래서 휴식을 통해 부교감 신경을 집중적으로 활성화할 필요가 있다.

■ 휴식의 필요성 4

뇌 효율성의 저하

열심히 공부를 했음에도 시험을 치면 실력 발휘를 제대로 못하는 경우를 누구나 경험했을 것이다. 대부분이 그 이유가 너무 긴장을 해서라고 생각한다. 그런데 긴장도가 높으면 문제가 생기게 된다. 첫째, 뇌의 효율성이 떨어져 자신의 실력을 제대로 발휘하지 못한다. 둘째, 사회성이 떨어지고 남들 앞에서 발표하는 것을 두려워한다. 또래 친구들과 잘 어울리지 못하고, 자신의 의견을 잘 표현하지 못한다.

그러므로 적당한 긴장과 적당한 이완의 반복이 뇌를 효율적으로 사용하게 하고 뇌의 항상성을 높인다.

■ 휴식의 필요성 5

생활 곳곳에 있는 휴식의 방법들

휴식이란 의식의 공간을 비우는 작업이다. 비운다는 것은 새로운 집중을 위한 준비 과정이다. 불교에서 스님들이 행하는 하안거(夏安居)나 동안거(冬安居) 역시 비우고 집중하기 위한 수행이다. 번잡한 불자들과의 만남이나 절의 행사에서 벗어나 자신 안의 내면의 소리를 집중적으로 듣기 위한 것이다. 학교에서 45분 수업 시간 다음에 10분 휴식 시간을 갖는 이유도 여기에 있다. 45분 동안 지식을 습득하느라 고생한 뇌에 휴식을 제공하는 것이다. 또한 긴장된 채로 의자에 앉아 있던 몸에도 휴식을 주기 위해서다.

방학을 하는 이유도 마찬가지다. 방학은 학교생활로 인해 경험하지 못한 여러 가지를 몸으로 체험하게 하기 위한 시간이다. 하지만 대부분의 학부모는 아이가 방학을 하면 선행학습을 위해 학원이나 과외 공부를 더 시키려고 한다. 이는 뇌에 쉴 틈을 주지 않는 것이다. 지식 습득으로 인해 지친 뇌를 더욱 지치게 만드는 것일 뿐이다.

■ 휴식의 필요성 6
의식의 공간 비우기

나는 학생들의 집중력 향상을 위해 집중력 캠프를 실시한 적이 있다. 학생들의 의식의 공간을 비워서 공부에 집중할 수 있는 바탕을 만들어 주기 위해서였다. 장소를 영덕의 어느 산골 마을로 정했다. 매미 소리와 물 흐르는 소리가 들리고 마당이 넓은 아늑한 곳이었다. 낮에는 호흡에 집중하고 밤에는 가로등도 없는 깜깜한 산길을 걷게 했다. 아이들은 처음에는 호흡하는 것이 힘들고 지루하다고 했다. 저학년일수록 참지 못하고 눈을 뜨고 여기저기를 살피는 일이 많았다. 익숙하지 않은 양반다리도 참기 힘든 이유 중의 하나였을 것이다. 그러나 나중에는 마음이 고요해지면서 몸도 편안하다고 말했다. 또한 깜깜한 산길을 걸을 때 무섭다고 노래를 부르고 이야기를 하던 아이들이 나중에는 묵묵히 걷기만

했다. 별도 보고 달빛에 비친 제 그림자도 보며 조용히 산책을 마쳤다. 아이들은 지식 습득에서 벗어나 자연과 벗하고 고요함과 마주하면서 자신을 한 번 느껴보기도 하고, 머리가 맑아짐을 스스로 느끼게 되었다.

이처럼 머리를 비움으로써 머리가 맑아짐을 느낄 수 있다면 평소에 아이의 집중력은 더 높아진다. 더불어 뇌의 효율성도 높아진다.

■ 휴식의 필요성 7

충전을 위한 휴식 시간

세종대왕도 성균관 학자들에게 안식년을 주었다고 한다. 이때 학자들은 자신이 평소 읽고 싶었던 책들을 보며 소일했다. 요즘도 대학에서 교수들에게 7년마다 안식년을 준다. 교수들은 학생들을 가르치던 업무와 대학에서의 업무를 접고 자신이 가고 싶은 연구소나 대학을 찾아 자신의 전공분야를 더 연구하거나 아니면 그동안 관심을 갖게 된 분야에 대해 1년 동안 편안하게 전념할 수 있다. 몇몇 회사에서도 안식년 제도가 있어서 사원들에게 휴가비와 여행, 독서의 시간을 제공하고 있다.

애플의 회장이었던 스티브 잡스도 거실을 가구 하나 없는 선문화원처럼 단순하게 꾸며 놓고 명상을 통해 휴식을 취했다. 단순하지만 명쾌한 아이폰은 디지털 기기를 버리고 산책을 하면서 생각을 비우고 아이디어에 집중해서 나온 결과다. 빌 게이츠도 '생각의 기간'을 만들어 외부와 단절된 상태에서 휴식과 집중을 통한 아이디어를 구상했다.

이처럼 집중력을 향상시키기 위해서는 정보가 완전히 차단되는 곳에서 완전한 휴식 시간을 가져야 한다.

■ 휴식의 필요성 8

일의 효율성 제고

스티븐 코비 박사나 시간의 효율성에 대해 말하는 강사들이 즐겨 말하는 나무꾼 이야기가 있다. 두 나무꾼이 나무를 벌목했다. 한 사람은 쉬지 않고 나무만 베고, 다른 한 사람은 자주 쉬면서 도끼의 날을 갈면서 나무를 베었다. 일을 마치고 결과를 보니 쉬지 않고 나무만 벤 사람보다 자주 쉬면서 도끼날을 간 나무꾼이 훨씬 많은 나무를 벤 것을 알 수 있었다.

계속해서 나무만 베면 처음에는 힘차게 벨지 모르지만 우리 몸은 긴장이 고조되어 금방 지치게 된다. 고조된 긴장으로 체력이 완전 고갈되어 버리면 다시 회복하기 힘들다. 그러나 도끼를 갈면서 휴식을 취하며 나무를 베면 도끼를 가는 동안 긴장되었던 몸의 근육도 풀리고 마음의 긴장감도 사라진다. 그러면 우리 몸은 다시 새로운 에너지를 만들어 낸다. 이 새로운 에너지는 다시 도끼질을 할 수 있는 에너지원이 된다. 쉬면서 도끼날을 잘 갈아 놓은 나무꾼은 쉬지 않고 나무만 벤 나무꾼보다 시간의 효율성도 높아 지치지 않고 나무를 끝까지 벨 수 있다.

이 이야기에서처럼 일의 효율성을 높이는 데에도 휴식은 필요하다.

■ 집중력과 휴식의 관계

집중력이 떨어져 공부의 효율성이 떨어지는 아이들의 뇌파를 측정하면 휴식 능력이 떨어져 있는 것을 볼 수 있다. 집중력 저하의 원인으로서 휴식은 우리가 생각하는 것보다 큰 영역을 차지한다. 그러나 학부모들은 아이의 집중력 저하의 원인이 휴식 때문인지 잘 모르는 경우가 많다. 무작정 공부하라고 아이를 닦달하면 오히려 스트레스로 인해 집중력은 더 떨어진다. 정신이 맑은 상태에서 공부를 해야만 집중력은 향상된다. 그러므로 우선 아이의 뇌상태가 어떤지 점검해 볼 필요가 있다. 뇌파의 측정을 통해 평소 아이의 뇌가 어떤 상태인지 알 수 있다. 뇌파를 보면 아이가 휴식 상태인지, 정보를 받아들일 수 있게 활성화되어 있는지, 스트레스가 쌓여 있는지를 파악할 수 있기 때문이다.

여러 아이를 관찰하면서 휴식 능력이 높으면 아이의 집중력이 높아지고, 휴식 능력이 떨어지면 아이의 집중력이 낮아진다는 사실을 발견할 수 있었다.

이처럼 휴식은 집중력과 불가분의 관계에 있다.

휴식 능력을 점검하기 위해서는 우선 밤에 깊은 잠을 자는지의 여부부터 점검해야 한다.

첫 번째, 저녁에 잠자는 시각 점검: 10시에 잠자리에 들자.

저녁 10시부터 새벽 3시까지는 마법의 충전 시간이다. 이 시간은 뇌 과학 측면에서 보면 델타파 상태에서 취침할 수 있는 시간대다. 신성세포들이 해마에서 생성되고 장기기억이 활성화되는 시간이다. 청소년기의 아이들에게는 성장호르몬이 분비되는 시간이며, 누가 업어 가도 모를 정도로 깊은 잠을 잘 수 있는 시간대다. 진정 휴식의 꽃은 깊은 숙면임을 명심하자.

오늘날 대부분의 사람은 이 잠자는 시간이 지켜지지 못하고 있다. 옛날처럼 육체적 노동을 하지 않기 때문에 육체적 피곤함이 별로 없는 것이 이유일 수도 있다. 또는 잠은 '잠 올 때 자면 되지'라는 생각을 갖고 있기 때문인지도 모른다. 그 밖에 여러 가지 이유가 있을 수 있다. 하지만 뇌 과학에서는 저녁 9시가 되면 뇌파가 세타파로 바뀌며 서서히 졸리기 시작한다고 말한다. 이때 잠자리에 들어야 깊은 잠을 잘 수 있다. 다시 말해, 양질의 수면을 취할 수 있다.

그러나 대부분의 사람이 이 졸리는 신호를 무시한다. 전기로 인해 대낮처럼 밝은 밤은 활동에 아무런 지장을 주지 않는다. 또 텔레비전, 인터넷 등등을 통해 재미있는 프로를 시청할 수 있다. 또 자동차는 우리가 가고 싶은 곳은 어디든지 데려다 준다. 이처럼 오늘날은 재미를 위해서든 생업을 위해서든 밤늦게까지 활동하는 경우가 대부분이다. 이런 다양한 활동이 우리를 일찍 잠들지 못하게 해 깊은 잠을 잘 수 없게 하는 것이다. 즉, 12시를 넘어 늦게 잠자리에 든다는 것은 뇌에서 일어나는 졸림 현상을 무시하고 활동한다는 것이다. 이 졸림 현상을 계속해서 무시하면 뇌의 항상성이 깨진다. 뇌의 항상성이 깨지면 휴식 능력이 떨어지고, 떨어진 휴식 능력은 집중력 저하의 원인이 된다. 이와 같이 저녁 10시에서 3시까지의 깊은 잠은 휴식 능력과 집중력에 절대적인 영향을 미친다.

두 번째, 일어나는 시각 점검: 해가 뜨는 시각에 일어나면 좋다.

아침에 잠자리에서 일어나는 모습을 보면 밤새 얼마나 잘 잤는지를 알 수 있다. 한번 살펴보자.

8시가 되자 아빠는 일어나라는 엄마의 목소리를 듣는다. 마지못해 일어나 출근 준비를 하지만 비몽사몽이다. 밥을 먹지만 입맛이 없어 잘 넘어가지 않는다. 아이도 8시쯤 엄마의 깨우는 소리를 듣는다. 그러나 좀 더 자고 싶은 마음에 미적거린다. 엄마의 목소리가 높아지기 시작하면 마지못해 일어난다. 시계를 보니 벌써 8시 15분. 허둥거리기 시작한다. 아침밥도 먹는 둥 마는 둥 하고 학교로 내달린다. 집집마다 아침이면 전쟁이 일어난다. 이렇게 학교에 간 아이가 제대로 공부를 할 수 있을지, 회사에 출근한 아빠가 제대로 업무를 보는지 의문이다. 반면, 반대의 경우를 보자.

아침 7시 기지개와 함께 저절로 눈이 뜨인다. 아파트를 한 바퀴 돌고 집으로 들어온다. 상쾌한 바람 내음이 함께 들어온다. 식탁에 앉아 아침을 먹으며 이야기를 나누고 느긋하게 가방을 챙겨 학교를 향한다.

마지못해 억지로 일어났다는 것은 깊은 수면을 하지 못해 피곤하다는 의미이며, 휴식 능력이 떨어져 있다는 의미다. 자발적으로 일어났다는 것은 깊은 수면을 취해 피곤이 하나도 남아 있지 않다는 의미다. 즉, 제대로 휴식을 취했다는 말이다. 그러므로 부모는 아이가 자발적으로 가뿐하게 일어나는지 아닌지를 주의 깊게 점검해 볼 필요가 있다.

우리 뇌는 대체적으로 아침 해가 뜨면 깨어나기 시작한다. 활동을 알리는 베타파 상태로 나아가는 것이다. 그러므로 해가 뜨는 시각에 잠에서 깬다. 그러나 우리는 이를 무시하고 다시 잠을 청한다. 그러면 뇌는 휴식을 취하는 것이 아니라 꿈을 꾸며 일을 한다. 새벽녘에 꾸는 꿈을 우리가 기억하는 것은 뇌가 잠들어 있지 않았다는 의미로, 뇌는 이미 일어나 활동을 개시한 것이다. 그러므로 우리는 해가 뜨는 시각에 일어나는 것이 가장 좋다.

잠에서 깨어났지만 몸이 무거워 다시 자는 경우도 있다. 이런 경우는 뇌는 활동 상태가 되었으나 몸은 아직 준비가 되지 않았다는 뜻이다. 몸과 마음이 가뿐하게 일어나는 시간이 가장 좋은 기상 시간이다. 하지만 뇌가 깨어나는 시간, 즉 아침 해가 뜨는 시간에 일어나는 것이 가장 생리적인 현상에 어울리는 것이다. 옛날 조상들의 일찍 자고 일찍 일어나는 문화가 우리 생체리듬과 가장 잘 어울린다. 그러므로 휴식 능력 향상을 위해서 일찍 자고 일찍 일어나는 습관을 들이는 것이 가장 좋다.

■ 집중력을 떨어지게 하는 주요인

침대회사 광고 중에 "잠이 보약이다"라는 광고가 있을 정도로 질 좋은 잠은 건강에 중요하다. 잠을 제대로 자지 못해서 다음 날 공부나 업무에 집중할 수 없었던 경험들은 누구나 있을 것이다. 멍하게 하루를 낭비하며 보내는 것이다. 그러므로 깊은 잠을 자기 위해서는 낮부터 휴식 능력을 강화하는 훈련을 해야 한다.

현대인들은 누구나 바쁘다. 특히 공부하는 학생이나 직장인은 몇 배로 바쁘다. 이렇게 끊임없이 활동하다 보면 지치게 된다. 이 것이 누적되면 정신적인 또는 육체적인 병으로 나타난다. 심장이 뛰는 그래프를 본 적이 있는가? 심장은 뛰고 조금 간격을 두고 다시 뛴다. 100미터 달리기를 하면 심장은 쉴 틈 없이 굉장히 빨리 뛴다. 이때 우리는 심장이 터질 것 같다고 표현한다. 만약 사람이 쉬지 않고 100미터를 뛰는 속도로 계속 뛰면 살아남을 수 있겠는가? 살아남지 못한다. 우리 몸은 적당한 휴식을 취해 충전되고 다시 집중력을 발휘해 원기 왕성한 활동을 할 수 있도록 설계되어 있다. 그러므로 낮에 왕성한 활동을 할 때에도 휴식 능력을 향상시키기 위한 노력은 계속 되어야 한다.

어떻게 하면 왕성한 활동을 하는 낮에 진정한 휴식을 취할 수 있을까? 우선 질 좋은 수면을 취해야 된다. 그다음으로 명상을 통해 휴식 능력을 강화해야 한다.

깊은 수면 - 명상 - 새벽 시간 활동, 이런 선순환 사이클은 휴식 능력 향상에 많은 도움이 된다.

또한 뇌 훈련이라는 좋은 방법이 있다. 몸이 피곤하거나 지쳐 있을 때 뇌 훈련을 하면 신경망이 이완된다. 우선 뇌 훈련을 하기 전 누구나 할 수 있는 호흡법을 먼저 소개하고 뇌 훈련을 차차 다루겠다.

| 마법의 3초 호흡 |

뇌 과학에서 휴식이란 눈을 감은 상태에서 마음을 편안하게 하면 알파파가 강하게 형성되는 상태를 말한다. 다시 말해, 휴식 상태란 잔상을 제외하고 정보가 차단되어 뇌가 활동을 멈추는 것이다. 이런 상태를 유지하려면 뇌 훈련이 필요하다. 눈을 감으면 우선 시각적인 정보가 차단되어 뇌가 원하는 휴식 상태로 접근하기가 쉽다. 그래서 뇌의 항상성도 높아진다.

(재)한국정신과학연구소의 박병운 박사는 뇌 훈련을 하기 전에 반드시 3초 호흡을 10분 이상 하기를 권장한다. 왜냐하면 뇌 훈련을 하기 전에 뇌 상태를 충분히 이완시켜야 훈련의 효과가 높아지기 때문이다. 아이들은 3초 호흡을 시작하면 처음에는 차분하게 있지 못한다. 그러나 3초마다 들려오는 소리에 호흡을 맞추려 애쓰다 보면 5분쯤 지나 많이 차분해진다. 이때까지는 워밍업이지 아직 마음이나 뇌는 휴식 상태에 도달하지 못한 상태다. 그러나 시간이 지날수록 점점 뇌가 휴식하게 된다. 이렇게 충분한 휴식을 취한 상태에서 뇌 훈련을 하면 바로 이완 상태로 들어갈 수 있으므로 훈련의 효과가 높아진다.

■ 왜 3초 호흡인가?

우리 조상들은 사람이 태어나서는 배꼽으로 숨을 쉬다가 나이가 들수록 점점 가슴으로 올라와 마지막에 숨이 턱 끝에 차면 죽는다고 했다. 즉, 호흡이 짧아질수록 목숨이 위태롭다는 것이다. 대부분의 사람은 평소에 1초에서 1.5초 정도의 호흡을 하면서 살아가고 있다. 뇌는 호흡을 통해 들어오는 산소의 20퍼센트 이상을 사용한다. 호흡이 짧으면 뇌에 필요한 산소가 부족할 수 있다. 평소에 하는 호흡의 길이가 짧을수록 예민하고 신경질적이다. 또한 남을 배려하지 않고 자기 할 말만 하는 경우도 많다. 이는 호흡으로 충분한 산소가 뇌에 전달되지 않기 때문에 뇌가 피로하다는 뜻이다. 뇌가 피곤한 상태에서는 남을 배려해 줄 여력이 없다. 조금만 천천히 호흡을 하면 뇌에까지 충분한 산소가 전달되므로 우리 마음은 쉽게 이완되어 편안해진다. 몸도 혈액순환이 더 활발해지기 때문에 더욱 활기 있게 된다.

그러므로 삶의 여유와 건강을 위해 호흡의 길이를 2~3배로 늘려야 한다. 또한 3초 호흡은 평소 호흡보다 조금만 천천히 하면 되므로 누구나 할 수 있고, 장소나 공간의 제약을 받지 않고 어디서나 할 수 있다.

3초 호흡은 남녀노소를 불문하고 실생활에서 실천이 가능하다. 3초 호흡은 수련가의 호흡법은 아니다. 수련을 하는 사람들은 3초 호흡은 너무 짧다고 말한다. 하지만 일반인들도 3초 호흡이 숙달되면 4초, 5초로 늘려 갈 수 있다. 이렇듯 3초 호흡은 쉽고 명확하고 과학적이다.

■ 3초 호흡의 효과

평소 호흡의 길이가 3초로 늘어나면 건강이 지금보다 몇 배로 좋아질 수 있다. 우선 소화가 잘 되는 것을 느낄 것이다. 뇌에 산소 공급이 원활해져 머리가 맑아진다. 또한 깊은 잠을 잘 수 있는 준비 상태가 된다. 더욱 천천히 하다 보면 깊은 숙면을 취한다. 아침에 아주 활기차게 벌떡 일어나게 된다. 마음이 여유로워지고 사회성이 향상된다. 학생들은 집중력이 증가해 공부하는 데 많은 도움이 된다. 3초 호흡을 10분 정도만 해도 우리가 많이 피곤할 때 10~15분 정도 잠깐 눈을 붙이고 나면 숙면을 취한 것처럼 개운한 효과를 얻을 수 있다.

이 같은 3초 호흡의 효과를 얻을 수 있는 이유는 뇌를 쉬게 하기 때문이다. 그래서 3초 호흡은 뇌의 항상성을 높이고 건강을 유지하는 비결이다.

이제 그 3초 호흡의 비법을 공개한다. 방법은 간단하다.

3초간 숨을 마시고 3초간 숨을 내쉬면 된다.

너무 쉬워서 어리둥절할지도 모르겠다. 하지만 막상 시작해 보면 쉽지 않다. 다른 것은 모두 놓아 버리고 숨 쉬는 것에만 집중해야 한다. 즉, 숨이 들어오고 나가는 것에만 집중해야 한다. 대부분이 처음에는 졸려서 자게 된다. 그만큼 우리의 뇌가 피곤에 젖어 있다는 뜻이다.

아이들도 마찬가지로 학교에 다녀와서 뇌 훈련을 하기 전에 3

초 호흡을 하게 하면 거의 대부분 잠이 든다. 이때 부모가 개입하면 무조건 실패한다. 부모들이 '잠잘 시간이 어디 있어 조금이라도 공부를 더 해야지'하는 조급한 마음이 생기면 잠자는 것을 용납하지 못한다. 또 3초 호흡을 시키지 않고 뇌 훈련으로 바로 들어가는 경우도 있다. 그러면 뇌 훈련의 효과는 당연히 떨어진다. 3초 호흡을 처음 연습할 때는 졸리지만 계속해서 하다 보면 졸리지 않는다. 또한 10분 정도 지나면 머리가 맑아지면서 몸도 개운해짐을 느낄 수 있다. 뇌가 충분히 휴식도 취했고, 산소 공급도 원활하게 되니 에너지가 넘쳐난다. 어떤 정보가 들어와도 다 먹어 치울 기세가 되므로 공부하기 좋은 상태가 된다.

그래서 우선 부모부터 3초 호흡을 실천할 필요가 있다. 부모가 해 보고 3초 호흡의 효과를 스스로 느껴야만 아이들에게 적극 권유할 수 있고, 아이가 힘들어 하더라도 도와줄 수 있다. 그렇지 못하면 아이와 전쟁을 하기 십상이다.

3초 호흡은 위험 요소가 전혀 없다. 건강한 사람은 누구라도 지금 당장 시작할 수 있다. 나는 이 3초 호흡으로 수많은 학생과 일반인의 기적적인 변화를 직접 지켜보았다. 직접 실천해 보면 마법과 같은 기적을 체험할 수 있을 것이다.

■ 3초 호흡의 방법

만약 집에서 한다면 조용하고 편안한 분위기와 편안한 복장만 있으면 된다.

첫째, 가슴과 허리를 펴고 편안하게 의자에 앉거나, 서거나, 베개 없이 편안하게 눕는다.

둘째, 편안한 상태에서 눈을 감고, 입은 다물고, 혀끝은 윗니 천장에 붙인다. 이때 입 모양을 약간 웃는 모습으로 만들어 주면 더욱 좋다. 긍정의 에너지가 더 생겨난다.

셋째, 최대한 천천히 코로 숨을 3초간 마시고 3초간 내쉰다. 이때 누군가 옆에서 아주 천천히 편안하고 나지막한 목소리로 3초마다 "마시고", "내쉬고"라고 말해 주면 좋다. 옆에 사람이 없거나 상황이 안 되면 녹음해서 사용해도 된다. 입안에 침이 생성되면 천천히 넘기면 된다.

넷째, 3초 동안 마시고 내쉬는 공기의 양이 같아야 하고, 그 양이 시간에 따라 균일해야 한다.

다섯째, 오로지 마시고 내쉬는 호흡에만 정신을 집중해야 한다. 그리고 깨어 있는 의식으로 지켜보아야 한다.

■ 3초 호흡에서 주의할 점

호흡 방법의 네 번째 부분이 가장 중요하다. 평소에 자신이 숨 쉬는 것에 별로 신경을 쓰지 않았다면 이제부터 관심을 갖고 신경을 써야 한다. 그렇다고 긴장하라는 얘기는 아니다. 진지한 관심을 가져 달라는 말이다. 자신이 할 수 있는 한 천천히 3초 동안 똑같이 마시고 3초 동안 똑같이 내쉬어야 한다. 말은 쉬운데 실제로 해 보면 말처럼 쉽지가 않다. "3초 동안 똑같이 마시고 똑같이 내쉬어야" 한다는 부분이 어렵다.

실제로 처음하는 사람은 대부분 마시고 내쉬는 시간이 같지 않다. 어떤 사람은 숨을 마시는 것은 짧고, 내쉬는 것은 길다. 반대인 경우도 있다. 또한 숨을 3초 동안 쉬지 않고 고르게 마셔야 하는데 획 마시고 시간이 남아서 잠시 쉬었다가 훅 내쉬고 또 나머지 시간을 숨을 참고 기다린다. 이렇게 해서는 안 된다. "3초 동안 똑같이 마시고 똑같이 내쉰다"는 말은 마시는 양과 내쉬는 양이 똑같아야 하고, 마시는 시간과 내쉬는 시간이 똑같아야 한다는 뜻이다. 그리고 숨을 마시고 내쉬는 느낌조차 없을 정도로 최대한 천천히 하는 것이 좋다. 이렇게 해서 호흡이 안정되는 데는 시간이 많이 필요하기 때문에 중간중간 뇌파도 측정해 보고 전문가의 점검을 받아 보는 것도 좋다.

또 하나는 소리 나지 않게 천천히 코로만 마시고 천천히 코로만 내쉬라는 것이다. 자신도 모르게 입을 벌려 입으로 호흡을 하는 사람도 있다. 입으로 하는 호흡은 아무리 천천히 한다 해도 코로만 하는 호흡보다는 거칠다. 또한 절대 깊은 호흡을 할 수 없다. 자신도 모르게 입이 벌어진다는 것은 코로 충분한 산소가 들어가지 않아서 입까지 그 역할을 하게 하는 것이다. 이러면 우리 몸에서 산소를 가장 많이 사용하는 뇌에는 절대적으로 산소가 부족하다. 산소가 부족하면 뇌는 산만해지고 집중하지 못한다.

그러므로 아이가 숨 쉬는 것을 잘 관찰해야 한다. 텔레비전을 보거나 무슨 일을 할 때 자신도 모르게 입을 벌리고 있는 아이들이 있다. 이런 아이들은 코로 숨을 쉬라고 말해도 자신도 모르게 입을 벌리고 숨을 쉬는 경우가 많다. 코로만 숨을 쉰다는 것은 매우 중요한 일이다. 3초 호흡은 코로 쉬는 숨소리조차 자신의 귀에 들리지 않을 정도로 천천히 코로만 호흡해야 한다.

3초 호흡이 안정되려면 빨라도 6개월~1년 이상 걸리는 경우가 많다. 어차피 평생 해야 할 호흡이므로 조급해할 필요는 없다. 이것은 과학이 아무리 발달해 있어도 속전속결로 해결할 수 있는 것이 아니다. 꾸준한 실천으로 습관이 형성될 때까지 인내가 필요하다. 그리고 뇌파를 측정해서 살펴보면 3초 호흡을 제대로 하고 있는지 한눈에 알 수 있다.

■ 3초 호흡이 힘든데 꼭 3초로 해야 하나요?

몸의 컨디션이 좋지 않을 때는 3초 호흡이 힘든 사람도 있다. 또한 주의력결핍 아동들이나 병이 있는 사람들도 3초 호흡을 힘들어 한다. 이 경우에는 1.5초나 2초부터 시작해도 괜찮다. 본인의 상태에 따라 적당한 시간으로 하면 된다. 하다가 컨디션이 좋아지면 점점 시간을 늘리면 된다. 그러나 이때도 명심해야 할 것은 내쉬는 숨과 마시는 숨의 양이 같아야 하고, 시간도 똑같아야 한다.

■ 3초 호흡과 단전호흡

가끔 3초 호흡을 하면서 단전호흡을 해야 하는지 묻는 사람들이 있다. 물론 단전호흡을 하면 효과는 커진다. 그렇지만 단전호흡은 전문가에게 체계적으로 배워야 한다. 대충 흉내를 내는 것은 오히려 하지 않는 것보다 못하고 몸에 해로울 수도 있기 때문이다.

■ 어린아이들은 3초 호흡이 어렵지 않나요?

초등학생 이하 유아들은 이해력이 떨어지기 때문에 설명해도 못 알아듣는 경우가 많다. 그래도 나지막한 목소리로 들려주면 느리지만 습관이 형성될 수 있다. 엄마나 아빠의 무릎에서 편안하게 해도 좋다. 초등학생의 경우도 3초 호흡을 설명해 주고 해 보라고 하면 너무 빨리 마시고 빨리 내쉬는 경우가 많다. 심지어 코에서 소리가 날 정도로 거칠게 마시는 경우가 있다. 적응이 될 때까지 관심을 갖고 천천히 하도록 유도해야 한다. 자신의 호흡 뇌파를 직접 보여 주어서 동기 부여를 하는 방법도 효과가 있다.

■ 코에 이상이 있는 경우

3초 호흡은 오직 코로만 숨을 쉬어야 한다. 비염이나 코막힘 증세가 있으면 자신도 모르게 입을 벌리고 호흡을 하는 경우가 대부분이다. 또 비염이나 알레르기 등 코가 안 좋은 아이들은 코로 호흡하는 것을 싫어하고 자신도 모르게 입으로 호흡하려고 하는 경향이 있다. 이런 경우는 코에 대한 전문가의 치료를 받는 것이 좋다. 그리고 힘들더라도 코로 호흡할 수 있도록 지속적으로 도와주어야 한다. 코로 편안한 호흡이 되지 않으면 고학년이 되어 집중력이 떨어질 가능성이 높다. 어릴 때 코에 대한 전문가의 진단을 받아보는 것도 도움이 된다. 편안하게 3초 호흡이 잘되고 있는지는 뇌파를 자주 측정해서 확인하면 좋다.

■ 3초 호흡을 하는 기간

3초 호흡은 매일 10분 이상 6개월 정도 해야 서서히 효과를 볼수가 있다. 물론 뇌 훈련을 같이 한다면 효과가 더 빨리, 더 많이 나타날 수도 있다. 유아나 초등 저학년에게 10분은 굉장히 긴 시간이다. 처음부터 10분을 하라고 하면 몹시 힘들어 할 수 있다. 그럴 때는 1분, 3분부터 시작해서 조금씩 시간을 늘려도 좋다. 그렇게 해서 1년 동안은 꾸준히 해야 한다. 여기에서 모든 부모가 절망할지도 모른다. 하지만 뇌는 절대로 한두 달 만에 바뀌지 않는다. 설사 바뀐다 하더라도 지속적으로 하지 않으면 원래 상태로 돌아가는 것은 순식간이다.

그리고 수시로 뇌파를 측정함으로써 편안한 3초 호흡을 하고 있는지 점검할 필요가 있다. 여건이 된다면 뇌 훈련과 같이하면 효과는 훨씬 커질 것이다.

■ 3초 호흡만 하면 휴식이 충분하지 않은가요. 뇌 훈련을 꼭 해야
  하나요?

  3초 호흡을 하면 순간의 휴식은 가능하다, 당연히 3초 호흡만
으로도 휴식이 되어 몸의 컨디션이나 피로도가 줄어들어 건강이
좋아진다. 휴식 능력을 향상시킨다는 것은 지속력을 말하는 것이
다. 3초 호흡을 하고 뇌파를 측정하면 호흡 전과의 차이를 눈으로
확인할 수 있다. 하지만 시간이 조금만 지나도 원래의 상태로 돌
아간 것을 뇌파를 보고 알 수 있다. 뇌 훈련은 뇌의 특성 중에 하
나인 항상성을 높여 지속적인 휴식 능력을 향상하는 훈련이다. 그
효과를 불빛으로 비교한다면, 호롱불과 전깃불의 차이라고 할 수
있다. 즉, 분명 큰 차이가 있다.

■ 3초 호흡 장소

  장소에 구애를 받는 것은 아니지만 가급적 편안하고 안정적인
공간이 좋다. 거실의 편안한 소파 같은 곳도 좋고, 등받이가 있고
목을 기댈 수 있는 긴 의자에서 해도 좋다. 피곤하고 지친 아이들
은 3초 호흡 중에 자는 경우가 많다. 이럴 때는 30분 정도 푹 재우
는 것이 좋다. 왜냐하면 아이들의 피곤한 뇌가 깊은 휴식을 취하
는 것이기 때문이다. 하지만 침대에 누워 2시간 이상 무한정 자는
것은 좋지 않다. 아이가 길게 낮잠을 자는 것은 경우는 전문가의
진단을 받아보는 것이 좋다. 낮잠을 길게 자는 것은 저녁의 깊은

수면이 방해를 받기 때문일 수 있다. 3초 호흡을 통해 낮잠을 자더라도 1시간 이내가 좋다.

■ 3초 호흡을 하기 좋은 시간

피곤해하고 집중력이 떨어지는 아이는 학교에 갔다 오면 3초 호흡을 하면서 30분 정도 재우고, 30분 정도 뇌 훈련을 시키면 뇌가 충전되어 활력이 넘치는 것을 볼 수 있다. 즉, 아침과 같은 원기 왕성한 활동을 할 수 있는 최적의 상태로 뇌를 만드는 것이다. 그래서 남은 오후나 저녁 시간을 집중해서 공부할 수 있는 것은 당연하다. 또 방과 후에 실시하는 3초 호흡과 뇌 훈련은 아이들의 정서적인 측면에 안정을 가져다준다. 가령 학교에서 부정적인 이야기를 듣고 상처 받았던 부분도 잠재의식에 쌓이지 않고 사라지게 된다. 스트레스 해소가 자연스럽게 이루어져 표정이 밝아진다.

왕따를 가하거나 왕따를 당하고, 경쟁에 심리적으로 불안하고 우울하면 집중력은 분산될 수밖에 없다. 불안정한 정서가 내면에 쌓이면 나중에 걷잡을 수 없는 큰일로 이어질 수 있다. 3초 호흡과 뇌 훈련은 정서적으로 불안정한 청소년의 사회 문제가 심각한 현실에서 매우 적합한 해법이자 대안이 될 수 있다.

학생들은 학교에서든 집에서든 쉬는 시간을 활용해 눈을 감고 편안하게 3초 호흡을 하면 휴식 능력이 증가하기 때문에 집중력이 향상된다. 저녁에 잠들기 전에 3초 호흡을 하다 자연스럽게 잠들면 깊은 숙면을 취할 수 있다. 아침에 깨어날 때도 3초 호흡을 하면서 깨어나면 몸과 마음이 상쾌해진다. 눈이 떨어지지 않고 피곤한 감이 있어도 3초 호흡을 하면 편안한 상태에서 가뿐하게 일어날 수가 있다. 이처럼 3초 호흡은 시간에 구애를 받지 않는다. 피곤할 때는 언제라도 3초 호흡을 해 보자.

지금까지 왕성한 활동을 하는 낮 동안에도 진정한 휴식을 취하는 방법으로써 3초 호흡에 대해 알아보았다. 3초 호흡은 들어오고 나가는 숨에 대한 인식만 해도 언제 어디서나 어떤 자세라도 상관없이 할 수 있다. 또한 효과도 탁월하다. 그러므로 더 활기차고 건강한 생활을 위해 3초 호흡법을 완전히 습득하고 활용해 보자.

다음에는 휴식을 취하는 다른 여러 가지 방법에 대해 이야기하고자 한다.

■ 휴식을 취하는 방법 – 침묵 1

정목 스님은《마음 밖으로 걸어가라》라는 책에서 무한 경쟁에 놓인 아이들에게 '침묵의 소리'를 듣는 법을 가르쳐야 한다고 말했다.

아이들을 가르칠 때는 가만히 앉아 침묵에서 배움을 얻는 법부터 가르쳐라. 그러면 아이들은 스스로 자신의 감각을 개발하는 법을 배우게 될 것이다. 그리하여 아무것도 보이지 않는 곳에서 뭔가를 볼 수 있고, 완전한 정적 속에서 소리 듣는 법을 배울 것이다. 모든 것을 배우고도 침묵하는 법을 배우지 못했다면 그 아이는 배운 것 가운데 절반을 놓친 것이다.

방학 동안에는 아이들이 침묵의 소리를 들을 수 있도록 해 보자. 템플 스테이, 수도원 방문, 전기가 들어오지 않는 오지마을에서의 민박 등 모두 좋다. 또 집중력 캠프에 참가해 자신을 비워 보는 것도 좋다. 텔레비전, 게임기, 스마트폰 등을 일체 멀리하고 생활하기를 체험해 보자. 자연의 소리와 인간의 목소리만이 들리는 곳에서 고요함을 체험하면 저절로 침묵하게 된다. 침묵 속에서 자신의 내면의 소리를 듣고 휴식을 하게 된다. 그리고 자신의 생각에 집중하게 되므로 집중력 향상에 많은 도움이 된다.

■ 휴식을 취하는 방법 – 침묵 2
최근에 출간된 공지영 작가의 《높고 푸른 사다리》에서 요한 수사가 수도원에 들어가 침묵을 접하면서 침묵의 힘을 느끼는 부분이 다음과 같이 묘사되어 있다.

침묵은 아무리 옷을 껴입어도 내 뼈와 살의 원천을 투시하는 어두운 거울 같았다. 그것은 일견 두려운 일이었다. 수도 생활을 각오

하며 그 고요함을 동경했으나 침묵의 이 막강한 힘은 예측하지 못했었다.

우리가 침묵을 만나면 긴장이 풀리고 자연스럽게 이완이 되며 휴식이 찾아온다. 누군가에게 인정받고자 하는 마음도, 멋지게 보이려는 가식도 사라진다. 침묵은 밖으로 향한 모든 것을 사라지게 한다. 그래서 침묵은 자신의 내면을 돌아보게 만들고 내면의 큰 힘과 만나게 한다. 침묵은 자신과 정면으로 마주하며 자신에게 집중하게 한다.

■ 휴식을 취하는 방법 - 침묵 3

포프리쇼의 유명 강사 김창옥 씨도 잘나가던 5, 6년 차에 권태기가 찾아와서 신부님의 권유로 프랑스 수도원을 방문한 적이 있다고 한다. 6년 이상 쉬지 않고 달려오다 잠시 모든 것을 내려놓고 휴식을 취한 것이다. 그곳에서 침묵의 시간을 갖고 자신과 대화를 함으로써 새롭게 태어날 수 있었다고 한다. 그는 지금 인기 강사로서 승승장구하고 있다.

침묵은 일어나는 생각들을 바라보고 하나하나 어루만져 준다. 침묵은 때로는 자신을 위로하고 때로는 자신을 질책하며 생각의 휴식을 갖게 한다. 침묵에는 있는 그대로의 자신을 사랑할 수 있게 해 주는 힘이 있다. 지금 힘들고 지쳐 있다면 침묵의 시간을 가져 보자. 침묵은 당신에게 편안하고 아늑한 휴식을 선사할 것이다. 새롭게 도전할 수 있는 내면의 힘을 줄 것이다.

▣ 휴식을 취하는 방법 - 걷기

요즘은 제주 올레길, 지리산 둘레길 등 유명한 길이 잘 조성되어 있어서 등산 대신 걷기를 하는 사람이 많다.

나는 언젠가 산티아고 순례길을 걸어 보고 싶은 꿈을 갖고 있다. 그래서 시간이 나면 동네 주변을 한두 시간 걷기도 한다. 그럴 때면 전신에 모든 근육이 살아나는 듯한 느낌을 받는다. 더불어 소화도 잘 되는 듯하고, 기분도 상쾌해진다. 걸으면서 평소에 느끼지 못했던 아기자기한 풍경과 푸른 하늘의 흰 구름, 다른 각도로 눈에 들어오는 산과 건물들의 모습을 멈추고 음미해 보기도 한다. 햇볕을 향해 고개 돌리고 있는 한 무더기의 들국화, 빛이 바래져 가는 풀잎, 겨울에 마지막 한 송이를 정열로 피우고 있는 장미, 잎을 모두 떨어뜨리고 발가벗어 버린 나무들, 더 진한 향기와 깊은 푸름을 간직한 소나무들 등등을 즐기는 마음도 무척이나 상쾌하다. 그러면서 깨닫게 된다. 이 작은 기쁨도 누리지 못한 채 얼마나 바쁘게 살아왔는지. 돌이켜 생각해 보면 그렇게 바쁜 것도 아닌데 왜 이 여유로움을 일상에서 잃어버리고 있었는지 깨닫게 되는 것이다. 이처럼 걷기는 우리 마음의 휴식을 위해서 필요하다.

《세로토닌하라!》의 저자 이시형 박사는 이 책에서 세로토닌워

킹에 대해 말하고 있다. 세로토닌워킹이란 다이어트를 위한 빠른 걷기가 아니라 내가 하는 것처럼 느긋하게 걷는 것을 말한다. 뇌는 가벼운 흔들림에 자극을 받아 활성화되며 이때 우리의 기분을 좋게 만드는 세로토닌이라는 신경전달물질이 풍부하게 발생한다는 것이다. 게다가 세로토닌은 우리가 느끼는 일상의 작은 기쁨에서 샘솟는다. 이시형 박사가 말하는 "세로토닌하라"는 말은 몸과 마음에 평화와 안정을 주고 행복을 주는 여유롭고 활기찬 생활을 하라는 의미다. 우리가 행복함을 느끼는 것은 세로토닌이 그런 역할을 하고, 또 이런 마음가짐이 세로토닌을 풍성하게 나오게 하기 때문이라는 것이다. 이시형 박사는 건강을 위해 '하루 30분 세로토닌워킹'을 강조한다. 하루 30분 세로토닌워킹이 우리 몸과 마음에 휴식을 제공하기 때문이다.

우리는 걷기를 통해 다음과 같은 효과를 얻을 수 있다.

첫째, 자신이 골몰해 있던 문제들로부터 벗어나 잠시 밖으로 눈을 돌리고 자연을 보고 기쁨을 얻음으로써 마음에 휴식을 얻게 된다.

둘째, 온몸의 근육을 움직여 줌으로써 신진대사가 활발해져 긴장되어 있던 몸을 풀어주게 된다.

셋째, 깊은 생각을 통해 문제 해결이 가능해진다.

넷째, 자신도 모르는 순간 무념무상을 통해 뇌에 활력을 전한다.

다섯째, 목표 달성의 성취감을 통해 자신감을 심어 주고, 스스로에게 기쁨을 선사한다.

　의학자들은 하루 건강을 위해 1만 보를 걸어야 한다고 말한다. 우리가 어렸을 때 학교에 등교하기 위해 30분에서 1시간 정도 걷는 것은 당연한 일이었다. 그러나 현대인들은 걷는 것을 귀찮아하고 싫어한다. 이는 모두 자동차, 에스컬레이터, 엘리베이터 등 문명의 이기 때문이다. 그 누구도 엘리베이터를 두고 계단으로 오르려 하지 않으며, 10분 거리도 자동차로 이동한다. 또 마트에 가면 출입구와 가장 가까운 곳에 주차하려고 눈에 불을 켠다. 이런 이유로 현대인들은 하루 종일 2,000~3,000보 정도밖에 걷지 않는다고 한다. 게다가 거의 실내에서만 생활하기 때문에 1~2분의 짧은 시간 동안밖에 움직일 기회가 없다.

　뇌 과학자들은 걷기를 통해 뇌에 휴식을 주기 위해서는 최소 10분 이상은 걸어야 한다고 밝혔다. 걷기는 육체적 노동보다 정신적 노동을 더 많이 하는 현대인들에게 육체와 정신적 휴식이라는 두 마리 토끼를 잡을 수 있는 방법이다. 집 주변에 자신만의 산책 코스를 만들어 15분 이상 걷는 시간을 자신에게 선물해 보자. 그것이 활력을 가져다줄 것이다.

　그럼, 어떻게 하면 걷기를 통해 휴식을 할 수 있을까?

1. 편안한 마음으로 기분 좋게 3초 호흡을 하면서 걷는다.

　이때는 3초 호흡에 너무 신경을 쓰지 말고 가볍게 심호흡하듯이 걸으면 된다.

2. 음악을 듣거나 사람들과 가볍게 대화하면서 걸어도 좋다.

3. 아스팔트나 시멘트 도로보다는 흙길을 걷는 것이 좋다.

4. 평지보다는 약간의 오르막과 내리막이 있는 길이 좋다.

5. 혼자 사색하며 걷기 명상을 해도 좋다.

걷기는 몸의 근육을 풀어 주고 신진대사를 돕는 역할을 한다. 우울했던 기분도 햇살을 받으며 걷고 나면 상쾌해져 기분 전환이 된다. 몸과 마음의 휴식을 위해 아침, 저녁 30분씩만 걸어도 효과가 있다. 걷기를 생활화하자.

■ 걷기 명상

걷기 명상은 몇 해 전 베트남의 틱낫한 스님이 프랑스의 플럼 빌리지에서 하는 걷기 명상을 통해 몸과 마음을 치유한다는 내용이 알려지면서 대중화되었다.

다음은 조성래 작가가 쓴 《몸과 마음을 치유하는 걷기명상》에서 걷기 명상하는 법을 요약한 것이다.

첫째, 고요한 장소를 고른다. 주변에 소음이 들리지 않는 곳으로 실내나 실외도 상관없다. 30보 정도 왔다 갔다 할 수 있는 곳이면 적당하다.

둘째, 손은 늘어뜨리든지, 팔짱을 끼든지 편한 대로 하면 된다.

셋째, 머리를 똑바로 세운 채 걸어야 한다. 고개를 숙이고 걸으면 쉽게 피로감을 느끼게 되므로 주의한다.

넷째, 눈을 반쯤 뜨고 걸으면서 외부 대상에 마음을 빼앗겨서는 안 된다.

다섯째, 천천히 걸으면서 발의 움직임과 발의 느낌에 온전히 집중하며, 그 상태를 마음으로 알아차려야 한다.

여섯째, 다른 생각이 일어나면 즉시 알아차리고, 동시에 다시 '오른발', '왼발'로 발의 느낌에 집중해야 한다.

일곱째, 멈출 때도 '멈춤', 돌 때도 '돌음' 등으로 그 동작을 알아차려야 한다.

걷기 명상을 하는 동안 눈과 귀는 없고, 생각을 담당하는 뇌 부위도 없다. 머릿속은 텅 비고 모든 감각은 발에 집중돼 있다. 수행자는 마음의 눈을 통해 발에서 일어나고 있는 모든 것을 알아차리려고 노력한다.

조성래 작가는 "걷기명상이란 걸어가면서 발동작과 발의 느낌에 의식을 집중해 그것을 알아차리는 방법이다"라고 정의내리고 있다. 그는 걷기 명상을 하고 나면 집중력이 아주 높아진다고 말했다. 또한 마음에 잡념이 사라지고, 정신이 깨어 있기 때문에 마음에 평화를 가져온다고 했다.

■ 휴식을 취하는 방법 - 등산

주말에 온 가족이 함께 등산해 본 적이 있는가? 여기서 등산은 영어로 클라이밍이 아니라 하이킹이다. 밧줄을 타고 암벽 등반을 하라는 이야기가 아니다. 가볍게 동네 뒷산 정도 올라갔다 내려오는 것을 말한다. 소풍 가듯이 간식과 물을 챙겨서 집을 나서 보라. 평소에 서로 바빠서 하지 못했던 이야기를 도란도란 나누면서 편안하게 걸어 보라. 시간은 3시간에서 5시간이면 충분하다. 산을 만나면 사람들은 진솔해진다. 그래서 오가다 만나는 사람들과도 자연스럽게 서로 인사를 나누게 되고 조금만 더 가면 정상이라고 격려해 주기도 한다. 등산을 하면 눈으로는 푸른 자연이 들어온다. 코로는 많은 양의 산소가 폐 깊숙이 들어갔다 나오기 때문에 자연스럽게 심호흡이 된다. 공기 또한 시내의 탁한 공기와는 달리 맑고 청명해 뇌가 신선함을 느끼고 머리가 맑아진다. 이 상쾌함 때문에 산을 찾는 사람도 많다.

등산을 하고 나면 목뒤와 어깨의 뻣뻣했던 근육들이 이완되면서 풀린다. 일주일 동안 쌓였던 심신의 스트레스가 해소되는 것이다. 근육 뭉침을 풀지 않으면 나중에 육체적으로나 정신적으로 병이 될 가능성이 높다. 일주일 동안의 스트레스를 해소하기 위해 컴퓨터 게임을 하는 아이가 많다. 또 직장인들은 술로 스트레스를 해소하려고 한다. 그러나 이런 방법으로는 스트레스가 사라지지 않는다. 오히려 이런 방법들이 스트레스를 더 쌓이게 할 뿐이다.

그러므로 주말에는 가족의 화목도 다질 수 있고, 건강도 지킬 수 있는 등산을 해 보자.

▣ 휴식을 취하는 방법 – 무술

휴식을 하는 데 무슨 무술인가 하겠지만 태극권이나 택견은 기를 모아서 혈액순환을 왕성하게 해 주는 역할을 하기 때문에 휴식에 좋다. 자연스럽게 리듬을 타면서 몸 전체를 이완할 수 있어서 효과가 탁월하다. 고대부터 내려오는 우리나라의 전통무예들은 집중과 휴식을 겸할 수 있어 상당히 좋은 운동임에도 대중화되어 있지 않아서 안타깝다.

대중화되어 있는 태권도, 유도, 검도, 합기도 등은 몸을 단련하고 정신을 집중하는 데 좋은 무술이다.

▣ 휴식을 취하는 방법 – 낮잠

점심을 먹은 뒤 쏟아지는 잠을 참지 못해 15분 정도 자고 나면 머리가 맑고 개운해지며 활력이 넘치는 경험은 누구나 있을 것이다. 조정래 작가는 아침 6시에 일어나 새벽 2~3시 까지 글을 쓰는데 점심을 먹고 나면 1시간 정도의 낮잠을 자고, 저녁 식사 후 15~30분 정도 살짝 잠을 자거나 휴식을 취한다고 한다. 특히 낮잠을 제대로 자지 못하면 그날 일은 거의 하지 못한다고 한다. 이처럼 낮잠은 오후 시간에 활력을 준다.

지식 백과사전《지식 e》에서는 낮잠의 효능에 대해 다음과 같이 설명한다.

낮잠은 원기를 회복하고 지적·정신적 능력을 향상시키는 효과가 있으며, 야간의 수면부족은 1일 1시간 이내의 낮잠으로 쉽게 회복할 수 있으므로, 경제적으로도 훨씬 효율적이라는 것이다. 실제로 〈네이처 뉴로사이언스〉는 낮잠을 자는 사람들이 그렇지 않은 사람들에 비해 학습과 기억 능력이 높다는 연구결과를 발표한 바 있으며, 하버드 의대와 아테네 의대의 연구팀은 낮잠이 심장질환 발병률을 낮춘다는 실험 결과를 발표하기도 했다.

이처럼 낮잠의 효과는 의학적으로도 증명되었다. 아이들이 학교에서 돌아와 피곤해하면 3초 호흡을 하게 하고 30분 정도 재우는 것도 피로 회복에 많은 도움이 된다. 집을 떠나 다른 곳에서 무언가를 한다는 것은 아이들에게 엄청난 긴장을 가져다주는 일이다. 집에 돌아오면 편안한 마음과 함께 긴장이 풀어지면서 아무것도 하고 싶지 않은 것이 당연하다. 이때 낮잠을 통해 긴장을 풀어주면 오후 시간 내내 활기가 넘치고 공부의 능률도 오르게 된다.

■ 휴식을 취하는 방법 - 뇌 훈련

(재)한국정신과학연구소 박병운 박사는 뇌 훈련을 통한 휴식

능력 상승이 공부하는 데 어떻게 도움이 되는지 다음과 같이 설명한다.

"뇌 훈련을 하면 뇌의 휴식 능력을 높여 뇌의 피로도를 낮춰 줌으로써 수업 중 졸리지 않게 되고 피로를 덜 느껴 학습 지구력이 높아집니다. 뇌는 자율신경의 활동에 의해 우리 몸의 생명 유지를 위해 쉴 새 없이 가장 많은 일을 합니다. 따라서 뇌의 휴식 능력은 뇌가 지치지 않고 우리 몸과 정신이 활동할 수 있도록 하는 중요한 변수입니다. 수험생들은 끊임없이 공부해야 하기 때문에 뇌에 무리가 많이 옵니다. 따라서 뇌가 스스로를 쉬게 하는 휴식조절 능력은 더없이 중요한 요소가 되는 것입니다. 빨리 지치고 학습 능력이 떨어지고 지구력이 떨어지는 것은 휴식 능력이 떨어졌기 때문입니다. 특히 고3 학생들의 경우는 체력싸움이나 마찬가지입니다. 이것은 뇌의 휴식 능력이 결정하는 것입니다."

지금까지 휴식을 취하는 여러 가지 방법에 대해 이야기했다. 만약 아이들의 집중력 향상을 진정으로 바란다면 제일 먼저 3초 호흡에 집중하라. 비용도 전혀 들지 않을 뿐더러 단지 실천하기만 하면 된다. 먼저 부모가 해 봐야 한다. 자녀 교육은 부모가 1,000을 할 때 자식은 1을 한다고 한다. 하지만 이 1이 좋은 환경과 개인의 적성을 잘 만나면 1,000을 넘어 1만 이상이 될 수도 있다. 어려서부터 3초 호흡이 몸에 배어 평소에 자주 휴식을 취할 수 있다면 어떤 일을 하더라도 집중해서 하므로 성공으로 이어질 수 있을 것이다.

3초 호흡은 몇 가지만 조심하면 매우 쉽고 간단하다. 몰라서 못하는 것이 아니라 꾸준하게 실천을 못해서 못하는 것이다.

대한민국 모든 국민이 하루빨리 3초 호흡을 평소에 즐겨 뇌가 충분한 휴식을 취하고 집중력이 향상되기를 바란다.

『몸과 마음을 풀어주는 명상』

이제 3초 호흡, 걷기, 낮잠 등을 통해 수시로 뇌에 휴식을 선사할 수 있음을 알게 되었다. 뇌에 충전할 시간을 갖는다는 것은 살아가는 데 필요한 영양분을 취하는 것 이상이 될 수도 있다. 뇌가 충분히 휴식을 취하고 난 뒤에는 정신을 모으는 명상이 필요하다.

오늘날 인류는 디지털이라는 호랑이 굴에 뛰어들었다. 정신을 차리지 않으면 호랑이 밥이 될 수도 있는 상황이다. 이런 상황에서 명상은 현대인들에게 꼭 필요한 요소다. 바쁜 일상에 시달리는 우리는 잠시 멈추고 자신을 되돌아보아야 한다. 디지털 기기를 내려놓고 자신의 내면에 집중해야 한다. 그래야 산만해진 주의력을 회복할 수 있다. 뇌가 휴식을 하고 더 나아가 명상으로 정신과 몸을 이완시켜 편안하고 안정된 생활을 한다면 집중력 향상에 크게 도움이 된다.

지금부터 명상에 대해 자세히 알아보자.

| 집중력 향상의 도우미 명상 |

말하지 않아도 느끼고, 이유를 모른다 해도 마음으로 전해지는 그
어떤 것, 명상은 그렇게 우리를 저절로 깨어나게 하는 어떤 것입
니다.

- 《비울수록 가득하네》 중에서

여러분은 인생의 꿈에서 깨어나기를 바랍니까? 명상을 한다는 것
은 인생의 꿈에서 깨어나게 하는 내면의 확고한 결단이라 할 수
있습니다.

- 《마음을 풀어주는 명상》 중에서

많은 명상법과 프로그램이 있지만, 여기에서는 깊이 있는 명상
은 다루지 않겠다. 3초 호흡처럼 누구나 쉽게 생활에서 적용할 수
있는 생활 명상을 소개하고자 한다. 우선 왜 명상이 필요한지부터
살펴보자.

■ 명상의 필요성 1 - 자기 조절 능력 향상

명상은 뇌의 자기 조절 능력을 키운다. 현대 사회의 일상은 바
쁘고 복잡하다. 온갖 디지털 기기 사용에 노출되어 있어 유혹당하
기 쉽다. 문자 메시지에 응답해야 하고, 밥 먹는 것도 잊어버릴 정

도의 재미있는 게임과 텔레비전 드라마에 정신을 뺏긴다.

호아킴 데 포사다, 밥 앤들먼 공저의 《마시멜로 이야기3》에서는 "뇌가 바뀌지 않으면, 시간이 흘러도 절제력은 바뀌지 않는다" 라고 지적했다. 이처럼 자기 조절 능력을 키우기는 쉽지 않다. 평소에 3초 호흡 등으로 충분히 휴식하고 생활 명상을 활용하면 자기 조절 능력도 키우고 집중력도 향상시킬 수 있다.

■ 명상의 필요성 2 - 집중력 향상

명상으로 정신을 집중할 수 있다. 디지털 기기의 사용과 멀티태스킹으로 산만해진 정신을 명상으로 한곳에 모을 수 있다. 또 불필요하게 많이 인지된 필요 없는 정보들을 의식에서 놓아 버릴 수 있다. 비우면 비울수록 새로움으로 충만한 잠재의식의 공간이 마련된다. 원하는 일에 정신을 집중하면 엄청난 큰 변화와 힘이 발생한다. 자신도 모르는 사이에 잠들어 있던 잠재의식이 서서히 기지개를 켜고 일어나는 것이다. 명상을 통해 불가능한 일도 이룰 수 있는 것이다.

■ 명상의 필요성 3 - 마음의 크기가 커진다

명상은 마음의 크기를 키운다. 남을 배려하지 않는 사람을 우리는 흔히 "속이 좁다"라고 말한다. 현대 생활이 복잡다단하다 보니 마음의 여유가 없는 '속 좁은' 사람이 많다. 특히 청소년 문제의 하나인 왕따 문제가 그렇다. 명상은 이런 왕따 문제, 사회 소외 문제를 해결할 수 있다. 명상을 통해 생각이 유연해지고 남을 포용하는 관대한 마음을 갖게 되기 때문이다.

▣ 명상의 필요성 4 - 생각하는 힘 강화

명상은 통찰력을 키운다. 명상을 하면 더 지혜로워진다. 생각하는 힘이 길러지고 사리 분별력이 더욱 뚜렷해진다. 현재 만족하지 못하는 부분을 찾아내고 개선해 나간다. 그래서 실수를 줄일 수 있어 삶의 효율성이 높아진다.

▣ 명상의 필요성 5 - 마음의 평화가 찾아온다

명상은 마음을 평화롭게 한다. 명상을 하면 슬프고 우울하고 분노했던 기억들이 사라진다. 주부들에게 많은 병이 있다. 바로 '화'병이다. 그 '화'병이 명상을 통해 사라지는 것이다. 명상을 통해 그동안 쌓였던 스트레스가 해소된다. 잠재의식에 쌓여 있던 좋지 않았던 감정들이 눈 녹듯이 녹아 사라져 버린다. 이때 마음의 평화가 찾아오는 것이다.

▣ 명상의 필요성 6 - 마음의 안정을 가져다준다

명상은 들뜬 불안정한 마음을 고요하게 안정시킨다. 요즘 청소년들은 사춘기를 심하게 겪는다고 한다. 이는 그동안 좋지 않게 내면에 쌓여 있던 감정들과 신체적 변화가 자아 형성과 한데 뒤섞여 엄청난 심리적 갈등을 외부로 표출하는 것이다. 거기에 테스토스 호르몬이나 에스트로겐 호르몬이 엄청나게 분비되기 때문에 준비되지 않은 자신감이 표출된다. 아직 전두엽이 완성되지 않아 판단력이 떨어짐에도 불구하고 자기주장이 강하다. 그래서 이 시기를 학자들은 '질풍노도의 시기'라고 했다. 이런 불안정한 청소년의 정서에 디지털이 첨가되면 심각한 상황이 될 수도 있다. 그래서 사춘기 청소년들은 마음을 안정시키기 위해 아침저녁으로 10분 정도 반드시 명상을 할 필요가 있다.

■ 명상의 필요성 7 - 창의력이 생긴다

명상은 창의성을 키운다. 명상은 현실을 외면하는 것이 아니라 현실에 더욱 파고들고 현실에서 가치 있는 일을 창조한다. 명상을 하면 많은 아이디어가 떠오른다. 명상할 때의 뇌파를 분석해 보면 창의적인 생각이 형성되는 뇌파 대역과 같음을 알 수 있다. 21세기는 창의성이 가장 존중받는 시대다. 모든 부와 권력도 창의성에서 나온다. 국가와 개인의 성장 동력인 창의성을 기르기 위해서는 명상이 필수적이다.

■ 명상의 필요성 8 - 의지가 길러진다

텅 빈 충만을 경험함으로 삶에 대한 강력한 의지가 일어난다.

명상을 통해 삶에 대한 환희를 느낄 수 있다. 방황하거나 삶에 갈등을 느낀다면 명상을 해 보라. 삶은 어떠한 보물보다 값어치가 있다. 살아 있음에 감사하고 행복을 느끼게 될 것이다.

▣ 명상의 필요성 9 - 의식의 변화가 생긴다

명상은 자신을 변화시켜 더 높은 의식의 단계로 나아가게 한다. 명상을 통해 자신을 발견하고 반성하게 된다. 인간만이 뇌의 전두엽이 활성화된다. 미국의 한 기관에서 연쇄 살인범의 전두엽을 살펴보았는데 공통적으로 일반인보다 전두엽의 크기가 작았다고 한다. 명상은 전두엽을 활성화시켜 인간다운 질 높은 삶을 영위 할 수 있게 한다.

▣ 명상의 필요성 10 - 감정 조절 능력 향상

《신의 뇌》의 저자 라이오넬 타이거와 마이클 맥과이어는 이 책에서 종교의식에서 행해지는 기도와 명상이 인간의 감정조절 능력을 향상시키고 스트레스를 극복하고 마음을 편안하게 하는 장점이 있다고 말하고 있다.

종교의식, 기도, 명상 등 종교 활동은 뇌의 화학작용을 일시에 변화시킨다.
예를 들면, 기도를 하는 동안 사람들은 감정·행동을 통제하는 전두엽과 사고·연상·인식 기능을 하는 하두정엽이 활성화된다. 기도는 매우 조용히 이루어지지만 뇌는 강렬하게 반응한다. 기도를 많이 하면 할수록 뇌가 활성화되어 감정 조절과 사고 인식 기능, 기억력이 향상된다. 따라서 기도는 신을 만나는 행위이기 이전에 사람들이 자신의 뇌와 마음을 달래고 적극적으로 변화시키려는 노력이기도 하다.

또한 종교의식은 신체를 편안하게 해 주는 효과가 있다. 종교의식은 코르티솔 같은 스트레스 호르몬이 뇌에 집중되는 것을 분해한다. 무엇보다 종교의식은 혈압을 떨어뜨린다.

■ 명상 열풍

종교에서 사용되던 명상이 디지털 기기의 발달로 복잡해진 현대인의 생활 속에 스며드는 열풍이 전 세계적으로 불고 있다.《되살아나는 뇌의 비밀》의 저자 이쿠타 사토시는 명상의 장점을 다음과 같이 말한다.

불교나 기독교뿐 아니라 유대교, 이슬람교, 힌두교에서도 아주 오래전부터 명상을 실천해 왔다. 종교인의 마음 수양으로 활용되었던 명상이 이제는 사업가, 예술가, 운동선수 등 각계각층에서 활약하는 사람들이 심신을 이완하고 집중력을 높이기 위해 활용되고 있다.

■ 명상의 적당한 장소

명상의 장소는 어디든 가능하다. 물론 효과를 높이기 위해서는 혼자 집중할 수 있는 공간이 좋다. 시끄럽지 않고 디지털 기기가 없으면 더욱 좋다. 맑은 공기가 있는 곳이면 더할 나위가 없다. 걷기 명상을 할 때는 숲 속 오솔길이 좋다.

■ 명상의 적당한 시간

명상은 언제든지 가능하다. 물론 효과를 높이기 위해서는 3초 호흡을 통해 이완을 하고 시작하면 좋다. 잠자기 전, 새벽, 아침 일어난 직후, 업무나 공부 시작 전 등에 하면 좋다. 그 밖에 휴식 시간이나 자투리 시간을 활용하면 된다.

■ 뇌 과학과 명상

뇌 과학에서는 명상 상태는 세타파 상태에서도 졸지 않으면서 뇌의 각성 정도를 높이는 것이라고 말한다. 보통 사람들은 세타파 상태에서 졸음을 느끼는데, 특히 피곤한 사람은 세타파 상태가 되면 곯아떨어진다. 명상은 한마디로 뇌가 아주 고요하고 느리지만 깨어 있는 상태를 말한다. 미국의 엘머 그린 박사는 한때 인도 전역을 다니면서 요기의 수행을 관찰하며 그들의 뇌파를 측정했다. 그 결과 엘머 그린은 요기들이 깊은 명상에 빠질 때 뇌파가 알파파 상태에서 점점 세타파 상태로 변화하는 것을 보게 되었고, 뇌 훈련을 통해 명상의 효과를 높일 수 있다는 사실을 발견했다.

실제로 나는 정서적으로 불안정한 학생들에게 3초 호흡, 뇌 훈련, 명상 훈련을 하게 해 그들이 개선되는 것을 많이 보아 왔다. 또 자녀가 사춘기를 겪고 있는 학부모들이 아이에 대한 대책이 없다고 호소하며 상담을 많이 해 온다. 심지어 "부모 하기 싫다"고 말하는 사람들도 있다. 사춘기의 아이들은 호르몬의 분비 때문에 신체적인 변화가 많이 나타나고, 감정을 조절하는 전두엽이 발달하는 과정에 있기 때문에 감정 조절이 안 되는 경우가 많다. 판단 능력도 떨어져 쏟아지는 정보에 대해 분별을 못해서 오판하고 이를 강력하게 주장하는 경우도 많다. 또한 무리지어 다니면서 군중 심리로 비행을 저지르기도 한다.

특히 요즘의 사춘기 아이들이 위험한 이유는 디지털의 발달로 엄청나게 빠른 정보의 홍수 속에 살고 있기 때문에 차분하게 사춘기를 적응할 시간적인 여유를 갖지 못한다는 것이다. 더욱이 대학입시라는 긴장감이 늘 따라다니기 때문에 신경은 항상 곤두서 있다. 한마디로 마음을 다스릴 만한 여유가 전혀 없다. 그래서 짜증을 내고 말을 마구 내뱉으며 압박감을 견디거나, 스마트폰이나 게임으로 시간을 보내려 한다. 부모는 이를 통제하기 위해 모든 수단과 방법을 강구하지만 쉽지가 않다.

따라서 아이들이 자신의 내면과 만날 수 있는 시간을 주는 것이 바람직하다. 이제 명상은 아이들에게 꼭 필요한 요소가 되었다. 잠자기 전과 아침에 일어났을 때 명상이나 기도를 권해 보자. 그리고 방학에는 자신의 내면과 대면할 시간을 주자.

▣ 명상의 효과

명상의 효과를 명료하게 잘 설명하고 있는 책이 있다. 《뇌를 움직이는 마음 마음을 움직이는 뇌》가 바로 그 주인공이다. 그 내용을 소개하고자 한다.

1. 명상 동안 나타나는 세타파는 창의적 생각, 난관 돌파, 통찰 등과 관련 있고, 학습 능력의 증진과도 매우 밀접한 관련이 있다. 효과적인 학습과 창의성의 개발 등에 명상을 효과적으로 활용할 수 있다.

2. 명상이 깊어지면 대뇌의 전반적 활동성은 감소되지만 주의 집중이나 판단 등과 관련 있는 특정 뇌 부위와 혈압, 심장박동, 호흡 등의 자율신경계의 활동을 지배하는 뇌 부위의 활동은 증가된다.

3. 명상 동안 난제의 해결과 같은 통찰이나 직관이 일어날 때 산화질소라는 기체성 물질이 분출된다(소량).

4. 명상은 건강 유지와 질병 회복에 긍정적인 영향을 미친다. 명상은 각종 통증을 완화하고, 혈행을 개선해 혈압을 낮추고, 심장병을 개선하며, 불면증을 치료하고, 공황발작과 불안 및 우

울을 개선하고, 콜레스테롤 수치를 낮추며, 피부병을 개선하며, 암의 치료 효과를 높이고, 비만증 치료에 유익하며, 노화를 저지하고, 삶의 질을 높이고, 기억력을 증진시키며, 인지 기능을 높이고, 면역계의 기능을 높이는 등 스트레스에 기인하는 온갖 종류의 신체 질병의 예방과 치유에 효과적으로 적용되고 있다.

■ 생활 명상 방법

첫 번째- 해맞이 명상

새해가 되면 많은 사람이 새해 일출을 보기 위해 동해안으로 몰려든다. 새해에는 뭔가 더 좋아졌으면 하는 소망을 간직하고 새롭게 떠오르는 해와 마주한다. 우리는 이런 간절한 마음으로 하루하루를 살아야 한다. 매일 아침 일출을 떠올리며 새로운 희망을 그리자. 깜깜한 밤이 지나고 서서히 여명의 시간이 다가온다. 그 여명의 시간에 우리는 3초 호흡으로 숨을 가다듬고 해맞이 준비를 한다. 그리고 드디어 둥근 불덩이가 떠오르면 그 희망찬 기운을 온몸으로 받아들이자. 어떠한 역경이라도 이겨낼 수 있는 강력한 정신을 키워 보자. 그래서 매일 새로운 희망을 품고 가야 할 미래를 똑바로 바라보자. 매일 아침에 3초 호흡과 스트레칭으로 몸과 마음을 편안하게 이완시키고 강렬한 태양의 기운을 느끼며 희망찬 하루를 시작하자. 그 생생함이 약해질 때면 한 달에 한 번 직접 일출을 보자. 그래서 이 명상이 깊어져 원하는 일들이 잘 이루어지면 그 기운을 주위에 나눠 주자.

두 번째- 3초 호흡을 10분 하고 자신의 성공 이미지 그려 보기

잠자기 전에 누워서 자신이 원하는 이미지를 그리는 것이다. 생생하게 오감을 살려서 바로 눈앞에서 상황이 발생하는 것처럼 하는 것이 좋다. 가령 입학하고 싶은 대학이 있다면 생생하게 그 대학에서 수업하는 모습, 도서관에서 공부하는 모습을 그리면 된다. 자신이 하고 싶은 내용을 편안하게 그려 보는 것이다. 아침에 일어나 앉아서 하는 것도 효과적이다. 하루 일과 중에 휴식하는 시간에 자주 하는 것이 좋다. 눈에 가장 잘 보이는 곳에 그림, 사진, 문구 등을 붙여 두고 자주 바라보는 것도 중요하다. 뇌는 현실과 상상을 구분하지 못한다. 뇌의 이런 현상 덕분에 우리는 지속적으로 실감 나게 상상을 계속 하다 보면 어느 날 그것이 현실이 된다. 이는 뇌 과학 측면에서 보면 우뇌 쪽 신경망의 발달과 신경망이 두터워지는 현상이다.

세 번째- 3초 호흡을 10분 하고 자신이 해야 할 일들을 말로 반복하기

말로 하는 명상도 효과가 크다. 명상을 할 때 이루어졌다고 생각하고 말하는 것이 좋다. 원하는 내용을 글로 작성해서 붙여 두고 읽어도 좋다. 나중에 외워서 눈을 감고 하면 효과가 더 좋다. 잠자기 전에 누워서 자신이 간절히 원하는 것을 말로 하는 것이다. 아침에 일어나 앉아서 하는 것도 효과적이다. 하루 일과 중에도 휴식하는 시간에 자주 하는 것이 좋다.

네 번째- 3초 호흡을 10분 하고 자기 스스로 자신을 칭찬해서 자존감 높이기

자신의 장점을 생각한다는 것은 기분 좋은 일이다. 하루에 자신의 장점을 10개씩 적어서 조용히 음미하고 나지막하게 읊조려 보라.

다섯 번째- 3초 호흡을 10분 하고 하루를 반성하기

우리는 하루를 생활하면서 갖가지 생각을 하고 많은 행동을 한다. 감정이 격해 욕을 할 수도 있고, 조절 능력이 떨어져 해야 할 일을 미루거나 게으름을 피웠을 수도 있다. 공자는 '하루에 세 번 반성하기'를 제자들에게 당부했다. 하루를 반성한다는 것은 후회를 줄여 삶의 효율을 높이는 방법이다. 나의 이기적인 마음이 남에게 상처를 준 일은 없는지 차분하게 하루를 살펴서 반성하고 더 멋진 내일을 설계해 보는 것도 좋다.

여섯 번째- 3초 호흡을 10분 하고 용서하기

욕구 불만이나 분노가 쌓이면 육체적으로나 정신적으로 좋지 않다. 언제 폭발할지 모르는 폭탄을 안고 사는 것과 같기 때문이다. 용서하고 그 마음을 내려놓는 것이 현명하다. 분노의 감정 상태가 아주 높다면 3초 호흡을 평소보다 길게 하는 것이 좋다. 또 상대의 입장에서 한번 생각해 보고 이해의 폭을 넓히는 것도 좋은 방법이다.

'나는 모든 것을 용서해서 마음이 편안하다'라는 이미지를 그려도 좋고 나지막하게 읊조려도 좋다.

일곱 번째 - 3초 호흡을 10분 하고 남을 위해 기도하기

종교 단체에서 많이 하는 명상이다. 타인을 위해 기도하는 것은 숭고한 마음이다. 나의 인생에 있어 의식을 높일 수 있는 기회다. 먼저 "부모가 건강하고 행복하시길 기원합니다"라고 시작해 부부 사이, 형제자매, 조카, 아들 딸 친구 그리고 아는 모든 사람의 건강과 행복을 기원하는 기도를 하다 보면 자신도 모르게 행복한 기분이 들 것이다. 더불어 천지만물과 살아 있는 모든 동식물, 자연 미생물 등 우주 모든 것의 행복을 기원해 보라. 타인의 건강과 행복을 기원하는 것만으로도 숭고해지는 기분을 느낄 수 있다.

여덟 번째 - 3초 호흡을 10분 하고 감사하기

이는 인생을 긍정적으로 사는 지혜다. 오프라 윈프리는 하루 다섯 가지씩 감사한 일을 찾아 감사함으로써 자신의 어려웠던 과거를 청산하고 성공적인 삶을 살고 있다. 이처럼 감사는 기적을 일으키는 놀라운 힘이 있다. 평범함에도 감사할 줄 아는 사람이 진정 가치 있는 삶을 산다고 할 수 있다. 종교가 있다면 종교의 절대자부터 시작해서 조상, 부모, 형제자매, 선생님 등 자신의 주위에 가까운 사람들부터 찾아내 진심으로 감사하는 마음을 가지는 것이다. 소리를 내면서 해도 된다. 인생이 풍요로워짐을 경험하게 될 것이다.

이제 명상은 동서양을 막론하고 산만한 마음을 안정시키고 해야 할 업무에 집중하기 위한 매개로서 엄청난 열풍을 불러일으켰다. 명상은 바쁜 현대인들에게 생각의 휴식을 위해 꼭 필요한 일로 인식되어 가고 있다. 또한 근래에 들어 아이들에게도 많은 도움이 된다고 밝혀졌다.

네덜란드를 대표하는 심리치료사 엘리너 스널은《우리아이 마음집중》이란 책에서 어른들보다 아이들에게 명상이 더 필요하다고 주장했다. 그녀는 존 카밧진이 개발한 '마음챙김 명상'을 아이들을 위한 명상으로 발전시켰다. 그 결과 효과가 매우 뛰어나 네덜란드와 벨기에에서 초등학교 수업에 실제로 시행하고 있다.

왕따 문제가 사회 이슈로 등장하고 '중2 병'이라는 신조어 생겨나는 우리나라 청소년들에게도 이제 명상은 필수적이다. 아이들과 함께 꼭 3초 호흡을 배우고 명상을 실천함으로써 안정적인 편안함을 자신의 것으로 만들어 보자.

충전 마법사 수면

+ 휴식의 꽃 +

　휴식의 절정은 델타파 상태 수면이다. 델타파 상태는 깊은 수면 상태로 업어 가도 모르고 자는 상태를 말한다. 이는 뇌가 거의 활동을 하지 않는 완벽한 휴식 상태다. 인간은 하루 3분의 1을 수면에 투자하는데, 델타파 상태 수면을 거쳐야 뇌가 충분히 충전된다. 그래야 다음 날 다시 원기 왕성하게 하루 일을 시작할 수 있다.

　수면은 우리 몸과 마음에 완벽한 휴식을 선사한다. 수면처럼 우리에게 완벽한 휴식을 제공하는 것이 없다고 해도 과언이 아니다. 우리는 우리가 잠자는 동안 아무 일도 하지 않는 것으로 생각하지만 실은 그렇지 않다. 우리가 자는 동안 뇌는 꿈도 꾸고, 낮 동안 우리에게 주어졌던 정보도 처리한다. 그리고 휴식도 취한다. 잠에는 1단계에서 4단계의 수면 단계가 있다. 우리는 얕은 잠에서 깊은 잠, 꿈을 꾸는 램 수면의 단계를 왔다 갔다 하면서 자게 된다. 이 수면 시간 동안 각종 호르몬이 분비되어 뇌 활동을 도와준다. 그래서 양질의 수면을 취하면 아침에 일어났을 때 몸이 개운하다. 이것은 곧 하루의 활발한 활동을 시작할 준비가 되어 있다는 의미다.

이처럼 양질의 수면은 인간의 휴식 능력을 상승하게 하기 때문에 낮 동안 지치지 않고 자신의 일에 집중할 수 있게 한다. 왕성한 활동을 하는 낮 시간에는 3초 호흡을 시간이 날 때마다 자주 해서 몸과 마음을 충분하게 이완시켜 휴식을 취하고, 밤에는 3초 호흡의 효과를 활용해 깊은 잠을 자는 것으로 휴식을 취한다면, 우리가 원할 때 언제든지 집중할 수 있는 힘이 생긴다. 그러나 전날 제대로 수면을 취하지 못하면 다음 날의 집중력은 기대하기 어렵다. 요즘 청소년들이 1, 2교시 학교 수업에 많이 조는 이유가 여기에 있다. 앞에서 살펴본 여러 요인들 때문에 전날 충분한 수면을 취하지 못했기 때문이다.

수면은 집중력 향상에 많은 영향을 미친다. 생명을 유지하는데 음식이 필요하듯이 집중력을 향상시키기 위해 양질의 수면은 반드시 필요하다.

이제 수면에 대해 집중적으로 살펴보자.

| 휴식의 꽃 수면 |

현대인들의 현재의 수면 상태를 살펴보면 집중력이 떨어질 수밖에 없음을 알 수 있다. 다음은 우리나라 일반 고등학생의 일상이다.

아이는 녹초가 되어 잠에 빠져 있다. 깨워도 일어나지 않는다. "응~ 응" 대답은 하면서도 일어나지를 못한다. 화가 난 엄마의 고함 소리에 겨우 일어난다. 씻고 나서 밥상에 앉는다. 밥맛도 없어 먹는 둥 마는 둥 하고 숟가락을 놓고 나가 차에 올라 학교를 향한다. 차 안에서 잠이 쏟아진다. 멍한 모습으로 앉아 있다가 차에서 내려 교문으로 들어선다.

학교에서는 아이들의 떠드는 소리, 휴대폰으로 게임하기, 카톡 주고받기 등으로 언제나 산만하다. 이미 선행학습으로 알고 있는 내용이어서 수업 시간은 곧 잠자는 시간이다. 의자에 엉덩이를 붙인 채 앉아 있지만 실은 자고 있다. 점심 시간에는 긴 줄을 기다려 재빨리 점심을 먹어 치우고, 소화도 되기 전에 다시 책상에 앉아 수업을 듣는다. 식곤증으로 잠이 쏟아진다. 움직이는 것도 귀찮고 화장실 가기도 귀찮다. 운동할 시간도 없다.

저녁 식사 시간에 다시 긴 줄을 기다려 저녁을 먹고 아이들과 장난을 치며 논다. 이미 머리는 피곤에 절어 있다. 하지만 다시 의자에 앉아 10시까지 책과 잠과 씨름을 하며 야간 자율학습을 한다. 학교에서 자율학습을 마치고 학원과 과외를 끝내면 귀가 시간은 12시나 새벽 2시다. 간식을 먹고 폰을 만지다 잠이 든다.

그러나 문제는 여기에서 그치지 않는다. 늦게 잤으니 늦잠을 자면 피곤이 풀리겠지만 고등학교의 등교 시간은 아침 8시이므로 늦어도 7시에 일어나야 한다. 취침 시간은 많게 잡아도 5~6시간밖에 안 된다. 또다시 아침 전쟁이 벌어진다.

학생들은 매일매일 이러한 악순환의 고리를 되풀이한다. 늦게 자고 일찍 일어나므로 대부분의 학생은 수면이 부족하고 만성 피로에 시달려 학교 수업 시간에 집중하지 못한다.

그러나 반대의 경우를 보자.

저녁 10시 잠자리에 들 준비를 한다. 족욕, 반신욕, 샤워 등 자신에게 맞는 방법으로 육체적 이완을 하고 잠옷으로 갈아입는다. 책을 들고 잠자리에 앉아 읽은 후 10시 30분쯤 3초 호흡 후 명상을 하다가 잠이 든다. 깊은 수면을 취하고 아침 7시 저절로 눈이 떠진다. 기지개를 켜고 앉으니 기분이 상쾌하다. 3초 호흡을 10분쯤 하며 감사의 기도를 드린다. 그리고 일어나 씻고 밥을 먹은 후 발걸음도 가볍게 학교로 향한다. 잠을 푹 잤기 때문에 피곤함이 전혀 없다.

아침 자율학습 시간에 정신이 맑아 교과 내용이 쏙쏙 들어온다. 오전 수업 시간 선생님께 모르는 것은 질문을 하면서 즐겁게 수업을 듣는다. 점심 시간 점심을 먹고 친구들과 운동을 하거나 운동장을 몇 바퀴를 돌며 산책한 다음 5교시가 시작되기 전 10분 정도 낮잠을 잔다. 뇌의 피곤이 확 풀리면서 기분이 상쾌해진다. 오후 식곤증이 몰려오기는 하지만 견딜 만하다. 그리고 쉬는 시간 눈을 감고 편안한 상태로 쉰다.

오후 시간도 수업에 집중하기는 별로 어렵지 않다. 저녁을 먹은 후, 야간 자율학습 시간에 복습을 하면서 알차게 공부를 한다. 10시가 되니 약간 피곤함을 느낀다. 집으로 돌아온다.

이렇듯 충분한 수면은 온종일 우리를 활기 넘치게 해 주고, 하는 일에 대한 집중력을 높여 준다.

적당한 수면 시간은 사람마다 다르지만 저녁에 자는 시간과 아침에 스스로 깨어나는 시간을 체크해 통계를 내 보면 자신에게 적당한 수면 시간이 얼마인지 알 수 있다. 5시간이든 8시간이든 자신에게 적당한 수면 시간을 찾아 충분한 수면을 취해 보자. 적당한 수면은 집중력을 향상시킨다.

■ 양질의 수면이란?

학부모 상담을 할 때, 아이가 산만하다거나 멍하고 있는 경우가 많다는 말을 들으면 "아이는 잘 잡니까?"라고 묻게 된다. 대부분의 부모가 자신의 아이가 양질의 수면을 취하고 있는지 잘 알지 못한다. 자다가 깨지 않으면 그것이 잘 자는 것으로 생각한다.

그러나 양질의 수면이란 델타파 상태에서 3~4시간을 자는 것이다. 델타파 상태란 거의 죽음 직전까지 가는 매우 느린 서파로 누가 업어 가도 모를 정도의 상태다. 델타파 상태는 뇌가 거의 활동을 하지 않는 것으로 뇌가 완전한 휴식을 취하고 있다는 말이다. 시간대로 보면 보통 저녁 10시에서 새벽 3시 사이를 말한다. 이 시간에 성장 호르몬이 분비된다. 또한 오늘 하루 입력된 정보 중에서 필요한 것과 그렇지 못한 것을 분류하고 정리해 기억하는 작업도 이루어진다.

예로부터 우리 조상들은 일찍 자고 일찍 일어나는 생활을 권했다. 조상들은 해가 뜨면 우리 몸을 살리는 생기(生氣)가 생성되고, 해가 지면 사기(死氣)가 생성된다고 믿었다. 그러므로 소우주인 우

리 인간도 지구의 기운에 맞게 해가 뜨면 일어나고 해가 지면 자야 한다고 생각한 것이다. 인간의 생체리듬은 수억 년 동안 해가 지면 자고 해가 뜨면 일어나게 각인되어 왔다. 그러므로 양질의 수면을 위해 일찍 자고 일찍 일어나야 한다.

뇌 과학자들은 저녁 식사는 되도록 적게 먹으라고 권한다. 뇌의 활동력이 떨어져 소화를 다 시키지 못할 수도 있기 때문이다. 즉, 저녁에 많이 먹고 그냥 자면 소화가 제대로 안 되어 살이 찌고 뇌는 소화시키느라 쉬지도 못하므로 피곤하다. 다음 날 활동에 지장을 주는 것이다.

■ 양질의 수면이 필요한 이유

수면 전문가들은 양질의 수면이 하루 컨디션의 80퍼센트를 좌우하고, 일반인들이 자신의 수면 시간에서 1시간만 덜 자도 다음 날 일의 능률이 30퍼센트 이상 떨어진다고 말한다. 특히 어린아이들은 양질의 수면을 취하는 것이 중요하다. 이는 아이가 양질의 수면을 취하는 동안 성장호르몬 등 여러 신경전달물질이 분비되기 때문이다. 양질의 수면을 취하지 못한 어린아이는 쉽게 짜증을 내고 불안해하며 산만해진다. 발육이 늦어지고 면역력이 떨어지게 된다. 또한 낮에 단 음식을 많이 먹게 되므로 비만의 원인이 되기도 한다. 그러므로 어린아이들에게 양질의 수면은 필수다.

양질의 수면이 어린아이들에게만 중요한 것은 아니다. 공부하는 학생에게도 중요하다. 낮 동안 많은 정보를 보고 듣게 되는 대뇌 신경세포는 저녁이 되면 반응을 하지 않게 된다. 이때 대뇌 신경세포는 쉬면서 신경전달물질을 만들어 저장해 둔다. 또한 기억을 재정비한다. 기억을 재정비하는 과정에서 낮 동안 해결하지 못했던 문제들을 해결할 아이디어를 창조해 내기도 한다.

미국의 한 연구팀에서 양질의 수면을 취하는 동안 기억과 학습에 관여하는 해마에서 신경세포가 많이 만들어지는 것을 입증했다. 반대로 잠을 자지 못하게 하면 해마에서 새로운 신경세포들을 별로 만들어 내지 못했다. 학창 시절 잠을 자지 않고 벼락공부를 한 뒤 시험을 치르고 나면 아무것도 기억에 남지 않던 경험은 누구나 갖고 있을 것이다. 우리 뇌는 잠자는 동안 낮 동안 있었던 경험들에 의미를 부여하고 중요한 것은 단기기억에서 장기기억으로 전환하는 작업을 한다. 그러나 잠

양질의 수면이
하루 컨디션의 80%를 좌우한다!

을 자지 않았으니 장기기억으로 넘어가지 못하는 것이다. 그 결과 시험이 끝나고 나면 아무것도 기억이 나지 않는 것이다.

만약 성적을 올리고 싶다면 학생들은 양질의 수면을 취해야 한다. 양질의 수면을 취하면 뇌의 항상성이 강화된다. 뇌의 항상성이란 뇌가 우리 몸을 항상 똑같은 상태로 유지하려고 하는 성질이다. 양질의 수면을 취하는 동안 뇌세포가 활성화되고 체온 등 우리 몸에 필요한 부분들이 잘 유지될 수 있도록 한다. 그래서 우리 몸이 건강을 유지할 수 있는 것이다. 또한 뇌의 가소성이 강화된다. 뇌의 가소성이란 항상 변화하려는 성질이다. 그래서 새로운 뇌세포 생성을 활성화시킨다. 해마에서는 날마다 새로운 신경세포가 생성되고, 신경전달물질을 만들어 내는 것이다. 이렇게 생성된 신경전달물질은 우울증을 예방하고 행복감을 맛보게 해준다. 해마는 기억과 학습에 관여한다. 면역과 관련된 물질들도 분비한다.

이처럼 양질의 수면은 모든 사람의 건강과 학습, 창의력, 어린아이의 성장, 기억, 창의력 등 우리 몸의 모든 기능과 밀접한 관련이 있다. 인간이 숨을 쉬지 않고 살 수 없듯이 잠을 자지 않으면 살 수 없는 까닭이다. 몸의 면역력은 질병과도 연관이 많다. 혹시 아이가 감기에 잘 걸린다면 수면에 문제가 없는지 점검해 볼 필요가 있다. 양질의 수면을 취하면 면역력이 증가해 각종 질병에 잘 대처 할 수 있다.

■ 양질의 수면을 위해 실천해야 할 것들

현대는 양질의 수면을 방해하는 요소가 너무나 많기 때문에 우리는 양질의 수면을 위해 노력해야 한다. 아래 사항을 실천하려 노력한다면 양질의 수면을 취하는 데 크게 도움이 될 것이다.

1. 가벼운 스트레칭이나 샤워 등으로 몸을 이완하고 10시 이전에 잔다.
2. 회식은 점심 시간을 활용하고, 되도록 저녁 회식은 사양한다.
3. 저녁은 잠자기 3시간 전에 선식, 주스, 채소, 과일 등을 간편하게 먹는다. 밥, 빵, 고기처럼 소화 시간을 많이 필요로 하는 음식은 자제한다. 특히 저녁 시간에는 칼로리가 높은 패스트푸드나 라면은 금한다. 공복감 때문에 힘들면 삶은 검은 콩을 조금 섭취하는 것도 좋다. 공복감을 참을 만하면 물을 많이 마시는 것이 좋다.
4. 저녁 시간에는 디지털 기기 사용을 자제한다. 10시가 되면 디지털 기기도 잠을 재워라.
5. 자기 전에 3초 호흡과 명상을 반드시 하고 잔다. 3초 호흡과 명상은 지혜롭고 가치 있는 삶을 사는 영양제라 할 수 있다. 잠들기 직전 꼭 이루어져야 할 일이나 풀어야 할 문제에 집중하고 잠들라. 당신이 잠든 사이 뇌가 해법을 찾아 준다.
6. 잠자는 동안 최대한 캄캄하도록 어둠을 유지한다.

7. 취침 시간을 되도록 일정하게 유지한다.

이 사항들은 결코 지키기 어렵지는 않지만 실생활에서 지키는 데 어려움이 따르기도 한다. 그러나 건강과 낮 동안의 일의 효율을 위해서 지키려고 노력을 기울여야 한다. 또한 아이들의 공부 효율뿐만 아니라 건강을 위해서도 아이들에게 어려서부터 습관이 되게 하는 것이 바람직하다.

영감을 주는 새벽 시간

우리는 지금까지 집중력 향상을 위해 중요한 역할을 하는 휴식에 대해 살펴보았다. 활동이 왕성한 낮 시간에 3초 호흡을 자주 하고, 저녁에는 깊은 수면을 유도하도록 했다. 또한 휴식을 강화해 긍정적인 정신활동을 유도하는 명상의 방법들도 제시했다. 이제 이런 휴식을 잘 활용하면 영감을 주는 새벽 시간을 활용할 수 있다.

■ 집중이 잘되는 영감의 새벽 시간

굳이 과학적으로 설명하지 않더라도 새벽 시간은 집중이 잘된다는 것을 모두 경험을 통해 알고 있을 것이다. 저녁이 되면 뇌는 충전을 하기 위해 서서히 졸리고 새벽이 되면 활동을 위한 준비를 서서히 시작한다. 다른 말로 표현하면, 저녁이 되면 기(氣)가 약해지다가 새벽이 되면 기(氣)가 충만해지는 것이다. 종교 단체들도 이 새벽 시간을 영감의 시간이라고 말한다. 불교에서는 새벽 3시에 스님들이 일어나서 예불로 하루를 시작한다. 기독교나 천주교 등의 종교 단체도 새벽 기도로 하루를 시작한다. 이 에너지가 충만한 새벽 시간은 축복의 시간이다. 종교를 갖고 있지 않더라도 이 영감의 시간에 하는 명상은 실로 강력한 에너지가 될 수 있다.

기업의 CEO들은 새벽부터 아침으로 이어지는 조찬 모임에 모여 세미나를 하고, 기업의 목표와 계획을 세우며, 기업을 성장시킬 성공적인 방법들을 찾는다. 정주영 회장은 새벽 4시 30분이면 일어나 1시간 정도 산책을 했다고 한다. 이 시간 동안 해결되지 않은 일들에 대한 해결책을 찾고, 앞으로 이루어 나갈 원대한 꿈들을 계획했다고 한다. 링컨 대통령은 항상 새벽에 일어나 《성경책》을 읽고 기도를 했다고 한다. 그 기도는 미국의 앞날을 위한 것이었다. 남을 위한 기도는 평안과 굳은 신념을 간직하게 해 준다. 그래서 그가 많은 반대에도 불구하고 노예해방을 이룰 수 있었는지도 모르겠다.

이처럼 위대한 업적을 남긴 위인들은 아침을 여는 새벽 시간에 깨어 있었다. 밤사이 충분한 휴식으로 새벽에 뇌는 충전되어 있다. 그래서 사람들은 새벽 시간은 머리가 맑다고 말한다. 우리가 충전을 위한 잠을 자는 사이에 뇌는 친절하게도 낮에 들어온 정보를 분석하고 저장해 말끔하게 정리를 해 두는 것이다. 그래서 새벽 시간은 집중이 잘되고 기억도 잘된다. 새벽의 1시간 집중은 오후 3~4시간의 일의 효과와 맞먹는다. 또한 새벽에는 마음을 흩뜨리는 요소가 적다. 주위 환경에 방해받지 않기 때문에 집중하기에 상당히 좋은 시간이다.

이시형 박사는 365일 하루도 쉬지 않고 하루 15시간씩 일을 하면서 1년에 책 한두 권을 집필한다. 이런 삶을 살 수 있는 원동력은 무엇일까? 그는 영감의 새벽 시간을 집중적으로 공부에 활용함으로써 좋은 효과를 거두었다. 대학 시절에는 언제나 새벽 4시 30분에 일어나 공부했고, 그 덕분에 "대단히 부지런한 사람"이라는 교수의 추천서를 얻어 미국 예일대에 입학할 수 있었다. 그는 유학 시절에도 이 부지런한 기질을 살려 새벽 4시 30분부터 공부를 시작해 우수한 성적으로 유학을 마칠 수 있었다. 여든 살의 이시형 박사는 지금도 저녁 10시에 잠들고 새벽 4시 30분에 일어나 오전 10시 사람들이 출근하는 시간까지의 4시간 동안을 공부하고 글 쓰는 데 활용한다.

■ 충만한 에너지 활용

집중력 있는 공부를 하려면 새벽 시간을 활용하라. 공부에 성공한 대부분의 사람은 새벽 시간을 활용했다. 새벽 공부 30분은 밤공부 3시간과 비교될 정도로 집중력 면에서 큰 차이를 보인다. 뇌가 밤사이 푹 쉰 다음 활동을 하기 위해 준비하는 시간이므로 개운한 상태다. 그래서 뇌 활동이 왕성하게 이루어지는 시간이다.

그런데 문제는 새벽 시간에 잘 일어나지 못한다는 것이다. 여러 가지 이유가 있겠지만 가장 큰 원인은 깊은 수면을 취하지 못한 데 있다. 그래서 휴식 부분에서 양질의 수면의 필요성을 내내 강조한 것이다. 새벽에 일어나려면 저녁에 졸리기 시작하는 9시경에 자는 것이 좋다. 그러면 충분한 수면과 함께 집중이 잘되는 새벽 시간을 활용할 수 있다.

■ 자기 조절 능력 향상

새벽에 일어난다는 것은 자신을 스스로 잘 조절하고 있다는 의미다. 《마시멜로 이야기》의 저자 호아킴 데 포사다의 말처럼 자기 조절 능력이 있는 사람이 성공하기 쉽다. 새벽 시간을 활용하기 위해서는 결국 평소에 휴식 능력을 잘 조절해야 한다. 낮 시간 동안 자신의 일을 효율적으로 처리해 휴식과 일의 균형을 이루어야 한다. 불필요한 디지털 기기 사용을 자제해 뇌에 휴식을 제공해야 한다.

저녁에 먹는 음식도 조절해야 한다. 저녁에 과식을 하면 소화가 제대로 되지 않은 상태에서 잠을 자게 되므로 밤 동안의 깊은 수면을 방해하는 최대의 적이 된다. 적당한 휴식과 적당한 일을 통한 자기 조절 능력의 향상은 일의 능률을 두 배 이상 올릴 뿐 아니라 건강에도 좋은 영향을 미친다. 결국 미래에 크게 성공할 수 있는 원동력은 여기에서 나온다.

■ 뇌를 깨우는 새벽운동

새벽은 뇌가 활동을 하기 위해 서서히 깨어나는 시간이다. 이 시간에 운동은 뇌에 활력을 주는 좋은 방법이다. 많은 사람이 새벽운동을 즐기는 이유가 바로 여기에 있다. 새벽에는 과격한 운동보다는 서서히 세포들을 깨우는 스트레칭 같은 것이 좋다. 스트레칭으로 굳어 있는 온몸의 근육을 풀어 주고, 평소 잘 사용하지 않는 근육도 풀어 주면 우리 뇌의 사용되지 않았던 부분도 함께 활성화된다. 그러면서 뇌가 서서히 일어나기 시작하는 것이다. 그리고 명상으로 깨어 있는 연습을 하면 내면의 소리를 듣게되어 자신이 무엇을 걱정하는지, 해결해야 하는 일들이 무엇인지 알게 된다.

또한 아침 조깅으로도 긴장된 근육과 뇌를 활성화할 수 있다. 뇌는 우리가 몸을 움직이면 더욱 활성화된다. 우리 몸의 근육도 걷기를 통해 부드러워지고 단련된다. 자연의 소리를 듣고 새벽바람을 맞으며 상쾌함을 느끼는 것은 우리 몸에 새로운 활력을 주고, 우리의 감정에 기쁨을 주는 일이다.

아침을 이렇게 기쁨과 활력으로 맞이한다면 얼마나 행복한 하루가 되겠는가!

■ 높은 효율성

한때《아침형 인간》이란 책이 베스트셀러가 되면서 아침형 인간이 성공한다는 말이 유행했었다. 이때 사람들은 아침형 인간으로 바뀌기 위해 열심히 노력했다. 하지만 실제로 바뀐 사람이 얼마나 되는지는 미지수다. 그러나 이 말이 틀린 것은 아니다. 옛말에 일찍 일어나는 새가 벌레를 잡는다고 하지 않았던가. 마찬가지로 아침에 일찍 일어난다면 할 수 있는 일이 매우 많다. 아침 5시에 일어난 사람과 7시에 일어난 사람의 일상은 확연히 다를 수밖에 없다. 일찍 일어난 사람은 늦게 일어난 사람보다 하루 2시간의 시간을 벌 수 있다. 또한 효율성으로 따져 보면 2시간은 10배 이상의 효과를 낸다.

현대인들은 항상 바쁘고 시간이 없다고 한다. 하지만 새벽 시간을 활용하면 짧은 시간으로 커다란 성과를 낼 수 있다. 예를 들어 아침 1시간 동안 책을 읽는다고 하자. 책 한 권을 읽는 데 보통 일반 성인이 걸리는 시간은 3~5시간이라고 한다. 그렇다면 일주일에 한 권, 1년에 50권의 책을 읽을 수 있는 시간이 나온다. 이 시간은 또한 집중이 배가 되기 때문에 읽은 내용도 잘 기억된다. 그리고 속도도 빠르다. 그렇다면 최소한 50권에서 100권의 책을 읽을 수도 있다. 만약 영어공부에 투자를 한다고 하자. 학생들이 아침 새벽 1시간을 영어에 투자한다면 어떤 일이 벌어질까? 70세가 넘은 할아버지가 영어 듣기를 하루 30분씩 해서 297시간 만에 귀가 뚫렸다고 한다. 그렇다면 30분씩 1년을 들으면 영어를 들을 수 있는 귀가 뚫리고, 말할 수 있는 입이 뚫린다. 아무리 많은 시간과 비용을 영어에 투자해도 벙어리에 귀머거리인 우리나라 사람들의 현실을 비추어 볼 때 엄청난 효율성이다.

서울에서는 바쁜 직장인들이 붐비는 전철 시간을 피해 일찍 출근을 서두르면서 남는 새벽 시간에 자기 계발을 위해 영어학원이나 다른 자격증을 따기 위한 시간에 투자한다. 만약 학생들이 자신이 부족한 부분이나 자신이 좋아하는 분야의 학습에 새벽 시간을 활용한다면 실력이 배가 되는 것은 말할 나위도 없을 것이다. 이뿐만 아니라 새벽 시간에 명상을 하거나 운동을 하면 건강이 확연히 좋아지는 것은 분명하다.

새벽 시간은 우리에게 영감을 가져다주는 황홀한 시간이다. 잠자는 시간과 일어나는 시간을 조금씩 조율해 영감을 가져다주는 새벽 시간을 활용해 보자. 이는 집중력을 자연스럽게 높여 멋진 삶을 선사할 것이다.

집중의 적 **스트레스 극복**하기

우리는 일상생활 속에서 온갖 자극을 받게 된다. 이 자극을 어떻게 수용하느냐에 따라 그것은 스트레스가 되기도 하고 활력소가 되기도 한다. 기억을 담당하는 해마에서는 신성세포들이 생성되는데, 스트레스를 받으면 이 활동에 부정적인 영향을 미친다. 이 부정적인 영향은 학습과 기억력에 영향을 미쳐 결국 집중력을 떨어뜨린다. 마찬가지로 어떤 자극이 뇌에 가해졌을 때 뇌가 수용하면 뇌 발달에 도움이 된다. 그러나 뇌가 자극을 수용하지 못하면 이는 스트레스로 남는다.

사람마다 뇌가 자극을 수용하는 정도가 다르기 때문에 자극만 갖고는 스트레스라 말할 수 없다. 그래서 아이들을 세심하게 관찰하지 않으면 스트레스를 받고 있는지를 잘 알 수 없다. 사람들은 자극에 대해 적극적으로 반응하는 부류와 천천히 반응하는 부류로 나눌 수 있다. 자극에 대해 적극적으로 반응하는 부류의 사람들은 외향적으로 표현을 잘하기 때문에 스트레스를 관찰하기가 쉽다. 반대로 자극에 천천히 반응하는 사람은 표현을 잘 안하는 경향이 있기 때문에 각별한 주의가 필요하다. 평소에 자주 대화를 통해 편안한 의사소통을 해야 한다. 그렇게 하지 않으면 자칫 내면에 부정적인 감정들을 차곡차곡 쌓아 놓았다가 한꺼번에 터뜨리는 경우가 있다.

때때로 신문과 뉴스를 장식하는 사건이 이러한 경우다. 그래서 스트레스는 그날그날 바로 푸는 것이 가장 좋다. 아이든 어른이든 스트레스를 참고 내면에 쌓아 두어서 좋을 것이 전혀 없다. 스트레스를 해소하는 방법도 매우 다양하다. 하지만 무엇보다 스트레스를 긍정적으로 해소하는 것이 중요하다. 스트레스를 해소하기 위해 하는 일련의 행동들이 오히려 장기적으로 스트레스를 가중시키는 경우가 있다. 예를 들어 공부 스트레스를 날려 버린다고 컴퓨터 게임을 하는 아이들이 있다. 이것은 잠시 동안은 스트레스 해소에 도움이 될지는 모르지만 오히려 장기적으로 치명적인 독이 될 수 있다. 한 중학생의 사례를 들어 보겠다.

A군은 초등학교에 다닐 때 주말에 자주 아빠와 PC방에서 컴퓨터 게임을 했다. 평소에는 아빠가 바빠서 A군과 놀아주지 못하기 때문에 주말에 A군을 데리고 PC방에 가서 신나게 게임으로 스트레스를 풀었다. A군은 게임이 재미있어서 주말만 기다렸다. A군의 아빠도 아들과 함께할 수 있는 데다 직장에서 쌓였던 스트레스도

풀 수 있어 기뻐했다. 시간이 흘러 A군이 중학교에 진학해서는 거의 게임 중독에 가까운 증상을 보였다. 팝콘 브레인 양상을 나타냈다. 중학생이 되어서는 집에서 컴퓨터 게임을 하겠다고 엄마와 매일 싸웠다. A군은 행동이 갈수록 난폭해지고, 거짓말도 하고 사용하는 언어도 거칠고, 욕도 스스럼없이 했다.

A군의 엄마가 견디다 못해 해결 방법을 찾아 나섰고 마침내 나를 찾아왔다. A군의 뇌파를 측정한 결과 좌우 뇌가 균형이 맞지 않는 것을 발견했다. 게임을 장기적으로 하면 나타나는 우측 뇌의 발달과 활성화의 지연 현상이 나타난 것이다. 거의 70세 노인의 뇌파와 흡사했다. 또한 A군을 자세히 살펴보니 장기간의 게임중독으로 눈을 심하게 깜빡였다. 거의 틱 장애 직전의 상태로 보였다. 눈을 자주 깜박이면 집중력은 급속도로 떨어지게 된다. 게다가 A군은 좌우 뇌의 균형이 맞지 않아 정서적으로도 매우 불안정한 모습을 보였다.

결국 A군은 3초 호흡과 뇌 훈련을 시작했는데 계속 잠을 잤다. 몇 개월을 계속 잠을 자고 나서야 서서히 안정적인 정서를 나타내기 시작했다. 이렇듯 스트레스 해소를 잘못하면 낭패를 당하는 경우가 있다.

그래서 스트레스에 현명하게 대처하기 위해 여러 가지 방법이 제시되지만, 가장 좋은 방법은 스트레스를 잘 받지 않는 스트레스에 대한 내성을 길러 주는 것이다. 이것은 뇌와 스트레스와의 상관관계를 잘 살펴볼 필요가 있다. 뇌파를 측정해 보면, 스트레스 저항 수치가 높아 웬만한 스트레스에는 끄떡도 않는 사람이 있는가 하면, 스트레스 저항 수치가 너무 낮아 스트레스를 매우 잘 받는 사람이 있다. 이것은 유전적인 부분과 환경적인 부분의 복잡한 관계로 인해 생기는 현상이므로 규명하기가 쉽지 않다. 대체적으로 대인관계가 원만하고 긍정적이고 잘 웃는 사람들이 스트레스에 강한 것으로 나타났다. 원인이 무엇이든 간에 뇌 훈련을 하면 항스트레스 지수는 올라간다.

수면 전문의 한진규 원장은《잠이 인생을 바꾼다》에서 스트레스를 받았을 때 우리 몸의 변화를 다음과 같이 이야기하면서 빨리 해소 방법을 찾으라고 조언한다.

우리 몸은 스트레스를 받으면 맥박과 혈압에 변화가 오고 더 많은 양의 산소를 확보하기 위해 호흡이 빨라진다. 아울러 근육을 비롯한 모든 감각기관이 예민해지면서 불안, 신경과민, 걱정, 분노 등의 다양한 감정을 동반하게 된다. 이런 증상들로 인해 체온이 올라가면 밤에 멜라토닌 분비가 억제되고 이는 결국 불면증과 우울증을 부르는 악순환으로 이어진다.

그러므로 어떤 자극도 잘 수용할 수 있는 뇌 상태를 만드는 것이 무엇보다 중요하다. 그렇게 하려면, 어릴 때부터 뇌 용량을 키위 스트레스에 대한 내성을 키워 주는 것이 바람직하다. 그리고 휴식 능력을 키워 평소에 뇌 컨디션을 최상으로 유지하는 것도 중요하다.

뇌 용량을 키운다는 것은 신경 네트워크를 강화하는 것이다. 뇌파를 측정해 보면 스트레스에 취약한 상태에 있는 사람들을 볼 수 있는데, 뇌 훈련을 꾸준히 하면 도움이 된다. 뇌 훈련을 1년 이상 지속적으로 하면 스트레스를 견디는 능력을 키울 수 있다. 뇌 훈련을 통해 육체적, 정신적인 긴장도가 낮아지면서 항스트레스 수치가 높아지는 것을 볼 수 있다. 뇌 훈련을 하게 되면 하루 동안 쌓였던 좋지 않았던 감정들이 눈 녹듯이 사라져 버린다. 잠재의식의 밑바닥까지 정화되는 것이다.

■ 스트레스를 잘 극복하는 아이가 공부도 잘한다

스트레스에 약한 아이들은 면역력이 떨어질 가능성이 상당히 높다. 감기에도 잘 걸리고 잔병치레도 많이 한다. 또한 작은 일에도 크게 반응하고 잘 우는 경향이 있다. 별일도 아닌 것에 걱정이 많고, 불안해하면서 잠을 제대로 자지 못한다. 혼자 자라고 하면 무서워서 못 잔다고 징징거린다. 조금만 어려운 문제가 나와도 금방 포기한다. 친구들의 말에 예민하게 반응한다. 잘 삐치거나 반응을 아예 하지 않는다.

반면, 스트레스를 잘 극복하는 아이들의 특성을 보면 부모나 친구가 한 대 쥐어박아도 상관하지 않는다. 낙천적이고, 친화력이 좋아 누구와도 금방 친구가 된다. 웬만한 정보는 모두 받아들인다. 도전 정신이 있어 모험을 즐긴다. 무슨 일에 앞장서서 솔선수범한다. 모르는 문제가 나와도 끝까지 풀어낸다. 자신감이 넘친다. 이런 부분은 유전적인 영향도 있겠지만 환경적인 영향이 더 큰 것이 사실이다.

학년이 높아질수록 새롭고 어려운 정보가 늘어난다. 스트레스에 약한 아이들은 새로운 정보를 수용하기 힘들어 한다. 단원이 시작될 때마다 모르는 단어와 새로운 정의들이 쏟아져 나오는 것은 당연한 일임에도 스트레스에 약한 아이들은 받아들이기에 앞서 모른다는 생각에 거부감이 먼저 일고, 두려움을 느낀다. 그래서 조금만 어려운 문제가 나와도 자신감을 잃어 문제를 해결하려는 의욕을 보이지 않는다. 만약 부모에게 물어보았는데 화난 목소리가 돌아오면 곧바로 포기해 버린다. 다음에는 물어보기도 겁이 나서 그냥 넘어간다. 그러면 모르는 것이 쌓여 가고 결국 공부하는 것이 짜증 나고, 머리가 지끈지끈 아프다. 하지만 계속 참고 공부를 했다 하더라도 시험에서 긴장으로 인해 제대로 답을 쓰지 못하는 실수를 저지르게 된다.

이렇듯 스트레스에 약한 아이들은 공부하는 동안 이런 악순환이 계속되어 공부를 싫어하게 되는 것이다. 이런 상태이므로 집중력이 점점 떨어지는 것은 당연하다.

그러나 스트레스에 강한 아이들은 새로운 단어나 모르는 정의가 나오면 호기심이 왕성해진다. 알고 싶은 욕구가 팽배하는 것이다. 그래서 적극적으로 달려든다. '오! 이런 것이 있었어' 하고 즐거워한다. 그러므로 어려운 문제가 나오면 당당히 물어본다. 물어보는 것을 창피한 일로 생각하지 않는다. 그리고 그렇게 새롭게 알아가는 내용이 에너지원이 된다. 또한 수학 문제에서 어려운 문제가 나오면 끝까지 물고 늘어져 풀어낸다. 어려운 문제는 새로운 도전 정신을 불러일으키고, 해결했을 때 성취감과 자신감을 안겨 준다. 이때 뇌에서는 도파민이 분비되는 보상을 받게 되어 칭찬받았을 때처럼 기분이 좋아진다. 그래서 또 도전하고자 하는 용기와 열정이 샘솟는다.

이처럼 새로운 지식을 받아들이는 것을 두려워하는 것과 즐기는 것에는 엄청난 차이가 있다. 스트레스에 강한 아이들의 자신감과 긍정적인 마인드는 공부하는 것을 즐겁게 느끼게 해 준다. 공부하는 것을 새로운 도전으로 인식하기 때문이다. 그러니 스트레스에 강한 아이가 공부를 잘하는 것은 당연한 결과다. 그래서 되도록 저학년 때부터 스트레스에 강한 아이로 키우기 위해 부모들은 꾸준히 노력을 기울여야 한다.

■ 스트레스를 잘 극복하게 해 주는 휴식

코칭 전문가인 리사 헤인버그는《집중》이라는 책에서 다음과 같이 말한다.

극도의 스트레스는 집중력과 생산력의 저하를 초래한다. 당신은
스트레스가 내부적인 생화학적 반응이라는 것을 알고 있다. 스트
레스를 물리치는 방법은 알고 있는가? 스트레스 해독제는 바로
휴식이다. 집중하기 위해서는 쉬는 법을 배워야 한다.

매일의 스트레스와 만성피로 그리고 긴장은 집중력 저하의 주
범이다. 스트레스는 환경의 변화로 인한 내부적인 반응이라는 사
실을 우리는 알고 있다. 또한 이것은 부정적인 반응이다. 이 부정
적인 스트레스의 해결법은 휴식이다. 휴식은 부정적인 스트레스
의 부작용을 줄여 주고 사고력과 집중력을 증진시켜 준다. 그러므
로 집중력을 증가시키기 위해서는 휴식을 취해야 한다.

휴식을 취하라는 것은 여행 등의 거창한 것을 하라는 말이 아
니다. 상황이 허락하는 한 1시간에 10분 정도씩 쉬어 주는 것이
좋다. 10분 정도 눈 감고 있기, 편안한 기분으로 3초 호흡하기, 간
단한 스트레칭, 운동장을 가볍게 한두 바퀴 걸어서 돌기, 점심 식
사 후 10분 잠자기 등등. 이런 것으로도 얼마든지 휴식을 취할 수
있다. 이 휴식이 스트레스를 제거하는 명약이다. 만약 아이가 명
상을 배워 실천할 수 있다면 스트레스는 더 많이 사라질 것이다.

또 스트레스를 풀기 위해서는 호흡도 중요하다. 3초 호흡을 하

면 뇌와 몸이 이완되어 편안함을 느끼게 되고, 몸과 마음이 개운해진다. 3초 호흡을 10분씩 자주 하면 스트레스는 사라지고 집중력은 높아진다. 집중력이 높아지면 수업 시간이 즐거워지므로 성적이 향상되는 것은 당연한 결과다.

KBS에서 방영되었던 〈마음〉 6부작을 책으로 펴낸 《마음》이란 책에서는 스트레스를 받았을 때 대처하는 방법으로 제시한 명상의 장점을 다음과 같이 말한다.

면역체계는 스트레스에 의해 직접적인 영향을 받는데, 이것을 이완으로 치료할 수 있다.…… 명상으로 이완을 하면 뇌파에 변화가 온다. 명상으로 이완되었을 때 뇌 전체의 뇌파는 고요해진다. 이 고요함 안에서 신진대사, 심장 박동, 혈압을 조절하는 활동이 행해진다.

이런 신체 효과 이외에 이완은 창조성에도 기여할 수 있다. 고요한 상태에서는 일반적인 생각들이 사라지기 때문에 새로운 생각이 떠오르고 창조적으로 된다. 고요함은 새로운 아이디어를 창출하는 데 아주 유익하다. 조용한 상태에서 뇌파가 느려질 때, 뇌는 다른 것을 인식하기 시작한다.

리더들은 누구보다 열정적으로 쉬지 않고 일한다. 그러나 그들도 인간이다. 하루 18~19시간씩 일을 한다면 스트레스가 쌓일 수

밖에 없다. 그래서 휴식을 취해야 한다. 일하는 짬짬이 10분 정도 씩 명상을 해서 휴식을 취하거나 30분 정도 산책을 하거나, 또는 4일 일하고 3일은 여행을 떠나든지 해서 일하는 것 이상으로 휴식에도 신경을 써야 한다. 그렇게 해야 올바른 판단을 내리고 새로운 아이디어들을 창출할 수 있다.

만약 리더가 스트레스를 극복하지 못해 짜증만 낸다면 그 팀원들이 제대로 일을 처리하고 성과를 내기 어렵다. 그래서 스트레스를 극복할 수 있는 휴식을 잘 취하는 것도 리더의 덕목에 포함되어 있다. 뇌가 휴식을 취하도록 도와주는 데는 명상보다 좋은

외부와의 완전한 차단이
곧 뇌를 휴식하는 방법이다.

것이 없다. 명상을 통해 스트레스를 완전히 날려버릴 수 있기 때문이다.

네덜란드에서는 교육부가 명상을 정규 교과과정에 넣어 아이들에게 가르치게 하고 있다. 또한 벨기에에서도 영향을 받아 초등학교 수업에서 실제로 명상을 시행하고 있다. 이로 인해 아이들은 신체적으로나 정신적으로 더 안정적으로 변했고, 자신의 감정들을 지켜봄으로써 남을 이해하고 배려하는 마음이 더 커지는 결과를 가져왔다.

현대는 환경으로 인해 어른들뿐만 아니라 아이들까지도 산만해서 집중하기가 쉽지 않다. 또한 가만히 앉아 있어야 하는 학습은 아이들에게는 더없는 스트레스다. 아이들이 스트레스를 극복하도록 이끌어 주는 데 명상은 반드시 필요하다. 명상은 어릴 때 배워 두면 평생 도움이 된다. 스트레스를 극복하기 위해 3초 호흡과 명상을 활용하고 더 나아가 아이들 스스로 스트레스를 극복하는 저항력을 키우기 위해서는 뇌 훈련(neurofeedback) 센터를 방문해 하루 30분씩 뇌 훈련을 하는 것도 지혜로운 방법이다.

2
핵심에 집중하라

『집중하기 위해 사용해야 할 언어』

우리가 사용하는 말은 상대방의 집중력에 영향을 미친다. 말을 하려면 전두엽에서 언어를 선택해서 브로카 영역(Broca area)으로 보낸다. 상대방의 집중력을 키워 주려면 말하기 전 언어의 선택이 중요하다. 우리가 하는 말은 언어의 표현으로, 범죄와 관련이 되지 않는 한 우리는 언어를 자유롭게 사용할 수 있다. 그래서인지 말을 함부로 해서 수준 낮은 언어가 범람하고 있다. 우리는 매일 사람을 만나서 수많은 대화를 나누므로 각종 언어가 하루 종일 주위를 둘러싸고 있기 때문에 언어의 영향을 받지 않을 수 없다. 한 마디 말에 상처를 받고 집중하던 것이 일시에 무너져 내릴 수도 있는 것이다.

"말 한마디로 천 냥 빚을 갚는다"라는 속담이 있듯이, 말을 할 때 상대방을 배려해서 정제된 고급 언어로 말해야 한다. 이것은 어려서부터 습관으로 길러야 한다. 언어의 사용은 곧 그 사람의 인품이 된다. 사람의 인품은 언어와 말에서 묻어 나온다.

고구려 시대 강감찬 장군은 중국에서 사신이 왔을 때 잘생긴 부하를 골라 장군 옷을 입혀 사신을 맞이하게 했다. 하지만 중국 사신은 강감찬 장군이 아니라는 것을 알아냈다고 한다. 이렇듯 인품은 결코 하루아침에 만들어질 수 없는 것이다.

■ 인품을 만드는 언어

학부모는 아이가 어려서부터 정제된 곱고 아름다운 언어를 선택해서 말을 사용하도록 환경을 만들어 주어야 한다. 아이들이 사용하는 말은 자라서 그 아이의 인품이 되기 때문이다. 화가 난다고 아이의 입에서 "씨××아!"라는 말이 나올 때와 "~어떻게 해 주시겠습니까?"라는 존댓말이 나올 때의 느낌은 확연히 다르다.

나는 고등학생인 아들에게 욕의 사용에 대해 물어본 적이 있다. 길에서 고등학교 남학생들의 대화를 들으면 말끝마다 '씨' 자를 내뱉어 놀랐기 때문이다. 그런데 아들의 대답 또한 나를 당황하게 했다. 욕을 사용하는 것이 나쁘다는 것은 분명히 알지만 요즘 아이들은 욕을 사용하지 않으면 상대방이 얕잡아 보기 때문에 할 수 없이 사용해야 한다는 것이다. 그나마 다행인 사실은 나이가 들수록, 학년이 높아질수록 욕을 하는 비율이 낮아진다는 것이다. 요즘 아이들은 '헐' '졸라' '개빡' 등의 비속어나 자신들만의 은어들을 마구 사용한다. 카카오톡에 사용되는 그들의 은어는 기성

세대는 알아들을 수가 없다. 이런 비속어와 은어는 아이들의 성품을 더 거칠게 하는 것은 물론 수준 낮게 만든다.

사람들은 상대편이 사용하는 언어를 듣고 그 사람의 인품을 가늠한다. 대화할 때 서로를 이해하고 존중받기 위해서는 언어의 선택은 매우 중요한 사항이다. 아름다운 언어를 사용하기 위해서는 독서를 통해 문장에 맞는 적절한 언어를 사용할 수 있는 힘을 길러야 한다. 텔레비전이나 게임 등을 통해서는 어휘력이 늘지 않는다. 게임에 사용되는 언어는 정말 한정적이다. 게다가 어택(attack, 공격하라), 화이어(fire, 사격하라), 올라잇(all right, 좋아), 데드(dead, 죽었다), 킬(kill, 죽여라) 등 대부분 폭력적이고 공격적인 언어다. 게임중독에 걸린 아이들은 길을 가다 누군가가 자신의 뜻과 맞지 않는 모습을 보이면 자신도 모르게 게임에서 사용하는 언어가 튀어나온다. 그리고 사용하는 어휘도 거의 게임용어다. 이렇게 되면 게임을 하지 않는 타인과는 의사소통이 어렵다. 또한 현실과 게임을 혼동해 게임에서 하는 행동을 일상생활에서 자신도 모르게 하다 불행한 사고를 저지르기도 한다.

또 텔레비전 뉴스를 잘 들으면 어휘력이 는다고 하지만 그것은 잘못된 생각이다. 텔레비전 뉴스는 모든 사람이 보고 이해할 수 있는 수준으로 맞추어져 있기 때문에 언어의 사용에 큰 한계가 있다. 우리가 성인으로서 사용할 수 있는 단어가 3만 개라면 뉴스에서 사용되는 단어는 5,000~10,000개밖에 되지 않는다. 또 드라마나 오락프로그램에서 사용하는 어휘도 5,000개 정도에 불과하다. 우리가 초등학교 때 알아야 할 단어가 5,000개이고, 중학교 때 3,000개, 고등학교 때 2,000개를 습득해야 한다. 다시 말해 초·중·고를 통해 1만 개의 단어를 알아야 한다. 우리가 사용하는 어휘의 수준이 1만 개는 되어야 평범한 시민으로서 다른 사람과 의사소통이 가능하다는 말이다.

이것은 교과과정에 들어 있다. 아이들이 학년이 높아질수록 공부하는 데 어려움을 느끼는 이유는 단어의 뜻을 모르기 때문이다. 학년이 높아질수록 추상적인 단어와 전문적인 단어가 나온다. 그러나 텔레비전 뉴스나 드라마에서 사용되는 언어는 일상생활에서 사용되는 언어 외에는 거의 사용되지 않는다고 봐야 한다. 그러므로 텔레비전 시청은 아이들의 어휘력 향상에는 도움이 되지 못한다.

아이들에게 어휘력을 늘려 주기 위해서는 반드시 독서가 필요하다. 자신이 하루 종일 사용하는 단어를 가만히 생각해 보라. 매일매일 사용하는 단어가 거의 비슷하고 상당히 한정되어 있다. 어쩌다 다른 단어를 사용할 뿐이지 거의 대부분 똑같은 단어를 반복해서 사용한다. 이러다 보면 아이의 단어 수준은 그냥 평범한 수준에 머무를 뿐이다. 거기에 만약 부모가 거친 언어를 사용한다면 아이의 언어도 거칠어질 것은 분명하다.

그러므로 이제 부모가 나서서 솔선수범해야 한다. 이것은 학원이나 과외에서 해 줄 수 있는 일이 아니다. 부모들도 스스로 감성적인 시를 외워 낭송하고, 독서를 해서 어휘력을 늘려야 한다. 부부 사이라 해도 서로 존댓말을 사용하고 아이들에게도 존댓말을 사용하면 처음엔 어색할지 몰라도 좀 더 상대방을 존중하는 말을 하게 된다. 남이 저속한 말을 한다고 해서 자신마저 저속한 말을 사용해 자신의 인품을 낮출 필요는 없다.

"가는 말이 고와야 오는 말이 곱다"는 속담처럼 고운 말을 사용하도록 하자. 말은 곧 그 사람의 인품임을 명심해야 한다.

■ 부모의 부정적인 언어

부모는 자식의 성공을 위해서는 무엇이든 다 한다. 그만큼 부모들은 자녀에 대한 애착이 강하다. 아이를 하나만 낳는 지금의 풍토는 아이에 대한 애착을 더욱 강하게 만든다. 이로 인해 상당히 많은 부분까지 부모가 간섭을 한다. 부모의 욕심이 섞이다 보니 부모가 사용하는 대부분의 말이 상당히 부정적이라는 것이다. 부모가 사용하는 말의 80퍼센트가 부정적인 언어라면 아이들은 어떻게 되겠는가? 아이들이 부모에게 가장 듣기 싫은 말은 "공부도 못하면서 무슨……", "옆집 애는 이번에 과학경시대회 나가서 1등 했다는데!", "아무짝에도 쓸모없는 놈" 등이라고 한다.

게임중독인 아들에게 아버지가 화가 나서 "쓸모없는 놈"이라 말했다가 그 말을 들은 아들이 화를 참지 못하고 선풍기를 들어 충동적으로 아버지를 향해 내리쳤는데 그만 아버지가 죽고 말았다는 기사를 본 적이 있다. 부정적인 말 한마디 때문에 아들은 아버지를 죽인 패륜아가 된 것이다.

우리의 뇌는 부정적인 말을 들으면 위축된다. 이런 말을 자꾸 듣게 되면 위축된 뇌는 아이의 자신감을 앗아간다. 무언가를 해보려다가도 그만 '나 같은 게 뭘!' 하는 식으로 쉽게 포기하게 된다. 무엇을 하더라도 자신감이 없어지기 때문에 집중하지도 못하고 무기력해진다. 이것이 되풀이되면 아이의 뇌는 생각하는 것을 멈추고, 심하면 아이로 하여금 삶을 포기하게 하기도 한다.

이처럼 부정적인 언어는 아이의 잠재력 개발에도 부정적인 영향을 미치고, 아이의 삶도 갉아먹는다.

■ 부모의 긍정적인 언어

부모는 아이가 성적이 좋으면 주변 사람들에게 자랑을 한다. 그 말은 듣는 아이는 기분이 좋아진다. 이때 아이의 뇌에서는 쾌감을 주는 신경전달물질이 쏟아지기 때문이다. 아이는 이 기분을 다시 맛보고 싶어 한다. 그래서 더욱 열심히 공부를 하게 된다. 그러면 성적은 더 좋아지고 주위의 칭찬은 더 많아진다. 이것이 계속되다 보면 아이는 어느덧 스스로 '나는 공부 잘하는 아이, 공부는 쉽고 재미있어!' 하는 생각을 자신도 모르게 뇌에 각인시키는 결과를 가져온다.

우리가 재미를 느끼면 뇌는 활성화된다. 전두엽과 해마가 활성화되면서 사고력, 창의력, 기억력 등이 좋아지게 된다. 뇌는 신경망에 이것이 기억되도록 하기 때문에 이런 기회가 생기면 뇌는 자동으로 더욱 활성화되고 자신도 모르게 집중하게 되는 것이다. 그래서 부모는 아이에게 긍정적인 말을 해야 한다.

또 중요한 점은 부모가 아이에 대한 집착을 버려야 한다. 자녀는 소중한 '선물'이라 생각하고 부모의 주관을 개입하기보다는 객관적으로 바라보는 태도를 지녀야 한다. 스스로 뭔가를 찾고 집중할 때까지 기다렸다가 집중하고 있을 때 긍정적인 말을 해 주는 것이 바로 현명한 부모의 자세다.

▣ 말의 힘

요즘 아이들이 쓰는 언어가 너무 상스러워 가끔 걱정될 때가 있다. 지나가는 중고생들의 대화의 반 이상이 욕, 은어, 비속어인 것을 들어 본 적이 있을 것이다. 아이들의 언어 속에 이런 거친 말이 많으면 사회가 거칠다는 증거다. 그래서 바른말 고운말의 사용이 중요한 것이다. 개그 프로그램에서 사용되는 유행어들도 걱정스럽기는 마찬가지다.

말에는 엄청난 힘이 있다. "말 한마디로 천 냥 빚을 갚는다"거나, "말이 씨앗이 된다"는 속담은 말의 힘이 얼마나 크고 무서운지를 깨닫게 해 준다. 가끔 아침부터 허둥대는 아이를 보고 "오늘 사고 치겠네"라는 말을 했다가 오후 늦게 아이가 정말로 다쳐서 와서 깜짝 놀란 경험이 있을 것이다. 누구나 크고 작은 일들이 말대로 되는 경험을 한두 번쯤은 했을 것이다.

내가 아는 어떤 지인은 마흔이 다 된 나이에 방송통신대 영문과를 진학했다. 보통 영문과는 입학생은 있으나 졸업생은 없다는 우스갯소리가 있을 정도로 졸업율이 낮다. 그만큼 어렵기도 하기 때문일 것이다. 그러나 그분은 입학하자마자 "나는 무조건 4년 만에 졸업할 거야!"라고 만나는 사람 모두에게 말했다. 4년 후 그분은 말처럼 50명의 입학 동기 중 단 두 명의 졸업생 중 한 명이 되었다고 했다. 또 이런 경우도 있다. 어떤 부모는 아이에게 항상 "부자 될 녀석아"라고 말했는데, 나중에 그 아이는 정말로 부자가 되었다고 한다.

이처럼 우리는 알게 모르게 생활에서 말의 에너지를 받으면서 살고 있다.

케네디는 부모의 토론 교육 덕분에 국민을 감동시키는 명연설로 40대의 젊은 나이로 미국의 대통령이 되었다. 또 마틴 루터 킹 목사는 흑인과 백인의 인종 차별을 없애는 위대한 연설을 했다. 킹 목사의 "나에게 꿈이 있습니다"라는 연설을 들었을 때 모든 흑인은 인종차별을 없애는 꿈을 함께 꾸었다. 그리고 함께 외쳤다. 결국 그들은 그의 힘이 넘치는 말에 흑인과 백인이 어깨를 나란히 하는 새로운 세상을 만들었다. 꿈을 이룬 것이다.

이처럼 말은 개인의 꿈을 실현하는 힘도 있지만 그 말이 전체로 퍼졌을 때에는 집단의 꿈을 실현하게 만드는 힘도 있다. 그리고 영원히 우리의 가슴 속에 살아 숨 쉰다.

■ 말에는 에너지가 있다

《물은 답을 알고 있다》라는 책에서는 우리가 물에 "사랑해, 감사합니다, ~해 주세요"라고 말을 하면 물은 예쁜 정육면체의 입자를 보이고, "망할 놈, 짜증나, ~하지 못해"라는 말을 하면 찌그러지고 보기 싫은 울퉁불퉁한 입자를 보인다고 했다. 그리고 이것을 실제 사진으로 증명했다.

이처럼 말에는 에너지가 있다. 어떤 기 치료사가 여러 가지 사물이나 언어에 대한 기를 그림으로 그려 놓았다. 소나무나 무궁화 같은 나무에서는 아주 맑고 둥그런 기가 그려졌다. 사랑이나 진심과 같은 말에도 춤추는 듯한 아름다운 그림이 그려졌다. 그러나 죽일 놈, 배신과 같은 말에는 삐쭉빼쭉 보기에도 혐오스런 기운이 감도는 그림이 그려졌다. 이처럼 말에는 에너지가 있다.

우리의 말에도 이런 에너지가 들어 있다. 욕을 들으면 기분이 나빠지고 칭찬을 들으면 기분이 좋아지는 것처럼 말이다. 과학자들이 실험을 한 결과 뇌는 폭력적인 언어를 들으면 경계신호를 보내고 굉장히 긴장하며 위축된다고 한다. 이것은 우리가 먼 옛날부터 자신을 보호하기 위한 생존본능에서부터 시작된 일이다. 생명에 위협을 느끼면 온 신경이 긴장되어 팽팽해지는 것을 느낄 수 있을 것이다. 이는 우리가 폭력적인 언어를 들으면 자동으로 경계 태세에 들어가는 이유다. 그러나 긍정적인 언어를 들으면 우리 뇌는 편안해진다. 아무런 위협을 느끼지 않을뿐더러 자신이 인정받고 있음에 부드러워진다. 뇌가 말랑말랑해져서 포용력이 생기고 융통성이 생긴다. 또한 새로운 아이디어가 번쩍 떠오른다.

그러므로 이왕 하는 말이라면 남도 살리고 자신도 살리는 긍정적인 말을 하자. 힘들 때 "아빠 힘내세요", "엄마 사랑해요"라는 한마디가 위로가 되고 힘이 되듯이 아이에게도 긍정적인 말을 사용해 보자. 그리고 꿈이 있다면 "나는 노벨상을 받을 거야", "나는 의사가 될 거야", "나는 의사다"라고 스스로에게 꿈을 실현할 수 있는 말을 되풀이해 보자. 말을 반복할 때마다 말의 힘으로 꿈이 쑥쑥 자라날 것이다. 또한 일도 척척 풀릴 것이다.

이처럼 말대로 되는 세상이기에 평소에 희망과 사랑이 가득찬 말을 해야 한다. 자신이 평소 사용하는 말들이 부정적인지 긍정적인지 한 번 생각해 보자. 부정적인 말을 많이 사용했다면 긍정적인 말로 바꾸도록 반드시 노력해야 한다.

▣ 집중력을 파괴하는 언어폭력

언어폭력은 어릴수록 내면에 큰 상처를 입힌다. 폭력적인 언어를 듣고 자란 아이는 자신감과 자아존중감이 사라진다. 자아존중감이 사라진 아이는 자신에 대한 자신이 없기 때문에 모든 일에 집중하지 못한다. 뭔가 새로운 도전을 한다는 것은 엄두도 내지 못한다. 그리고 이것이 나쁘게 발현되면 억제된 불만과 분노의 형태로 폭발한다. 심하면 사회에 대한 폭력으로 나타난다. 이것은 사회적 자원의 큰 손실이다.

하지만 언어폭력을 휘두르는 사람은 그 말에 상대방이 받을 상처를 생각하지 못한다. 단지 그냥 한마디 했을 뿐이라고 생각하기 쉽다. 그러나 언어폭력은 자신도 모르는 사이에 남에게 치명적인 상처를 남긴다. 인터넷 상에 올라온 악플에 정신과 치료를 받거나 우울증, 대인공포증, 공황장애 등이 생겼다는 연예인을 쉽게 볼 수 있다. 또한 악플의 충격 때문에 우울증을 앓다가 자살했다는 소식도 심심치 않게 들린다. 어쩌면 언어폭력이 신체적 폭력보다 우리 정신에 더 충격적인 상처를 남길 수도 있다. 학교당국에서는 폭력의 범위를 구타와 같은 신체적 폭력, 성 폭력뿐만 아니라 언어폭력까지도 포함하고 있다. 이만큼 언어폭력의 힘을 간과해서는 안 된다.

아이들에게 욕을 왜 하는지 그 이유에 대해 설문조사를 한 적이 있다. 아이들은 남이 하니까, 스트레스를 풀기 위해서, 남에게 무시당하지 않기 위해서, 남을 무시하고 비웃기 위해서라고 답했다. 과학자들은 욕을 들었을 때의 뇌의 충격을 영상으로 연구했다. 연구 결과 욕은 분노나 공포를 느끼게 하는 감정의 언어중추

언어폭력은
뇌에 큰 상처와 타격을 입힌다

에 4배 강한 충격을 주었다. 강한 욕을 듣는 순간 뇌는 고통을 받았고, 스스로 자신의 뇌에 상처를 입혔다. 또한 물에 욕을 하게 하자 갈색의 침전물이 생기고, 사랑한다는 말을 하면 붉은 색의 침전물이 생겼으며, 일반적인 말을 했을 때에는 무색으로 아무런 변화를 보이지 않았다는 연구 결과가 나왔다. 이 실험 결과는 남에게 욕을 듣거나, 자신이 욕을 하거나 뇌에는 똑같은 충격을 준다는 사실을 밝혔다. 그리고 뇌는 그 충격으로 굉장히 위축되어 쪼그라들어 활동하지 않는다는 것이다. 이렇게 뇌가 활동을 멈춰 버리면 어떻게 집중할 수 있겠는가! 공부를 해도, 무슨 일을 하더라도 그저 멍하니 아무런 생각도 나지 않을 테니 말이다.

집중력은 뇌가 충분한 휴식을 취한 후 정보를 받아들이기 위해 활성화되면서 발휘된다. 그러나 언어폭력으로 인한 공포와 불안으로 위축된 뇌가 활동을 멈춰 버리는데 어떻게 집중력이 발휘될 수 있겠는가! 집중력 향상을 위해서라도 긍정적인 언어, 아름다운 언어를 사용해야 한다. 특히 초·중·고등학생들의 욕과 폭력적인 언어 사용이 늘어가고, 인터넷을 타고 신종 욕과 폭력적인 언어가 급속도로 확산되고 있는 현실은 참으로 걱정스럽다. 우리 모두 언어 순화에 나설 때다.

■ 말, 얼마든지 긍정적으로 바꿀 수 있다

우리의 전두엽은 시상을 통해 들어오는 정보를 분석하고 종합해서 고도의 사고를 한다. 말을 할 때는 어떤 언어를 선택해서 말을 할 것인지도 판단한다. NLP(신경-언어프로그램)에서는 뇌 신경망에 우리가 사용하는 언어가 프로그램화되어 있어 프로그램화되어 있는 그 말이 그대로 평상시에 나타난다고 한다. 즉, 좋은 언어를 많이 받아들여야 좋은 언어가 나가기 쉽다는 뜻이다. 인간은 하루에 갖가지 생각을 하고 갖가지 말을 한다. 그러므로 우리 뇌에 어떤 언어들을 받아들여 프로그램화되어 있는지는 상당히 중요한 일이다. 부정적인 언어가 많이 내장되어 있으면 결국 부정적이 사람이 되고, 긍정적인 언어가 많이 내장되어 있으면 긍정적인 사람이 되는 것이다. 사용하는 언어가 부정적인 것이 많다면 빨리 긍정적인 언어로 바꾸는 프로그램 작업을 하는 것이 좋다.

당신이 평소 사용하는 언어가 부정적인지 긍정적인지 잘 모르겠다면 노트를 준비해 한 번 써 보도록 하라.

다음 언어 중에서 여러분이 평소에 말로 표현하는 언어는 몇 개나 되는지 체크해 보라. 그리고 다음의 단어들로 자신의 생각과 언어를 채워 보라. 자신도 밝아지고 긍정적인 말을 듣는 사람도 밝아져 세상이 환하게 될 것이다.

감사합니다 고맙습니다 사랑해요 덕분입니다 희망차요
믿어요 용기내세요 멋있어요 포근해요 성공하세요
즐거워요 아름다워요 존경합니다 재미있어요 축하합니다
똑똑해요 따뜻해요 행복해요
가치 있다 신뢰한다 성취한다 도전한다 승리한다
축복한다 지지한다 편안하다 기쁘다 온화해요 부드럽다
맑다 투명하다 진실하다 성실하다 부지런하다 편안하다
좋은 아침 우아하다 열정적이다 안녕하세요 반가워요
웃어요 친절해요 최고입니다

주전자도 장점이 있어요
+뇌의 활력비타민 칭찬+

우리 뇌에는 공부와 같은 지적 활동을 하는 지성의 뇌와 감정, 정서를 담당하는 감정의 뇌가 있다. 지성의 뇌와 감정의 뇌는 수많은 신경망으로 연결되어 있어서 서로 정보를 주고받으며 이성과 감성의 활동을 한다. 칭찬을 받아 감정의 뇌가 기쁨을 느끼면 신경망이 열리면서 지성의 뇌가 지적 활동을 활발하게 할 수 있도록 해 준다. 또한 칭찬을 받으면 뇌에서 도파민이라는 신경전달물질이 분비된다. 도파민이 분비되면 뇌 기능이 활발해서 집중력이 향상된다. 이처럼 칭찬은 뇌의 활력비타민인 것이다.

"칭찬은 고래도 춤추게 한다"라고 했다. 부모들은 어떻게 하면 아이를 칭찬해 줄 것이지 고심해 보아야 한다. 그리고 꼭 실천해야 한다. 우선 부모부터 아래 방법을 실천해 보길 권한다. 하나하나 차례대로 해 보고 아이에게 권하면 분명 기적 같은 일들이 일어날 것이다.

■ 주전자 장점 찾기

실제 주전자를 앞에 높고 30분 정도의 시간을 활용해서 주전자의 장점을 50개 정도 적어 보는 것이다. 오래전에 동사섭이란 프로그램에 참가했을 때 사용하던 방법이다. 처음에는 10개 적기도 어려울 것이다. 그동안 잘못된 것을 보고 지적하는 것이 일상이 되어 칭찬에 인색했다는 증거다. 또한 사물을 다양하게 보는 유연성과 융통성이 떨어졌을 수도 있다.

적다 보면 먼 옛날의 기억과 더불어 전혀 생각지도 못했던 많은 장점이 떠오를 것이다. 그러면서 우리 마음은 조금씩 풀려 나간다. 좋은 추억과 함께 입가에 미소가 지어진다. 또한 이때 우리의 뇌도 활성화되면서 전혀 생각지도 못하는 장점들이 쏟아져 나온다. 주전자의 장점이 이렇게 많은가 하고 놀라고, 자신이 그렇게 많은 것을 찾아냈다는 기쁨에 자신이 위대하게 느껴지기도 한다. 옛사람의 격물치지의 정신이 이런 걸까 하는 생각도 든다.

다 적었으면 주위의 다른 사물에도 적용해서 해 보면 좋다. 사물을 칭찬할 정도의 마음을 갖게 되면 세상이 달리 보일 것이다.

그런데 지금까지는 워밍업이었다. 이제 자신의 장점을 적도록 하겠다.

■ 자신의 장점 100가지 찾기

이제 본격적으로 30분 안에 자신의 장점을 100가지 적도록 하

자. 100개를 다 못 적는다면 자신을 되돌아보아야 한다. 사물인 주전자도 저렇게 많은 장점이 있는데 하물며 만물의 영장인 나의 장점이 100개가 안 되다니! 그만큼 자신에게도 인색했다는 것이다. 하지만 너무 슬퍼하지 말라. 지금부터 도움을 요청하면 된다. 적지 못한 개수만큼 아는 사람에게 카카오톡이나 문자를 보내 자신의 장점 1가지씩만 보내달라고 부탁하면 된다. 받게 되면 꼭 감사의 답장을 한다. 그리고 하루에 3번씩 자신의 100가지 장점을 소리 내어 읽어 보자.

실제로 엄청난 변화들이 일어날 것이다. 그리고 한 달에 100개씩 장점을 추가하자. 그렇게 하면 진정한 자신을 만나는 행운을 만날 것이다. 이렇게 계속하다 보면 어느 정도 시간이 지나 외부적인 장점은 끝난다. 하지만 자신의 내면을 명상으로 들여다보면 끊임없는 장점들이 계속해서 나온다.

해 보지 않은 사람은 이것의 장점을 느낄 수 없다. 자신이 못났다고 생각하는 사람에게는 무한의 자신감을 얻게 해 준다. 변화의 시작은 실천에 있다.

■ 아이의 장점 100가지 찾기

아이의 장점 찾기는 처음 시작하는 날 10개부터 시작하면 된다. 매일 10개씩 100일 동안 해 보자고 아이와 의논한 뒤, 엄마가 함께 해 보는 것도 좋다. 100일이면 1,000개의 장점이 생긴다. 아이가 잘 찾지 못하면 앞에서처럼 주위 친구나 친척들에게 도움을 요청하면 된다. 아이는 주변의 칭찬에 자신이 미처 생각지 못한 자신의 장점에 "아하" 하며 "나에게도 이런 장점이 있었네" 하고 느끼게 된다. 그러면 아이는 그 장점에 맞는 행동을 하려고 자신도 모르게 행동의 변화가 일어난다.

또한 친구들의 단점보다는 장점을 먼저 보게 된다. 아이가 엄마와 함께 하면 엄마가 생각하는 아이의 장점과 아이가 생각하는 자신의 장점이 다름을 알 수도 있다. 또한 엄마는 아이의, 아이는 엄마의 서로 다른 생각들을 알 수 있는 기회도 된다. 하다 보면 아이의 표정이 굉장히 밝아지고 긍정적인 모습으로 바뀌는 것을 느끼게 될 것이다. 엄마도 또한 처음에는 아이의 단점들이 먼저 생각나면서 '무슨 장점이 있다고그래' 하는 생각이 든다. 하지만 하다 보면 아이에게 이렇게 많은 장점이 있었는지 놀라게 되고, 아이가 사랑스럽게 느껴지기 시작한다. 그러다 아이의 존재 자체만으로도 감사하다는 것을 느끼게 될 것이다.

엄마는 아이의 장점 100가지를 큰 보드판에 보기 좋게 작성해서 아이의 방 잘 보이는 곳에 붙여 놓자. 그리고 장점을 칭찬해 보라. 칭찬 방법 중의 하나는 아이가 잘 때 동화책 읽듯이 읽어 주는 것이다. 그러면 아이는 기분 좋게 잠들 수 있다. 기분 좋게 잠들었기 때문에 꿈속에서도 행복하다. 이것은 숙면으로 이어지고, 아침에 몸도 마음도 가볍게 산뜻하게 일어나게 된다. 아이를 깨우느라

화를 내며 짜증을 내며 시작하는 아침과는 전혀 다른 아침을 맞게 될 것이다.

칭찬 방법 중의 다른 하나는 장점 중에 중요한 것을 찾아 항상 말로 표현하는 것이다. 예를 들어 아이의 장점 중에 특히 수학을 잘한다면, "수학 박사님 학교 다녀오세요", "수학 박사님 식사하세요", "수학 박사님 공부하실 시간입니다"라고 말해 보라.

그리고 칭찬 노트를 만들어 잘한 일을 하루에 한 개씩, 또는 한 달에 10개씩 계속 추가해서 적어 나가게 하자. 특히 자신감이 부족한 아이들과 함께 하면 좋다. 자신을 긍정적으로 바라보기 시작하기 때문에 자기 자신도 멋진 존재라는 자각을 하게 된다. 그러면 자신을 사랑하게 되고 남도 사랑하는 밝은 아이로 자라날 수 있을 것이다.

■ 부부간 장점 100가지 찾기

화목한 가정의 아이들이 크게 성공할 확률이 그렇지 않은 가정의 아이들보다 훨씬 높다. 부부 사이가 좋지 않으면 아이들은 정서적으로 매우 불안해진다. 부부의 불화를 견디지 못한 아이는 말로는 표현하지 못하지만 몸으로 표현한다. 이유도 없이 병이 나는 것이다. 좀 더 큰 아이들은 집 밖에서 방황하거나 공부를 하지 않아 성적이 떨어지게 된다.

결혼생활이 오래되다 보면 서로 간에 단점만 보이지 장점은 별로 보이지 않는다. 그래서 부부간에 서로의 장점을 100가지씩 적어서 생일이나 결혼기념일에 선물로 준다면 그날은 감동의 도가니가 될 것이다. 그 어떤 선물보다 값진 선물이 될 것이 확실하다. 아마 잊어버렸던 연애 시절의 감정이 다시 되살아날 것이다. 어른은 아이들보다 더 칭찬에 목말라 있는지 모른다. 사랑하는 사람에게서 받는 칭찬은 무한한 행복바이러스를 퍼뜨린다. 부부간의 장점을 찾아 적어 보자. 적다 보면 서로에게 더 가까이 다가갈 수 있게 된다. 또한 집안이 가화만사성을 넘어 천국으로 바뀔 수 있다. 더 나아가 부모 형제들의 장점도 적어서 보내 주면 기뻐할 것이다.

▣ 평소에 칭찬거리 찾기

일을 마치고 피곤하고 지친 몸을 이끌고 엄마는 집으로 돌아왔다. 숙제를 하고 있는 아이가 눈에 띈다. 그러나 피곤한 엄마는 "숙제하고 있었어!" 하고 그냥 방으로 들어가 버린다. 칭찬을 듣고 싶었던 아이는 실망한다. 옷을 갈아입고 나온 엄마에게 아이는 "엄마, 나 숙제하고 있었어" 하고 말한다. 칭찬을 듣고 싶다는 표시다. 그러나 엄마는 "응, 그랬어. 어서 다 끝내" 하고는 부엌으로 향한다. 아이는 다시 실망한다. 다시 책상에 앉았지만 공부를 하고 싶은 마음은 싹 사라진 뒤다.

그러나 엄마가 자신의 피곤함은 조금 뒤로 하고 숙제를 하고 있는 아이를 발견함과 동시에 "어이구, 우리 이쁜 OO이 스스로

숙제하고 있었네! 장하다, 혼자 숙제도 다 하고"라고 했다면 아이
는 방긋 미소를 짓는다. 엄마에게 칭찬을 받았기 때문에 자신이
자랑스러워지는 것이다. 엄마가 방으로 들어가며 "엄마, 옷 갈아
입고 나올게" 하면 아이는 망설임도 없이 "응"하고 대답한다. 이미
칭찬으로 자신의 노력이 인정받았기 때문에 더 열심히 하고자 하
는 욕구가 생기는 것이다. 엄마가 옷을 갈아입고 나와 부엌을 향
해도 아이는 더 열심히 숙제를 하며 책상에 앉아 있다.

이처럼 칭찬은 타이밍이다. 칭찬받기 위해 하는 행동에는 즉시
칭찬을 해 주어야 한다. 며칠 지나서 칭찬하면 아무 의미가 없다.
이미 아이의 마음은 상처를 받은 후이기 때문이다. 상처받은 아이
의 마음은 그것을 기억에 남겨 놓거나, 아니면 잊어버린다. 그래
서 더 이상 엄마에게 칭찬받으려고 노력하지 않는다.

자신의 일을 스스로 하는 아이로 만들려면 항상 귀와 눈을 열
고 칭찬거리를 찾을 만반의 준비를 하고 있어야 한다.

▣ 진심을 담아 칭찬하기

우리는 길거리를 지나가다 예쁜 아이를 보면 "어머, 귀여워
라!" 하고 한 번 만져 본다. 아는 아이 같으면 깨물어 주고 싶거나
볼을 비벼 주고 싶을 것이다. 이것은 진심이다. 그러나 아이를 별
로 좋아하지 않는 사람은 그저 "예쁘네!"라고 한마디하고 지나가
버린다. 이것은 겉치레다.

우는 아이가 있다고 하자. 그러면 주변 사람들은 아이를 달래 준다. 그러나 아이는 자신을 달래 주는 사람이 자신을 좋아하는 사람인지 아닌지를 귀신처럼 안다고 한다. 자신을 진정으로 좋아하는 사람이 달래면 아이는 금방 울음을 그친다. 하지만 그렇지 않으면 아이는 울음을 그치지 않는다.

지적장애인조차도 사람들이 진정으로 자신을 대하는지 아닌지는 순식간에 느낄 수 있다고 한다. 이럴진대 부모가 하는 칭찬이라도 그것이 입에 발린 칭찬인지 진심에서 우러난 칭찬인지 아이들이 단박에 알게 되는 것은 당연하다. 그러므로 부모는 진심을 담아 아이에게 칭찬해야 한다. 그렇게 하려면 먼저 마음으로 아이의 행동이나 말에 공감해야 한다. 그런 뒤에 감탄처럼 칭찬이 나가야 하는 것이다. 아이는 완전한 사람이 아니라 성장하고 있는 중이다. 그러므로 완벽한 행동을 바란다면 칭찬하기는 어렵다. 아이가 어제보다 조금 나은 행동을 해도 바로 칭찬해 주어야 한다.

어제는 양말을 아무데나 벗어놓았는데 오늘은 빨래바구니에 담았다면 진심으로 칭찬해야 한다. 어제는 수학 문제를 3개 틀렸고 오늘은 2개 틀렸다면 그 노력을 칭찬해야 한다. 진심으로 기뻐해야 한다. 그렇지 않고 하나라도 틀린 것이 못마땅함에도 마지못해 칭찬했다면 그것은 오히려 독이 될 수 있다. 마지못해 건성으로 한 칭찬을 들은 아이는 순간적으로 깨닫게 된다. '엄마는 나의 노력은 인정하지 않고 결과만 보는구나. 이런 공부 하고 싶지도 않아'라고 생각하는 순간 공부할 마음은 사라져 버린다. 그것은 아이를 의기소침하게 만들고, 하고자 하는 욕구를 사라지게 한다.

칭찬을 하려면 진심으로 해야 한다. 진심을 담은 칭찬은 아이의 감정의 뇌를 자극한다. 감정의 뇌는 기억의 뇌와 연결되어 있다. 그리고 그 기쁨은 아이의 뇌에 완전히 기억된다. 우리의 뇌는 감정과 관련된 일은 아주 잘 기억한다. 아이의 뇌를 춤추게 하려면 진심을 담아 칭찬하라. 진심 어린 한마디 칭찬이 입에 발린 칭찬 열 마디 보다 더 값지다.

■ 칭찬의 방법

우리나라 사람은 칭찬에 많이 인색하다. 유교의 근엄한 기품 때문인지 모르지만 칭찬을 아끼는 것을 미덕으로 생각한다. 그래서 아이가 칭찬받을 행동을 했을 때에도 말을 하지 않는다. 그저 혼자 아이 몰래 빙그레 웃음을 지으며 흐뭇해할 뿐이다. 부모가 그렇게 행동했을 때 아이는 자신의 행동이 잘한 것인지 잘못한 것인지 알지 못한다. 결과적으로 같은 행동을 하지 않게 된다. 특히 예의범절이나 도덕개념들이 아직 덜 형성된 어린아이들일수록 치명적이다.

아파트 엘리베이터에 아이와 엄마가 탔다고 하자. 평소 안면이 있던 사이이긴 하지만 잘 알지 못하므로 엄마는 그냥 살며시 눈인사만 한다. 그러나 아이는 유치원에서 배운 대로 "안녕하세요"라고 인사를 한다. 상대편 아주머니도 "그래" 하고 대답하며 인사를 받아 줄 것이다. 엄마는 아이의 행동이 흐뭇하다. 그러나 다른 사람이 있으므로 아이에게 아무런 말을 하지 않았다. 그리고 엄마는 자신의 층에 도착하는 사이 그 사실을 잊어버렸다. 그래서 아이에게 그 행동에 대해 칭찬을 하지 않았다. 그렇다면 아이는 다음에 어떻게 행동을 할까?

반면, 아주머니가 내리고 엄마는 그 사실을 기억하고 아이에게 엉덩이를 두드리며 "아이 착해. 동네 아주머니에게 인사도 잘하고"라고 칭찬해 주었다고 하자. 그렇다면 아이의 다음 행동은 어떻게 변화할까?

아이가 어떻게 변화할지는 말하지 않아도 알 것이다. 그러므로 5~6세의 아이들에게 칭찬을 기분 좋게 하는 기술도 엄마들에게는 필요하다.

"곰같은 마누라보다는 여우같은 마누라가 낫다"는 말이 있지 않은가. 무뚝뚝한 어른보다는 말 많은 어른이 아이들에게는 낫다. 처음 칭찬하기가 어색하거나 쑥스러우면 조금 과장하면 된다. 아주 작은 것도 과장되게 칭찬하는 것이다. 배우고 익히면 누구나 프로가 될 수 있듯이 이렇게 하다 보면 자연스럽게 타이밍에 맞는 아주 멋있는 칭찬하는 기술을 터득하게 된다. 칭찬에 절대로 인색하지 말라.

■ 칭찬의 효과

한국 최고의 뇌 의학박사인 서유헌 교수는《엄마표 뇌교육》에서 낙관적 사고의 영향에 대해 다음과 같이 말한다.

낙관적 사고는 억제적인 신경전달물질계의 활성을 낮추고 흥분성 신경전달물질계의 활성은 높여 일의 추진력을 향상시킨다. 뿐만 아니라 임파구를 포함한 면역계의 활성도 높여 우리 몸을 각종 질병으로부터 방어할 수 있게 해 준다.

칭찬의 효과는 아이로 하여금 낙관적 사고, 즉 긍정적인 말과 생각을 하게 한다. 칭찬은 아이의 기분을 좋게 하고, 하는 일을 더 열심히 하게 만드는 것은 누구나 알고 있는 사실일 것이다. 이는 서유헌 교수가 말한 뇌의 변화와도 일치한다. 뿐만 아니라 칭찬을 받은 아이는 활기차고 생동감이 넘치는 것을 볼 수 있다. 이는 면역성을 높여 각종 질병으로부터 강하게 만들어 준다는 사실과 일치한다.

또 심리학과 교수인 정윤경 박사와 육아서 작가인 김윤정 씨가 쓴《내 아이를 망치는 위험한 칭찬》에서는 심리학자들이 밝힌 칭찬의 효과를 알려 준다.

칭찬은 자기 효능감을 높인다. 칭찬은 자기주도적인 아이로 만든다. 칭찬은 성취동기를 부추긴다. 칭찬은 자기 통제력을 키운다. 칭찬은 아이의 실제 능력을 향상시킨다. 칭찬은 대인관계를 개선한다. 칭찬은 아이에게 심리적으로 위안과 만족감을 준다.

칭찬은 이처럼 많은 긍정적인 결과를 가져온다. 뇌 과학에서 말하는 뇌 훈련, 즉 뉴로피드백 훈련은 뇌를 칭찬하는 것과 같다. 많은 뇌 훈련 중에서 뉴로하모니를 통한 뇌 훈련을 잠시 소개하겠다.

뉴로피드백 훈련은 시각과 청각을 통해 우리 뇌를 훈련시키는 것을 말한다. 뇌 훈련을 하게 되면 땡땡땡 하는 소리와 함께 프로그램의 스푼이 굽어지면서 점수가 올라가거나, 활을 쏘면 과녁 여기저기에 맞으며 점수가 올라가게 된다. 이때 나는 소리와 점수는 우리 뇌를 칭찬하는 것과 같다.

땡땡땡 소리가 저마다 훈련모드에 따라 다르고, 이완과 긴장 훈련을 할 때마다 다르나 이 소리는 뇌에 필요한 뇌파가 활성화되었다는 소리다. 그리고 스푼이 굽어지는 그림으로 보여 주며 점수가 올라가게 되는데 이 또한 마찬가지다.

이렇듯 시각과 청각으로써 동시에 활성화시켜주는 것은 우리 뇌가 정보를 인식하는 가장 빠른 방법이 시각과 청각이기 때문이다. 이때 우리 뇌는 소리나 표시들을 칭찬으로 알고 계속해서 스스로 각성을 하게 된다. 활성화된 상태를 잘 유지하면 땡땡땡 소리를 계속 내며 칭찬을 하여 활성화를 돕는다. 그러나 마음이 흐트러져 집중하지 못하면 소리는 나지 않게 된다. 칭찬하지 않는 것이다. 소리는 활성화된 상태만을 알려주며, 뇌에 이렇게 속삭이는 것이다. "이 상태가 너의 뇌를 활성화시키는 것이야. 이것은 좋은 상태라고. 내가 땡땡땡 소리로 칭찬을 해 주고 있잖아. 어서 이 상태를 만들어. 너의 뇌를 최적의 상태로 만들어"라고 속삭이며 땡땡땡 하는 것이다. 그러면 뇌는 계속 칭찬을 받고 싶어 그 상태를 유지하기 위해 스스로 활동하기 시작하고, 그 상태를 유지하기 위해 노력하는 것이다. 그렇게 되면 점수는 점점 올라가고 땡땡땡 소리는 많아지게 된다.

이렇듯 뇌 훈련은 시각과 청각을 통해 칭찬을 해 줌으로써 뇌 스스로 각성하도록 돕는다. 뇌 훈련은 자신의 뇌에 필요한 뇌파는 활성화하고, 불필요한 뇌파는 억제하는 훈련이다. 뇌의 가소성 덕

누구나
할 수 있는
집중력 향상법

분에 뇌는 최적의 상태로 변화를 일으킨다. 그러나 훈련을 멈추면 뇌는 다시 원래의 상태로 돌아간다. 파블로프 실험처럼 신경망이 두터워질 때까지 지속적인 뇌 훈련이 필요하다. 뇌 훈련은 조그만 칭찬에도 변화를 보이다가 칭찬을 하지 않으면 변화를 보이지 않는 아이와 같다. 그러므로 뇌 훈련은 꾸준히 해야 한다.

주위로부터 인정받고 칭찬받고자 하는 것은 인간의 욕구다. 칭찬을 못 받고 자란 아이는 나중에 욕구 불만을 강하게 나타낸다. 그리하여 폭력, 자포자기, 실패로 이어질 확률이 높다. 칭찬을 많이 받고 자라난 아이는 자신감이 높아지고, 자존감이 강화된다. 그래서 성공하기 쉽다. 그러므로 부모들은 아이에게 칭찬하는 것에 인색하지 말아야 한다. 칭찬을 잘하려면 아이에게 집중해야 한다. 아이와 자주 대화를 나누고 주의 깊게 관찰해야 한다. 건성으로 하는 칭찬이 아니라 진정성이 있는 칭찬이어야 한다. 칭찬도 중요하지만 한발 앞서 격려도 중요하다. 아이들이 실패했을 때 다시 일어설 수 있는 힘은 격려에 있기 때문이다.

칭찬과 격려를 적절히 사용한다면 우리 아이들은 훌륭한 인물로 자라날 것이다.

『탈무드처럼 질문하고 생각하기』

21세기 '경영학의 아버지'로 불리는 피터 드러커는 20세기의 리더들이 "지시하는 사람"이었다면 21세기의 리더는 "질문하는 사람"이라고 말한다. 또한 그는 경영의 노하우를 묻는 많은 사람에게 자신은 단지 사람들이 생각할 수 있도록 질문을 던진 것뿐이라고 대답했다.

21세기는 창조의 시대, 정보의 시대, 융합의 시대다. 창조, 올바른 정보, 융합을 위해선 올바른 질문이 있어야 한다. 아이들이 어릴 때 질문을 많이 하는 것은 호기심의 발로이고 인지의 기쁨을 만끽하는 것이다. 뇌는 질문을 할 때마다 사고하게 되고 신경망이 활성화되어 두뇌 개발이 이루어지고 집중력이 향상된다. 아이를 똑똑하게 키우려면 질문을 많이 하도록 유도해야 한다.

우리나라 교육은 질문보다는 지식 습득에 익숙하고, 정보를 암기하는 것에 치중되어 있다. 왜냐하면 모든 평가가 얼마나 많은 정보를 알고 있는지를 알아보는 방법으로 평가하기 때문이다. 그래서 우리의 아이들은 생각하기를 싫어하고 왜 그런지 질문하는 것도 싫어한다. 단지 주입식으로 습득한 지식을 외우는 데 급급하다.

이제 이런 교육은 더 이상 필요 없게 되었다. 넘쳐나는 각종 정보는 인터넷에서 잘 정리해서 언제든지 원하는 사람들에게 제공된다. 빨리 지식을 습득해도 어느 곳에서도 대우를 받기는 힘들다. 전문 분야에서도 3~4개월이면 새로운 지식이 나오므로 공부하지 않으면 따라갈 수가 없다. 질문하지 않는다면 새로운 정보를 알 수 없다. 새로운 정보와 다른 정보들을 융합해 새로운 창조물을 내놓기 위해서는 끊임없이 질문을 해야 한다.

그러므로 이제 교육 방법은 전면적으로 달라져야 한다. '생각하고 질문하기' 형태의 교육으로 하루빨리 바뀌어야 한다. 뇌도 발달하고, 집중력도 기르는 질문하기 공부법으로 당장 바꿔 보자.

■ 질문 잘하는 아이로 키우는 방법 1
질문을 많이 할 수 있는 집안 분위기를 만들자

《공부기술》의 저자 조승연은 이 책에서 자신의 유학 시절 있었던 재미난 에피소드를 소개했다.

조승연은 하루는 유대인 친구 집에 놀러갔다. 그런데 저녁 식사 시간에 조승연의 친구는 그의 아버지에게 질문을 했다. 아버지는 그 질문에 대답을 했고, 대답을 듣던 친구는 의문점을 다시 묻고,

대답을 하다 모르는 문제가 나오면 책을 뒤지고, 사전을 찾고 하면서 대화는 새벽 1시까지 이어졌다. 이 광경을 처음 접한 조승연은 깜짝 놀랐으나 친구는 그의 집에서는 자주 있는 일이어서 아무렇지도 않다고 말했다. 조승연은 이 일이 매우 인상 깊었다고 한다.

아이들이 어려서는 많은 질문을 하다가도 커갈수록 질문을 하지 않는 것이 우리나라의 현실이다. 학교에서 가르치는 주입식 교육도 문제지만 가정에서도 문제가 많다. 우리는 아직도 가부장적인 잔재들이 남아 아이가 상식을 벗어나는 질문을 하면 권위로 묵살해 버린다. 그렇게 되면 아이는 자신의 의견이 받아들여지지 않기 때문에 점점 체념하는 법을 자신도 모르게 배운다. 그러므로 질문 잘하는 아이로 키우기 위해서는 어떤 질문이라도 허용하는 분위기를 집에서부터 만들어야 한다. 집에서라도 많은 질문을 하고 부모는 그에 대한 대답을 해 주어야 한다. 모르면 함께 책을 찾아보는 수고까지도 아끼지 말아야 한다.

■ 질문 잘하는 아이로 키우는 방법 2
개방형 질문을 하자

전 세계 인구의 0.2퍼센트밖에 안 되는 유대인이 노벨상의 30퍼센트를 점유하고 있다는 사실은 매우 의미심장하다. 이것은 유대인들의 공부 방법 때문이라고 알려져 있다. 유대인은 학교에서 돌아오는 아이에게 엄마가 "오늘은 무얼 질문했니?"라고 물어본다고 한다. 우리나라 대부분의 엄마가 "선생님 말씀 잘 들었니?", "오늘 뭐 배웠어?"라고 물어보는 것과는 매우 다르다. 또한 랍비들은 탈무드를 가르치는 수업에서 부모들에게 다음과 같이 말한다. "아이에게 의문이 해결될 때까지 계속 질문을 해 아이의 생각에 충분한 자극을 주라."

유대인들의 '질문식 교육'이 사고하는 능력을 키워 많은 과학자와 성공인을 배출했다는 것은 이미 널리 알려진 사실이다. 랍비 게바르츠의 "때로는 질문이 답보다 중요하다"라는 말을 통해 유대인들이 질문을 얼마나 중요하게 생각하는지를 알 수 있다.

유대인의 교육을 통해 알 수 있듯이, 이제 우리나라 부모들도 질문하는 방법을 바꿔야 한다. "숙제 다 했니?"(책임을 다했느냐 다하지 못했느냐 하는 비난이 들어 있는 질문), "숙제 언제 다 하려고 그래?"(아직 끝내지 못했음을 책망하는 질문), "오늘 공부 뭐 배웠니?"(너무 범위가 넓은 질문), "친구랑 사이좋게 놀았어?"(평가하는 듯한 질문)라는 질문들은 '예, 아니오'로 대답할 수 있는 단답형 질문에 불과하다. 이런 질문을 받으면 아이는 자신의 행동에 대한 책임에 따른 비난이 이어질 수 있으므로 위축되어 버린다. 그렇기 때문에 조잘조잘 여러 가지 생각을 이야기하지 않게 된다. 그냥 '예, 아니오'로 대답하고 만다. 이런 질문보다는 깊은 생각을 유도하는 개방형 질문을 해야 한다.

개방형 질문이란 '예' 또는 '아니오'라는 답만 가능한 질문이 아니라

'어떻게', '왜', '무엇을'에 대해 물어보는 질문 방식이다.

"숙제는 다 했니?"라고 물어보는 대신 "숙제는 어떻게 되어가고 있니?", "숙제하다 어려운 점은 없었어?", "오늘 수학 시간엔 어땠어? 수업내용은 어땠어?", "친구하고 무얼 하고 놀았어?"라고 물어보는 것이다. 이런 개방적인 질문을 받는다면 아이는 조잘조잘 이야기보따리를 풀어놓게 된다. 이야기를 하다 보면 아이는 의문점을 다시 물어보기 마련이다. 이렇게 질문과 답을 하면서 아이는 가족과 소통하게 되고, 다른 사람과의 소통에서도 자신감을 갖게 된다.

질문에 대한 모든 것을 담고 있는 《질문 파워》라는 책에서는 개방형 질문의 특성을 다음과 같이 말한다.

1. 답을 찾기 위한 생각을 하도록 자극한다.
2. 듣는 사람의 호기심을 유발한다.
3. 문제를 수면 위로 끌어올려 가정이나 편견을 발견하도록 한다.
4. 초점이 명확하다.
5. 새로운 가능성을 볼 수 있는 시야를 갖게 한다.

이뿐만이 아니다. 아이는 질문에 대한 답을 찾기 위해 생각하게 되므로 주어진 문제를 해결하기 위해 엄청난 집중력을 보인다. 또한 부모가 관심을 갖고 있다고 생각하기 때문에 그 문제를 해결하기 위해 더욱 집중하게 된다. 문제 해결 과정에서 자신이 아는 부분과 모르는 부분이 나오면, 모르는 부분을 해결하기 위해 공부하기 때문에 더욱 열심히 공부한다. 그리고 해결했을 때는 큰 성취감을 맛보게 된다. 또한 성취감은 자신감으로 연결된다.

그러므로 부모들은 자신이 하는 말을 곰곰이 생각해 보아야 한다. 자신이 아이에게 '예' 또는 '아니오'로 대답할 수 있는 단답형 질문을 하고 있다면 '왜' '어떻게' '무엇을'에 대해 묻는 개방형 질문으로 바꿔야 한다.

질문 잘하는 아이로 키우고 싶다면 반드시 개방형 질문으로 질문하라.

▣ 질문 잘하는 아이로 키우는 방법 3
부모가 먼저 현명한 질문을 던져야 한다

질문을 잘하는 아이로 키우기 위해서는 먼저 부모가 현명한 질문을 던져야 한다. "왜 이리 잘하는 것이 하나도 없지?"라는 부정적인 질문은 아이를 못난이로 만든다. 반면, "나는 퍼즐 맞추기는 잘 못하지만, 블록 만들기는 잘해. 퍼즐을 잘 맞추려면 어떻게 해야 하지?"라는 긍정적인 질문은 아이를 성공의 방향으로 이끌어 간다.

이처럼 질문은 우리의 생각하는 방향을 결정하기 때문에 어떤 질문을 던지는지는 상당히 중요하다. 그것이 결국 인생의 방향을 결정할 수 있기 때문이다. 습관적으로 부정적인 질문만 던진다면, 우울해지고 자신감을 상실해서 불행해지게 된다. 그러나 긍정적인 질문을 던진다면, 자신감을 갖고 성공의 기쁨을 만끽하며 행복한 삶을 살게 된다. 부모들은 종종 화가 나서 아이에게 내뱉는 말이 자신의 부모가 자기에게 했던 말과 똑같다는 사실에 깜짝 놀랄 때가 있을 것이다. 이렇듯 부모가 어떤 질문을 하느냐에 따라 아이도 똑같은 방법으로 질문하게 된다. 아이는 부모의 모습을 그대로 따라가기 때문이다.

따라서 부모는 아이에게 현명한 질문을 해야 한다. 부모의 현명한 질문은 아이를 행복한 삶으로 이끌어 준다. 자녀 교육 상담가인 송진욱과 소아청소년 정신과 교수인 신민섭 박사가 쓴《아이의 재능을 찾아주는 부모의 질문법》이라는 책에 따르면, 아이를 행복하게 이끌기 위해서 부모는 다음과 같은 질문을 가슴 속에 항상 품고 있어야 한다고 조언한다.

* 아이가 좋아하는 것은 무엇인가?
* 아이가 이전에 비해 나아진 것은 무엇인가?
* 그 문제에 대해서는 너는 어떻게 생각하니?
* 어떻게 하면 내가 원하는 상태에 도달할 수 있을까?
* 지금 나는 어떤 감정을 느끼고 있나?
* 아이 입장에서 보면 어떨까?

* 오늘 아이에게 감사한 것 다섯 가지는 무엇인가?

아이가 잘하고 못하는 것이 무엇인지에 초점을 맞추기보다 아이가 좋아하는 것에 초점이 맞추어지면 부모는 아이를 비난하지 않게 된다. 더 나아가 아이의 재능을 발견할 수도 있다. 아이가 이전에 비해 나아진 것은 무엇인지에 초점을 맞추면 칭찬하기가 쉽다. 칭찬은 아이에게 성취감을 맛보게 해 주고, 성취감은 새로운 도전에 응할 수 있는 힘을 가져다준다. "너는 어떻게 생각하니?"라고 의견을 물으면 아이의 생각하는 힘이 길러진다. 그리고 알지 못하면 깊이 생각할 수 없으므로 학습에 대한 열정을 일으킬 수 있다.

문제에 부닥쳤을 때 어떻게 하면 원하는 상태에 도달할 수 있을까를 묻다 보면 문제해결력이 생기게 된다. 내가 원하는 상태에 도달하는 데 문제가 되는 것이 무엇인지 알아야 하고 그것을 해결해야 하기 때문이다. 또 부모가 '지금 나는 어떤 감정을 느끼고 있나?'라고 스스로에게 물음으로써 자신의 감정을 잘 파악하면 아이도 자신의 감정을 잘 파악하고 그 감정의 변화에 잘 대처하게 된다.

아이의 입장에서 보면 어떨까를 질문하게 되면 아이를 배려하는 마음이 생겨난다. 배려받는 아이는 남도 잘 배려한다. 행복한 아이로 키우기 위해서는 감사할 것을 찾는 질문을 하면 된다. 행복한 부모 밑에서 행복한 아이가 나온다.

이렇듯 부모는 위의 일곱 가지 질문을 잘 활용하면 행복한 가정을 만들 수 있다. 아이 또한 행복한 아이로 자랄 수 있을 것이다.

■ 질문 잘하는 아이로 키우는 방법 4

질문에는 답이 있다. 질문은 생각의 방향을 결정한다

질문이 우리에게 가져다주는 효과에 대해 쓴 김태광 작가의 《매일 아침 나를 변화시키는 하루 질문의 힘》이라는 책에서는 다음과 같이 말하고 있다.

질문을 하면 우리 뇌는 그 질문에 맞춰 정보를 파악하고, 그 정보를 정리해서 체계적으로 뇌에 입력하게 된다. 이런 과정은 뇌를 활성화시키고 자극해서 더 민첩하게 상황을 판단할 수 있게 만든다. 이렇게 사고력이 확장되면 평소 자주 보던 물건이나 풍경들도 낯설고 새롭게 다가오고, 모든 것이 아이디어의 원천이 된다. 당신에게 문득 새로운 아이디어가 떠올랐다면, 그 아이디어는 당신이 스스로에게 던진 질문으로부터 비롯된 것이다. 사소한 질문이 발상을 깨운다.

대부분의 사람이 별다른 생각 없이 일상적으로 하루를 보낸다. 마치 다람쥐가 쳇바퀴를 돌리듯이 아침에 일어나면 출근해서 일하고, 저녁이 되면 퇴근해서 들어와 잔다. 이렇게 매일매일 반복하며 살고 있다. 그러다 어느 순간 "내가 왜 이렇게 살고 있지?"라는 질문과 함께 삶에 에너지가 될 만한 것들을 찾기 시작한다. 그리하여 새로운 취미 활동을 한다든지, 건강을 위해 운동을 시작했던 경험을 한 번쯤을 갖고 있을 것이다.

이처럼 질문은 우리의 생각의 방향을 바꾼다. 그리고 새로운 일에 대한 도전을 가능하게 한다. 그러므로 만약 아이가 아무것도 하지 않는다면 부모는 아이에게 이렇게 질문해 보라. "공부하는 데 힘든 것이 있니? 뭐 어떤 문제가 있어? 엄마가 어떻게 도와줄 것은 없어?" 그리고 '왜 공부해야 하는가'에 대한 질문도 던져야 한다. '어떤 삶을 살고 싶은지'에 대해서도 물어보아야 한다. 설사 아이가 이러한 질문에 대해 대답을 하지 못하더라도 한 번씩은 물어보아야 한다. 그리고 생각할 시간을 주어야 한다. 그러면 아이는 생각하기 시작할 것이다. 그 답이 꼭 부모가 바라는 정답이 아니어도 괜찮다. 아무리 우스운 이야기라도 일단 경청하고 들어 주고 인정해 준다면 아이는 계속해서 생각하게 될 것이다.

스티브 잡스는 매일 일어나 거울을 보고 자신에게 다음과 같이 질문했다고 한다. "만약 내일 내가 죽는다면 오늘 무엇을 할 것인가?" 그런 다음 오늘 할 일에 대해 생각을 가다듬고 하루를 시작했다고 한다.

이처럼 질문 속에는 우리의 생각을 변화시킬 수 있는 힘이 내

재되어 있다.

　부모는 아이가 좋아하는 것이 무엇인지 세심하게 관찰해야 한다. 그리고 관심을 갖고 질문해야 한다. 그렇게 찾아 가다 보면 아이가 인생에 있어 집중할 대상을 찾을 수 있다. 십 대 때 우리가 집중할 대상만 찾아도 우리 삶은 얼마나 많은 변화를 일으킬지 알 수 없다. 집중할 대상을 찾게 되면 우리는 그것을 어떻게 더 잘할 수 있을지에 대해 질문을 던지고 해답을 찾으면 된다. 그 과정에서 아이는 저절로 질문하는 법을 터득해 자신의 삶에서 선택의 길에 섰을 때마다 지혜로운 질문과 지혜로운 답을 찾을 수 있을 것이다.

　이처럼 질문은 우리를 무한 창조의 세계로 인도하는 안내자 역할을 한다.

■ 질문 잘하는 아이로 키우는 방법 5
　질문 잘하는 부모가 질문 잘하는 아이로 키운다

　동기부여가이자 《질문의 7가지 힘》의 저자인 도로시 리즈는 이 책에서 부모가 자녀에게 질문하는 습관을 길러주기 위해 다음과 같이 할 것을 제안했다.

1. 진심으로 대답을 원하는 질문을 한다.

2. 아이에게 귀를 기울인다.

3. 아이의 대답을 칭찬해 준다.

4. 아이의 질문하는 능력을 살려 준다.

5. 시간을 갖고 신중하게 대답한다.

6. 모든 질문에는 목적이 있다는 것을 기억한다.

7. 아이가 왜 질문을 하는지 생각한다.

8. 다른 사람에게도 질문을 한다.

　　부모가 이처럼 자녀의 질문에 귀를 기울이고 질문에 응한다면 아이는 저절로 질문 잘하는 사람이 될 것이다. 아이의 질문하는 능력을 키워 주기 위해서는 부모가 질문을 할 때 선택적 질문을 해야 한다. 만약 아이가 그림을 그린다면 "크레파스를 사용할래? 싸인 펜을 사용할래?"라고 물어보라. 또 동화를 읽어 주면 많은 질문을 유도할 수 있다. "만약 네가 신데렐라라면 어떻겠니?", "만약 네가 왕자라면 어떻게 신데렐라의 신발을 찾을 수 있을까? 다른 방법은 없을까?"라고 이런저런 질문을 해 볼 수 있다.

　　엄마들은 아이에게 "엄마가 좋아? 아빠가 좋아?"라고 물어볼 때가 있다. 아이가 아빠보다 엄마를 더 좋아한다는 말이 듣고 싶다는 목적이 숨어 있다. 이와 마찬가지로 아이가 무언가를 물어볼 때도 그 질문 안에는 아이의 숨은 목적이 담겨 있다. 그러므로 부모는 그 질문의 목적이 무엇인지 깊이 생각하고 아이의 마음을 어루만져 줄 수 있어야 한다. 그리고 아이의 엉뚱한 질문에도 자상하게 대답해 줄 때 아이의 마음의 문은 열리고 질문하는 태도가 발전한다.

어떤 아이는 질문을 하면 화를 내는 경우가 있는데, 이것은 부모가 아이의 질문에 제대로 귀 기울이지 않고 쓸데없는 질문을 한다고 핀잔을 주었거나, 어리석은 질문을 했다고 비난했기 때문이다. 이런 경우 아이는 자신이 모르고 있다는 것을 창피한 일로 생각해 그것을 모면하기 위해 화를 내는 것이다. 그러므로 부모는 아이의 질문에 귀 기울여 듣고 잘 대답해 주어야 한다. 자신의 질문이 부모에게 모두 통용되고 자신이 존중받는다고 느끼면 아이는 다른 사람에게도 서슴없이 자신의 의견을 말하고 질문하게 된다. 자신이 모르는 것에 대해 질문하는 것을 당연시하는 것이다.

집중의 문 찾기
+집중할 대상 찾기+

집중을 하기 위해서는 집중할 대상을 찾아야 한다. 집중할 대상을 찾는다는 말은 넓은 의미로 꿈, 비전, 목표 등의 여러 가지 용어로 사용되지만 여기서는 폭을 좁혀 '집중의 문 찾기'라고 부르겠다.

이것은 "너는 커서 무엇이 될래?"라고 물으면, "대통령이요", "연예인이요" 등의 막연한 꿈을 이야기 하는 것이 아니다. 모든 열정과 에너지를 집중할 수 있는 구체적인 목표를 찾는 것이다. '집중의 문'이라는 것은 영화에 나오는 신비한 문처럼 그 문을 통과하면 놀라울 정도의 집중력이 발휘되는 지점을 말한다. 집중의 문을 발견하기 위해서는 먼저 집중할 대상을 찾아야 한다. 집중할 대상을 찾지 못하고 집중한다는 것은 결국 전혀 쓸모없는 일과 같다. 20년을 공부하고 아직도 집중의 문을 찾지 못하고 방황하는 사람을 우리 주위에서도 흔히 볼 수 있다. 그러므로 지금부터라도 아이에게 "공부 열심히 하라"는 소용없는 말 대신 집중할 무언가를 찾았는지 물어보고 살펴보자.

이런 상황을 가정해 보자. 승객들이 비행기를 탑승한다. 조종사는 수십 년 동안 비행기를 조종한 베테랑 조종사다. 드디어 비행기가 이륙하고 조종사가 안내 방송을 시작한다. "신사 숙녀 여러분, 오늘 이 비행기를 이용해 주셔서 감사합니다. 이 비행기는 방금 이곳을 이륙하여 어디로 갈지 모릅니다. 바람 부는 데로 잘 날아가도록 하겠습니다"라고 기내 방송을 했다면 탑승자들은 조종사에게 미쳤다고 할 것이다. 그리고 당장 비행기를 착륙시키라며 한바탕 난리를 칠 것이다.

하지만 잘 생각해 보라. 이런 웃기는 일들이 현재 우리 주위에 실제로 얼마나 많이 일어나고 있는가! 집중할 대상이 없는데 집중하라는 것은 바로 이러한 상황이다. 현재 대부분의 아이가 이런 상태에 놓여 있다. 부모들은 공부에만 집중하라고 강요하지만 아이들은 왜 공부에 집중해야 하는지 알지 못한다. 분위기가 그러니 공부는 해야 하는 것이라고 생각하지만 무슨 공부에 어떻게 집중해야 할지를 알지 못한다. 그러니 공부를 하긴 하지만 전혀 즐겁지 않고 지겨울 뿐이다. 하지만 인간은 자기가 하고자 하는 것을 발견하게 되면 눈빛이 달라진다. 옆에서 아무리 말려도 하려고 한다. 그리고 자신의 목표를 향해 매진한다. 결국 그것은 성공이란 찬란한 빛으로 자신의 삶을 비추어 준다.

그러므로 집중할 대상의 문을 찾아 열 때까지 부모나 주위에서 도와주어야 한다. 김연아처럼 빨리 찾을 수도 있고, 맥도날드를 창립한 레이 크록처럼 쉰 살이 넘어 찾을 수도 있다. 하지만 우리는 끊임없이 고민해야 한다. 계속해서 자신에게 자신이 정말 하고 싶은 일이 무엇인지 물어봐야 한다.

물론 유아들은 혼자서 할 수 없다. 그래서 부모가 현명하게 도와주어야 한다. 아이가 호기심이 넘쳐날 때 오감을 동원해 질문하는 것은 성공인이 되는 지름길이다. 우선 부모가 생각하고 질문하는 모습을 본보기로 보여 주는 것이 가장 좋다. 그리고 시간을 내어 아이에게 항상 물어보라. 아이가 당장 대답하지 못하더라도 끊임없이 물어보라. 아이의 삶 자체가 질문이라는 인식을 꼭 심어주어야 한다. 그러다 보면 아이는 자라면서 항상 질문을 하게 되고, 스스로 집중의 문을 찾을 수 있다.

《성공의 법칙》을 쓴 맥스웰 몰츠는 집중할 목표가 있으면 인간의 뇌는 목표를 향해 가는 미사일처럼 정확하게 찾아가도록 한다고 목표의 중요성을 이야기했다.

성공한 미용 업체 준오헤어의 강윤선 대표는 집이 가난해서 어쩔 수 없이 어린나이에 미용실에 취직을 했다. 그러나 미용일이 자신이 원하는 일은 아니었다. 하지만 미용에 집중하기로 마음을 먹고 최고가 되겠다는 정신으로 매진했다. 그러다 보니 손님들에게 미용을 하기 위해 태어난 사람이라는 칭찬을 수없이 들었다고 한다. 그래서 그녀는 미용일에서 집중의 문을 발견하게 되었다. 그 결과 준오헤어는 대한민국을 대표하는 미용실로 성장했고, 독서 경영을 도입해 직원들의 의식을 향상시키며 성장해 가고 있다.

강윤선 대표는 직원들에게 먼저 최고가 되겠다는 결심을 하라고 강조한다. 그리고 목표를 달성할 수 있도록 1일 계획으로 나누라고 말한다. 최고가 되겠다는 결심을 하고 나면 사람들은 내면의 변화를 가졌기 때문에 행동에 변화가 일어나기 시작한다. 달성하기 쉬운 1일 계획을 실천해 나가면 그 시작이 성공으로 가는 길이 된다고 말한다. 또 강윤선 대표는 인생의 방향을 나타내는 명확한 "목표를 가지라"고 말한다. 과녁이 없으면 활을 쏠 수 없듯이 목표 없는 사람은 성공할 수 없다는 확신이 있기 때문이다.

VCNC대표 박재욱은 몇 번의 우여곡절을 겪으며 아이템 찾기에 골몰하다 드디어 집중의 문을 찾게 되었다. 모바일을 이용해서 커플들을 연결시켜 주는 Between이란 서비스를 개발하게 된 것이다. Between 서비스는 커플어플리케이션으로 국내뿐 아니라 해외에서도 다운로드가 증가해 엄청난 성장세에 있다. 박재욱 대표는 Between 서비스에 집중했을 때를 다음과 같이 회고한다.

"토요일 저녁에도 12시 넘어서까지 일하는 것은 당연하고, 돈이 없어 초기에는 대부분 점심을 짜장면으로 때웠었죠. 거의 일주일에 110시간 이상씩 일을 한 것 같고, 언제나 제일 늦게 퇴근해서 건물 지하주차장의 셔터를 대부분 우리 팀이 내렸습니다. 아침에 출근하면 밤샘 작업을 하다 사무실에서 그냥 자고 있는 직원이 한두 명 있는 것은 다반사였죠. 새로운 버전을 런칭하기 전에는 거의 모두 밤샘 작업을 했던 기억이 납니다."

이처럼 집중의 문을 찾으면 자동적으로 집중이 된다. 의욕이 살아나서 먹지 못해도, 잠을 자지 못해도 마냥 즐거운 것이다. 내면의 잠재력은 꿈틀꿈틀 의식 밖으로 나오고, 뇌는 활용 가능한 모든 부분을 개방하고 명령을 기다리는 것이다.

그럼, 어떻게 집중의 문을 찾아 줄 것인가?

■ 집중의 문 찾는 법 1
변화에 집중하라

무조건 열심히 하는 것은 바람직하지 못하다. 현재 우리나라의 교육정책의 변화를 관심을 갖고 살펴볼 필요가 있다.

입시제도가 해마다 바뀌고 일관성이 전혀 없다. 학부모들은 너무 자주 바뀌는 정책에 불만이 많고, 현역에 있는 선생님들도 어떻게 대처해야 할지 갈팡질팡한다. 공부를 하고 있는 학생들도 뭔가 확실한 것이 없으니 불안하기는 마찬가지다. 하지만 교육정책은 사회의 변화에 발맞추어 국민에게 적합한 교육을 해야 하기에 사회의 변화에 맞춰 교육정책이 바뀌어 가는 것은 당연하다.

사회에서는 창의적인 인간을 원하는데 교육은 변화하지 않고 일제 강점기의 주입식, 암기식 교육으로만 남아 있다면 말이 되겠는가? 지금의 과도기는 교육정책이 선진화를 이루어 가는 과정이라고 긍정적으로 받아들여야 한다. 과거 학력고사 시절에는 무조건 성적순으로 대학에 입학했다. 재능이 있든 없든 성적이 되지 않으면 어떤 대학도 갈 수 없었다. 하지만 지금은 입학 사정관 제도가 도입되고, 수시입학이 폭넓게 수용되면서 조금씩 개인의 적성과 능력이 반영되고 있다. 또한 교육부는 중학교 시절 자신의 재능을 발굴할 수 있는 학기제도를 도입하겠다고 했고, 사고력을 개발하는 쪽으로 교과가 점차적으로 개편되고 있다.

사실 아이들은 이런 교육제도의 변화에 대해 별다른 반응을 보이지 않는다. 그런데 학부모들은 거세게 반발하며 부정적인 시각으로 바라본다. 하지만 이런 변화를 위한 시도들을 빨리 파악하고 학부모들부터 생각을 긍정적으로 바꾸어야 한다. 그렇게 해야 아이들의 집중의 문을 찾는 길이 더 빨리 열릴 수 있다.

또한 삼성과 애플의 특허 분쟁에서 보듯이 이제는 원천기술이나 특허를 보유하지 않으면 기업의 생명이 끝나는 경우가 많다. 예전에 크게 성장한 대기업은 3대를 간다고 했지만 지금은 30년이 가기도 힘들다고 한다. 그래서 기업체에서 사원을 선발하는 방법도 예전과는 많이 달라졌다. 기업에서는 공부를 잘하는 아이들보다는 뭔가 남다른 생각을 가진 창의적인 인재를 원한다. 이젠 스펙이 더 이상 입사를 위한 절대적 조건이 아니다.

사회는 이처럼 크게 변화하고 있다. 그래서 아이들이 공부에 대한 집중의 문을 찾을 때는 먼저 사회가 필요로 하는 인재상이 어떤 것인지 파악하고 거기에 자신의 강점을 더해야 한다.

▣ 집중의 문 찾는 법 2
관찰하기

학부모는 아이가 어릴 때부터 집중의 문을 찾아주기 위해 세심하게 아이를 관찰할 필요가 있다. 아이들은 호기심이 매우 많다. 장난감도 새것을 보면 무조건 사달라고 부모를 조른다. 이때 부모는 또 사달라고 한다고 짜증을 내거나 나무라지 말고, 사려고 하는 이유를 물어보는 것이 좋다. 왜 사달라고 하는지 질문해서 아이의 뇌에 자극을 주는 기회로 삼아 보라. 요즘은 물질적으로 풍족하다 보니 아이들이 원하면 부모는 아이에게 그것을 갖고 싶은 이유를 물어보지 않고 그냥 사 주는 경우가 많다. 그렇게 되면 아이의 호기심은 발전할 수 없다. 장난감 하나를 갖고도 아이와 끊임없이 질문하고 대화해야 된다. 유산을 물려주지 않는 것도 중요하지만 자기가 갖고 싶어 하는 것도 왜 가지려고 하는지 이유를 물어보고 대답을 들어야 한다. 이런 작은 과정들이 호기심을 발달시켜 집중의 문을 찾는 지름길이 될 수 있다.

또 아이가 관심 있는 책은 몇 번이나 다시 읽어 달라고 떼를 쓸 때도 있다. 이럴 때 부모는 절대로 귀찮아하지 말고 관심을 갖고 살펴봐야 한다. 부모는 읽어 주면서 어떤 부분이 그렇게 재미

있었는지 들어 보고 격려와 칭찬을 아끼지 말아야 한다. 또 주의해야 할 점은 아이에게 책을 권하고 싶으면 통째로 전집으로 사주지 말고 큰 서점에 가서 아이가 직접 만져 보고 선택할 수 있는 기회를 주라. 이를 통해 아이의 선호도를 조금씩 파악할 수 있고, 더 나아가 집중의 문도 찾을 수 있다.

또한 어릴 때부터 이곳저곳 데리고 다니면서 견문을 넓혀 주면 좋다. 관광보다는 사전에 부모가 조사하고 직접 탐방해서 자세히 설명해 주고 체험하게 하면 집중할 수 있는 문을 찾는 데 크게 도움이 된다. 최근에 많은 대안학교가 생겨나고 있는데 학교에서 적응을 잘하지 못하는 학생들에게 스스로 집중의 문을 찾을 수 있는 기회를 만들어 주는 것은 상당히 바람직한 일이다.

공정여행 가이드북인 《희망을 여행하라》에서는 아이들에게 여행자와 여행대상국의 국민이 평등한 관계를 맺는 여행인 공정여행을 추천한다. 단순한 관광여행이 아니라 아이들이 스스로 여행계획을 작성하고, 의미 있는 공정여행을 하다 보면 스스로 인생의 목표를 설계하고 진취적인 삶을 살아가게 된다고 말한다.

■ 집중의 문 찾는 법 3
스스로 찾는 환경 만들어 주기

'세상에 공짜는 없다'는 사실을 아는 것은 만고의 진리를 스스로 터득하는 과정이다. 우선 아이들에게 그냥 주는 용돈을 없애야 한다. 그리고 아이가 원하는 작은 목표를 정하고 용돈을 모으게 하는 것이다. 그것이 사고 싶은 학용품이든, 먹고 싶은 것이든, 가고 싶은 곳이든, 기부든 간에 상관없다. 용돈을 받을 수 있는 조건을 아이와 의견을 나누면서 절충하고 문서로 작성해서 아이에게 주어 집의 잘 보이는 곳에 붙이게 하라. 물론 실행 후 문제점이 생기면 1년에 한두 번 수정할 수 있다는 조건도 넣어 두면 좋다.

이것은 아이 스스로 노력해서 받은 용돈으로 자기가 하고 싶은 것을 해결함으로써 성취감도 느끼고 집중의 문도 찾을 수 있는 좋은 기회가 된다. 예를 들어 아빠 구두를 닦으면 500원, 설거지를 하면 500원, 심부름을 하면 1,000원, 책 읽고 독후감을 쓰면 1,000원 등등의 목록을 만들어서 아이가 실행했을 때는 칭찬과 더불어 아이의 통장에 돈을 넣어 주는 것이다. 아이의 연령에 맞게 금액을 조정하고 부모가 판단해서 큰 성과가 있을 경우에는 보너스를 주어도 좋다. 한편으로 어려서부터 너무 돈에 얽매인 삶을 강요하는 것은 심하지 않느냐고 말할 수도 있겠지만, 선진국일수록 아이들에게 경제교육은 엄격하게 한다.

어느 목사님에게 들은 이야기를 하나 하겠다. 네덜란드에서는 초등학생 때부터 벼룩시장을 열 개 만들어 부모와 지역주민이 참여해 경제 개념을 익히도록 도와준다고 한다. 그래서 목사님도 교회의 아이들을 모아서 벼룩시장을 열었다. 한번은 목사님이 중학생 아이들을 대상으로 해 여름 방학 동안 필리핀 어학연수를 가기 위한 경비를 1년 전부터 모으게 했다. 이 과정에서 아이들은 활력이 넘치고 생활의 집중력도 높아졌다고 한다. 또한 자신들이 직접 경비를 모아서 필리핀에 갔기 때문에 그곳에서 공부하는 자세도 다른 아이들과는 사뭇 달랐다고 한다.

《해리 포터》시리즈의 작가 조앤 롤링은 회사에서도 해고되어 집세도 내지 못하고 제대로 먹지도 못하는 가운데 오로지《해리 포터》의 집필에만 전념했다. 그녀는 자신의 처지에 대해서는 전혀 생각하지 않고, 오직 참담한 현실을 벗어나기 위해서 해리 포터 이야기를 써서 히트하겠다는 목표에만 집중했다. 그리고 이 책을 통해 자신이 작가로서 인정받는 모습만을 상상했다. 결국 그녀는 세계적인 작가로 성공했고,《해리 포터》는 전 세계 모든 사람의 사랑을 받는 소설이 되었다.

세계적인 부호 로스차일드 가문은 독일의 유태인 게토에서 생활하는 가난한 유대인 집안이었다. 1700년대 당시 독일 유대인들은 노예보다도 더 천대를 받는 신세였다. 그러나 로스차일드는 지독한 가난에서 벗어나 대접받는 궁정대리인으로서 금융업자가 되고 싶어 했다. 궁정대리인은 그 시대의 유대인이 될 수 있는 가장 높은 직위였다. 불우한 처지에서 벗어나 인간적인 대접을 받고 싶다는 간절한 욕망이 그로 하여금 금융업에 뛰어들게 했고, 형제들과 자식들에게 이어져 수많은 고비를 겪기는 했지만 현재까지 이어져 로스차일드 가문은 세계적인 금융업자로 군림하고 있다.

조앤 롤링과 로스차일드의 공통점은 현재의 상황에 불평하고 불안해하기보다 더 나은 미래를 간절히 원하고, 원한 만큼 그렸다는 것이다. 현재의 상황을 벗어나고자 하는 간절함과 절박감이 크면 클수록 집중의 문은 쉽게 찾을 수 있다.

이처럼 스스로 목표를 정하고 집중하면 열정이 샘솟아 뇌에서는 많은 도파민이 분비된다. 아이에게는 이때 미래에 집중할 목표를 세우게 하라. 그리고 그 미래의 상황을 구상해서 명함을 미리

집중의 문은 스스로 찾고 노력할때
성공으로 안내한다.

만들도록 해 보라. 아이의 진지함이 담긴 명함은 아이의 인생에 나침반 역할을 할 것이다.

아이가 스스로 만들어 가는 인생은 흥미진진하고 자신의 목표에 집중하는 효율 높은 삶이 될 것이다.

■ 집중의 문 찾는 법 4

독서하기

우리는 어릴 때부터 자신이 어느 분야에 재능이 있는지 알고 싶어 한다. 빨리 재능을 키워 성공한 사람이 되고 싶기 때문이다. 그러나 자신의 재능을 찾아내는 사람은 그리 많지 않다. 나이가 50이 넘어서도 자신의 재능이 무엇인지 알지 못하는 사람이 대부분이다. 그래서 많은 부모가 아이가 어릴 때부터 재능을 찾아주려고 노력한다.

"백번 듣는 것보다 한 번 보는 것이 낫다"는 말이 있듯이 어릴 때 많은 경험을 시켜주는 것이 재능을 찾아 주는 데 무엇보다 도움이 된다. 그러나 실제로 경험을 해 보는 것도 한계가 있다. 한 사람이 모든 것을 경험한다는 것은 불가능하다. 그래서 독서는 매우 중요하다. 독서를 통해 다양한 사람의 경험을 간접적으로 경험해 볼 수 있기 때문이다. 책 속에는 온갖 분야의 사람들 이야기가 담겨 있다. 의사, 학자, 과학자, 예술가, 사장, 기자 등등. 또한 식물, 동물, 우주, 컴퓨터, 똥, 화석, 사회, 회사, 봉사, 인권, 공정무역

등등 자신이 직접 경험해 보지 못한 다양한 세계가 담겨 있다.

다양한 분야의 다양한 책을 통해 우리는 자신이 어떤 부분에 흥미를 느끼는지 알아볼 수 있다. 자신이 관심이 있는 부분에 대해서는 자신도 모르게 그 분야의 책에 손이 가게 된다. 그러면 자연히 자신이 어떤 부분에 관심이 있고, 흥미를 느끼는지 알게 된다. 그것이 바로 자신의 재능과 직결될 가능성이 가장 크다. 그렇기 때문에 자신의 집중의 문을 독서를 통해서 찾을 수 있다.

책은 평생을 걸쳐 읽어야 하지만 어릴 때는 자신의 집중의 문을 찾기 위해 다양한 분야의 책을 두루 읽어야 한다. 그리고 대학을 가면 자신의 전문 분야의 책을 집중해서 읽어야 한다. 자신의 전공 분야의 책을 어느 정도 읽었다면 관련 분야로 점점 범위를 확대해 나가 읽어야 한다. 그렇게 범위를 확대해 나가다 보면 자신도 모르게 여러 분야를 통합해서 바라보는 안목이 생기게 된다. 여기서 융합에 의한 새로운 아이디어들이 생겨나기 시작하는 것이다. 우리나라 최고의 광고 카피라이터인 박웅현은 인문학 박사 수준의 책을 읽는다. 책을 통한 융합적인 지식이 그의 창작의 밑거름인 것이다.

어릴 때는 편식하지 않고 다양한 책을 접하게 하는 것이 집중의 문을 찾는 데 도움이 된다. 책을 읽는 것이 즐겁다는 생각을 갖고 심심하면 스스로 책을 찾아 읽는 수준에 오를 때까지는 부모가 도와주어야 한다. 또한 함께 읽고 함께 이야기를 나누는 환경을 조성해야 한다.

■ 집중의 문 찾는 법 5
강점과 장점을 찾아라

사람들은 일반적으로 성공하기 위해서 자신의 약점을 찾아 고치는 데 집중한다. 그러나 여기에는 함정이 있다. 약점을 장점으로 고치기 위해서는 엄청난 노력이 필요하다. 그래서 쉽게 지치고 결국 약점도 고치지 못하게 된다. 그러면 좌절하고 자신감을 상실하고 만다.

그래서 성공을 위해서는 오히려 자신의 장점을 찾아 더 키워야 한다. 그런데 많은 부모가 아이의 장점을 찾기보다 약점을 찾아서 질책한다. 물론 여기에는 더 나은 사람이 되라는 부모의 안타까운 마음이 담겨 있다. 하지만 문제는 질책으로 인해 아이가 더 나아지는 것이 아니라 더 삐뚤어지기 쉽다는 것이다.

아이들은 부모의 작은 칭찬에도 금방 태도가 바뀌기 마련이다. 바로 여기에 정답이 있다. 아이의 장점을 찾아 칭찬하는 것이다. 아이의 장점을 찾아 계속 칭찬하다 보면 아이는 자신이 그 분야에서 잘하는 것으로 생각하고 자신감이 넘치게 된다. 그러면 그것은 그 아이의 장점을 넘어 강점이 된다. 강점이 된 분야가 바로 아이의 집중의 문이 될 수 있다. 누구보다 뛰어난 분야이기 때문이다.

그러나 부모의 강요에 의해 찾는 집중의 문은 효율성이 떨어진다. 한 전교 1등을 하는 고등학생이 있었다. 그 학생은 해양대학에 입학해 항해사가 되는 것이 꿈이었는데, 부모는 의사나 판사가 되라고 강요했다. 그래서 결국 그 학생은 의대에 입학했다. 그러나 수술실에서 피를 보고 도저히 극복하지 못해 의대를 접었다. 이런 사례는 무수히 많다. 그러므로 부모는 세심한 관찰을 통해 아이의 강점을 찾아내야 한다. 그리고 아이가 스스로 자신의 강점을 발전시킬 수 있도록 도와주어야 한다.

그러나 대부분의 부모는 아이의 강점을 공부에서 찾으려고 발버둥 친다. 우리나라에서는 좋은 대학에 가고 좋은 회사에 취직하기 위해서는 공부를 잘해야 한다. 그래서 대부분이 인생을 잘 살기 위해서는 오직 공부만 잘하면 된다고 착각한다. 하지만 그것은 강점이 될 수 있는 한 분야일 뿐이다. 아이의 강점을 찾으려면 하버드 대학 가드너 박사의 다중지능을 참고하면 도움이 된다.

가드너 박사는 인간의 강점을 나타내는 지능을 다음과 같이 나누었다.

1. 언어 지능
2. 음악 지능
3. 논리수학 지능
4. 공간 지능
5. 신체 운동 지능

6. 인간 친화 지능

7. 자기 성찰 지능

8. 자연 친화 지능

9. 실존 지능

소위 공부를 잘하는 강점은 3번의 논리수학 지능에 해당한다. 이처럼 다양한 지능을 가진 인간을 오직 한 가지 논리수학 지능만으로 판단하고 있는 것이 우리의 현실이다.

만약 아이가 말로 표현을 잘하고, 이야기를 재미나게 한다면 그 아이는 언어 지능에 강점을 갖고 있는 것이다. 이 아이는 타고난 이야기꾼이니 아나운서나 성우, 강연가 등이 되면 자신의 재능을 발휘할 수 있다. 김연아 선수 같은 사람은 신체운동 지능이 강점이다. 조수미나 정경화 같은 사람은 음악 지능이 강점인 사람들이다. 달라이 라마나 법정 스님 같은 분들은 자기 성찰 지능이 강점인 사람들이다. 이처럼 사람들의 강점은 각각 다양하게 나타난다.

그러므로 공부에만 매달리는 것은 아이의 강점을 무시하는 것이나 마찬가지다. 물론 아이가 공부에 재능을 가졌을 수도 있지만, 아니라면 어떤 분야에 강점을 갖고 있는지 파악해 그 부분을 키워주고 이끌어 주어야 한다. 그것이 바로 성공으로 이끄는 길이다.

선택했으면 집중하라

지금까지 아이가 스스로 집중할 문을 찾는 방법을 살펴보았다. 이런 방법을 통해 아이가 관심과 흥미를 갖는 부분을 발견했다면 그 분야에 집중할 수 있는 기회를 더 많이 주는 것이 바람직하다. 우선 주위에서 칭찬으로 분위기를 띄우는 것이 중요하다. 부모나 선생님의 긍정적인 칭찬은 평생 아이의 뇌리에 각인될 수 있다.

대한민국 웃음 전도사 이요셉은 학창 시절 선생님께 "그놈 웃음소리 참 호탕하네"라는 말을 들었다고 한다. 젊은 시절 그는 상당히 내성적인 성격에 외모도 키가 작고 왜소해 바깥 활동을 거의 하지 않았다. 그런데 어느 날 학창 시절 선생님 말씀이 갑자기 떠오르며 웃음에 관심을 갖게 되었고, 결국 집중과 노력을 통해 대한민국 웃음 전도사가 되었다. 지금은 많은 사람에게 웃음을 전파함으로써 사람들의 병든 마음과 우울한 마음을 치유해 주고 있다.

세계적인 바이올리니스트 정경화는 어릴 때부터 엄마가 피아노를 배우게 했다. 그러나 그녀는 피아노에 별로 흥미가 없었다. 한번은 피아노 레슨을 기다리다 곁에 있던 바이올린을 보고 흥미를 느끼게 되었는데, 연주를 듣고는 완전히 매료되어 바이올린을 사 달라고 떼를 썼다. 바이올린을 사 주자 그녀가 스스로 몇 시간씩 연습하는 모습을 보고 정경화의 엄마는 피아노를 포기하고 대신 바이올린을 배우게 했다. 그 후로는 정경화에게 오직 바이올린에만 집중하도록 했는데 심지어 그녀는 어깨와 턱에 마비가 올 정도로 집중했다. 결국 정경화는 세계적인 바이올리니스트가 되었다.

이처럼 아이의 집중의 문을 찾았다면 거기에 집중해야 한다. 우선 말로 집중력을 높여야 한다. 예를 들어 아이가 곤충에 큰 흥미를 느끼면 "곤충박사님"과 같은 말을 자주해 집중력을 높일 필요가 있다. 만약 아이의 집중의 문을 찾았음에도 공부에만 몰입한다면 아이는 산만해질 수밖에 없다. 만약 정경화가 성적을 위해서 바이올린 연습은 한 시간만 하고 나머지는 공부에 전념했다면 오늘날 정경화가 나올 수 있었을까? 답은 말할 필요도 없을 것이다. 그러므로 중요한 것은 집중의 문을 일단 선택했다면 거기에 모든 시간과 노력을 기울여야 한다. 자신이 좋아하는 일이므로 어떤 어려움이 닥쳐도 이겨낼 힘이 이미 존재하기 때문이다.

집중의 문을 찾아 선택했다면 남은 일은 거기에 집중하는 것뿐이다.

도전과 응전
+자극과 마감 시한+

불가능을 가능하게 하는 것이 바로 집중력이다. 2002년 월드컵에서 우리나라 축구는 기적을 이루었다. 그 누구도 예상하지 못했고, 우리나라 국민조차 기대하지 못했던 기적이었다. 월드컵 16강에도 오르기 힘들 것이라고 했던 나라가 4강 신화를 이룬 것이다. 당시 8강에 들었을 때 히딩크 감독의 "아직도 우리는 배고프다"라는 말은 지금도 회자되는 유명한 말이다.

어떻게 이런 기적을 만들어 낼 수 있었던 것일까? 우리나라 선수들은 히딩크 감독에게서 축구에 집중하는 방법을 터득했다. 그리고 불가능을 가능으로 만든 기적의 체험이 선수들과 온 국민을 하나에 집중하게 했다. 불가능을 가능으로 만든 기적의 집중력을 맛봄으로써 또 다른 기적을 위해 우리 국민 모두가 집중했던 것이다. 월드컵 4강 신화는 우리 선수들의 우승을 향한 놀라운 집중력뿐만 아니라 우리 국민의 단결된 응원의 집중력을 세계에 보여 주었다.

부족하고 모자람에 감사한 적이 있는가? 우리는 부족하고 모자람에 감사해야 한다. 왜냐하면 부족하고 모자라고 상황이 악조건일수록 우리의 집중력은 더욱 강해지기 때문이다. 이순신 장군의 해전은 세계 역사상 유례를 찾아볼 수 없는 승전이었다. 세계 어느 해전도 그렇게 적은 함대로 그렇게 많은 함대를 쳐부수고 승리한 것은 없다. 그럼, 이순신 장군의 승리의 비법은 무엇인가?

우리나라 수군은 왜군보다 모든 면에서 부족했다. 제대로 된 군인도, 함대도, 군수품도 어느 것 하나 제대로 마련된 것이 없었다. 이순신 장군은 이러한 우리 수군의 열세를 너무나 잘 알고 있어서 '어떻게 하면 적을 이길 수 있는가'에만 집중했다. 그래서 해군사상 유례없는 학익진이라는 새로운 전술을 펼쳤고, 세계 최초의 철갑선인 거북선을 만들었다. 또한 우리나라 해류의 특성을 파악해 이용했다. 그리고 목숨을 건 집중력을 나타내는 말을 했다. "살고자 하는 자 죽을 것이고, 죽기를 각오한 자 살 것이다." 이런 강력한 정신의 집중으로 비록 수적으로는 불리했지만, 모든 해전에서 승리를 거둘 수 있었다.

이런 결과를 얻을 수 있었던 비결은 오직 승리를 위한 일에 두뇌를 집중해서 총 가동했기 때문이다. 호랑이 굴에 들어가도 정신만 차리면 살아날 수 있다는 말이 있듯이, 위태롭고 위급한 상황일수록 살아남기 위해 집중력은 빛을 발한다.

누구나
할 수 있는
집중력 향상법

전쟁 특파원 기자 출신의 작가 권기태가 쓴 《일분 후의 삶》에는 빛나는 집중력을 발휘해 살아남은 12명의 사례가 소개되어 있다. 그들 모두 죽음의 순간에 오직 살아남아야겠다는 생각에만 집중했기에 목숨을 건질 수 있었다. 그 뒤로 그들은 삶에 감사하며 어떤 어려움이 닥쳐도 이겨낼 수 있다고 한다. 죽음 직전까지 가서 살아남았기에 그들은 온몸으로 집중하면 이겨낼 수 있다는 사실을 체득했기 때문이다.

맨손으로 시작해 현대그룹이라는 기업을 일군 정주영 회장의 성공 요인은 무엇인가? 바로 지독한 가난이다. 정주영 회장의 부모가 만약 부자였다면 그렇게 큰 성공을 거두지 못했을지도 모른다. 정주영 회장은 식구들을 배불리 먹이기 위해 모든 정신을 집중했다고 말했다. 북한에서 내려와 의지할 곳이 전혀 없었던 정주영 회장은 배고픔과 가난에서 벗어나는 길만이 살아남는 길이라는 것을 뼈저리게 느꼈다. 자신이 배고픈 것은 둘째 치고 동생들이 배고파 우는 것은 참기 힘들었다. 그래서 돈을 벌어야겠다는 일념으로 돈을 버는 일에 집중했던 것이다. 그 결과 그는 불가능을 가능으로 만드는 기적을 보였다.

유조선을 만들어 본 적도 없으면서 달랑 배의 설계도 하나를 들고 사방을 뛰어다녀 수주를 받아냈고, 아무도 생각지 못했던 바다를 폐선으로 막는 일을 실현해 오늘날의 현대중공업을 일으켜 세웠다. 돈 버는 일에 너무 집중한 나머지 그는 밤이 되면 날이 새기만을 기다렸다고 한다. 그는 평생 새벽 4시 반에 일어났는데 그 이유가 돈을 벌기 위해 일하는 것이 즐거웠기 때문이라고 말한다. 그에 대한 많은 일화는 그가 평생 가난을 벗어나기 위해 돈 버는 일에 집중했다는 것을 여실히 보여 준다.

이처럼 어떤 사람들에게는 악조건에 불과한 것이 어떤 사람에게는 집중력을 발휘하는 최대의 조건이 되기도 한다.

우리는 때로 우리에게 주어지는 강한 자극에 절망한다. '왜 하필 나에게만 이렇게 어려운 시련이 주어지는가'라고 절규한다. 하지만 절망하지 않고 이겨내겠다는 마음을 갖는다면 인간에게 주어지는 강한 자극은 뇌의 모든 신경망을 집중하게 만들어서 강력한 힘을 발휘할 수 있는 하나의 기회가 된다. 우리 뇌는 우리의 생존과 직결된 문제에 가장 위급함을 느끼고 가장 긴장한다. 그리고 다른 모든 일을 제치고 살아남는 일에 전력을 다한다. 그 일을 이겨내게 되면 강한 쾌감을 느낀다. 그래서 우리 뇌는 다시 고난이 와도 그것을 이겨낸다. 지난날 이겨냈을 때의 쾌감을 기억하는 것이다. 이미 경험했기 때문에 두려워하지 않는다. 대신 시련을 이겨내기 위해 더욱 집중하게 되는 것이다. 이렇게 도전과 응전이 반복되면서 우리 뇌는 단련된다. 단련됨으로써 뇌는 더욱 성숙해지는 것이다. 고난은 절망이 아니라 실은 너무 감사할 일이다.

세일즈의 달인들도 성공 비결을 들어 보면 많은 사람이 능력이 뛰어나서라기보다 배고프고 힘든 현실을 극복하기 위한 방법을 찾아 집중해서 성공을 거둔 것이다. 자신도 알지 못했던 무의식이 개발되어 큰 성공을 거둔 사례는 수없이 많다.

《벼랑 끝에 나를 세워라》의 저자 박형미는 이 책에서 벼랑 끝에 몰린 상태에서 성공의 길에 들어선 자신의 이야기를 통해 모든 사람에게 자신을 벼랑 끝으로 몰아세우라고 역설하고 있다. 그녀는 배가 고파 우는 아기에게 분유를 사 줄 돈도 없어 화장품 외판을 시작했고, 결국 전문 CEO의 자리에까지 올랐다. 우리 인간은 사지에 몰리면 살아남기 위해 자신의 능력을 넘어선 초능력을 발휘하기도 한다. 힘들고 어려울수록 삶에 집중하게 되고, 집중하면 잠자고 있던 잠재의식이 기지개를 켜고 일어나는 것이다.

강한 자극에 충격을 받아 자신의 삶을 가장 열악한 환경으로 자진해서 밀어 넣은 사람들도 있다. 마더 테레사, 슈바이처, 울지마 톤즈의 이태석 신부 등이 그런 인물이다. 이들은 남의 불행을 자신의 불행으로 여기고 이를 돕고자 하는 마음에 일생을 바쳐 일했다. 자신의 불행이 아니라 타인이 가난과 질병에 고통받는 모습을 보고 마음을 울리는 자극을 받은 것이다.

이처럼 환경이 열악한 것은 오히려 하나의 기회가 될 수 있으므로 감사해야 한다. 돈이 부족하다면 돈을 벌기 위해 더 집중할 기회로 여기면 된다. 시간이 부족하다면 잠을 다투어 가면서도 집중하면 된다. 능력이 부족하다면 능력을 키우기 위해 집중하면 된다. 지금의 열악한 환경을 집중할 수 있는 좋은 기회로 여기면 되는 것이다.

《길 위에서 하버드까지》를 쓴 리즈 머리는 엄마가 마약 중독자였다. 엄마는 양아버지가 성추행을 하자 집을 뛰쳐나와 길거리에서 생활하다가 마약을 접하게 되었다. 그러다 리즈 머리의 아버지를 만나 결혼했다. 리즈 머리가 태어났을 때 그녀의 아버지와 어머니는 이미 모두 마약에 중독된 상태였다. 어린 나이임에도 그녀는 부모가 마약을 하는 동안에는 방에 들어가면 안 된다는 것을 깨달았다고 한다. 그리고 약 기운이 떨어지면 엄마는 밤거리를 헤매고 다녔다. 그런 가운데 아버지도 마약 중독으로 치료센터로 들어가고 감옥에 가 생활이 곤란하자 엄마는 다시 다른 남자를 만나 살게 되었다. 그녀는 그 집이 싫어 친구 집을 전전하다가 결국 길거리를 헤매게 되었다. 그러다 남자친구를 만났는데 그 또한 마약 중독이 되어 가고 있다는 것을 알게 된다. 그사이 엄마는 에이즈에 걸려 죽고, 아버지도 에이즈에 감염되어 투병 중이었다. 리즈 머리는 이 참담한 상황에서 벗어나기로 결심하고 청소년수감원에서 생활하다 학교를 가게 된다. 그곳에서 배움의 기쁨을 느끼게 되고 열심히 공부해 결국 하버드에 입학하게 되었다. 그리고 장학금을 받으며 생활하면서 자신처럼 길거리를 헤매는 학생들을 위해 회사를 설립하고 강연과 재활프로그램으로 도움을 주며 바쁘게 살고 있다.

이처럼 부족함을 극복하기 위해 집중하다 보면 자신도 모르는 사이에 성공의 길로 들어서게 된다. 그러므로 집중할 수 있는 기회가 주어진다는 것은 분명 축복이 아닐 수 없다.

힐리언스 선마을 촌장 이시형 박사는 "아픔이 사람을 키운다"고 말한다. 그는 미국 유학 후 귀국해서 대학에서 교수로 재직하던 중 바쁜 생활 때문에 몸 관리에 소홀해 무릎 관절과 허리를 다쳤다. 그래서 지팡이를 짚으며 천천히 걷다 보니 갑자기 세상이 다르게 보였고, 많은 의문이 생겨나기 시작하면서 세상을 보는 관점이 변화했다. 이것을 책으로 써낸 것이《배짱으로 삽시다》였다. 결국 이것이 베스트셀러가 되어 각종 강연, 텔레비전과 라디오 방송, 칼럼 등 새로운 일이 쏟아지면서 정신없이 바쁘게 생활하게 되었다. 아픔 때문에 자신이 글 쓰는 재주가 있다는 사실을 발견하게 되어 아픈 다리와 허리에 감사하게 되었다고 한다.

《제3의 물결》,《권력의 이동》의 저자 앨빈 토플러는 21세기 인재가 되기 위해 '첫째 여행을 많이 할 것, 둘째 많은 사람을 만나 대화할 것, 셋째 독서를 할 것'을 강조했다. 이 세 가지에는 미래를 꿰뚫어 보는 통찰력이 담겨 있다. 또한 뇌에 많은 자극을 주어 뇌 발달을 돕는 아주 좋은 방법들이다. 유아기에는 눈으로 엄청난 정보가 들어오기 때문에 여행은 뇌에 많은 자극을 주어 신경망 연결에 도움이 된다. 사계절이 뚜렷한 우리나라는 유아 교육에 매우 좋은 환경을 갖고 있다. 다시 말해, 아이들이 똑똑하게 자랄 수 있는 좋은 환경을 갖추고 있다. 유아뿐만 아니라 모든 인간은 자극을 오감으로 받아들여 뇌 신경망을 발달시킨다. 하지만 뇌의 수용 여부를 잘 조절해야 한다. 그렇지 않으면 뇌가 스트레스를 받아 뇌에 과부하 현상이 나타날 수도 있기 때문이다. '어떻게 하면 적절한 자극을 적절한 시기에 줄 것인가' 하는 문제는 부모의 지혜가 필요하다.

뇌 과학자 모기 겐이치로는 《뇌가 기뻐하는 공부법》에서 다음과 같은 공부 자극법과 마감 시한이 공부 집중력을 향상시킨다고 말했다.

초등학교 수업 시간에 선생님이 수학 문제를 내면, 먼저 푼 학생부터 선생님 앞으로 들고 가곤 했다. 아이들은 게임을 하듯이 즐거워했고, 선생님한테 먼저 가지고 가려고 필사적으로 문제를 풀었다. 제일 먼저 선생님한테 가지고 갔다면 그것은 성공 체험이다. 그러면 뇌에서 도파민의 분비가 촉진되어 그다음에는 더 짧은 시간 안에 풀려고 노력하게 된다.

중학생이 되고 나서 수학 문제를 풀 때도, 국어 문장 문제를 생각할 때도, 시간을 재서 되도록 짧은 시간 안에 끝내고자 했다. 그리고 그다음 번에 문제를 풀 때는 제한 시간을 조금씩 짧게 줄여 갔다. 이를 통해 자연스럽게 얻게 된 것이 바로 '집중력'이다.

나는 언제나 '압박감'을 의식하면서 공부해 왔다. 그 덕분에 순간적으로 집중하는 힘이 자연스럽게 길러졌고, 공부할 때와 같은 방식으로 시험을 치면 시간이 남아돌아 주체할 수 없을 정도였다. 책상 앞에 붙어 있다고 해서 공부를 잘하게 되는 것은 결코 아니다.

이처럼 사람들은 마감 시한을 정해 놓으면 자극을 받아 긴장하게 된다. 그리고 그것을 달성하기 위해 온 정신을 모아 집중한다. 집중해서 마감 시한 안에 일을 끝내면 성취의 쾌감을 느낀다. 이런 작은 성취의 쾌감은 이보다 더 어려운 일에 도전하게 하는 힘이 된다. 이 쾌감이 누적되면 자신감이 생기는 것이다. 그래서 어떤 어려운 상황이 닥쳐도 도전해 앞으로 나아가게 된다. 그러므로 공부를 할 때 마감 시한을 정해 놓으면 좋다.

이때 중요한 것은 가능한 계획을 짜는 것이다. 만약 수학책 전체를 다 해야겠다는 것은 처음부터 부담이다. 그것을 파트별로 나누고 1장을 다시 자신이 공부할 수 있는 날짜로 바꾸어 마감 시한을 결정한다면 집중력은 배가 된다. 그 집중의 결과 자신이 계획을 미루지 않고 이루었다는 기쁨을 맛볼 수 있다. 성취감을 맛보면 더욱더 집중할 수 있는 힘을 얻게 된다. 무슨 계획을 세우든 마감 시한을 정하자. 그리고 집중력을 발휘해 실천하자.

시간에 집중하기
+하루를 반성하기+

　현대 사회는 빠르게 변화한다. 인터넷, 스마트폰 등 디지털 기기의 발달은 갖가지 소식을 지구촌 구석구석에 알려주는 세상을 만들었다. 우리는 이런 세상에서 도태되지 않기 위해 새벽부터 밤 늦게까지 움직인다. 그러다 보니 우리나라에서는 빨리 빨리 문화가 곳곳에 퍼져 있다.

　공부도 그렇다. 공부가 가진 본연의 즐거움을 느낄 수 없고 성과와 결과만 중시한다. 모두 학문을 위한 공부보다는 취업을 위한 공부에 매달린다. 그러다보니 공부에서 재미를 느낄 수 없고, 집중력도 떨어지고 산만해진다. 그러나 공부는 재미로 해야 한다. 공부는 빨리 해치울 수 있는 것이 아니다. 피터 드러커는 변화가 빠른 시대인 만큼 지식근로자들은 평생 공부해야 한다고 주장했다. 이는 평균 수명 100세 시대에 20대 초반에 공부한 것으로 평생을 살아가기는 힘들다는 말이다.

우리가 평생의 시간을 알차게 보내기 위해서는 하루하루를 헛되이 보내서는 안 된다. 하루를 알차게 보낼 수 있는 가장 좋은 방법은 잠자기 전 그날 하루를 돌아보고 자신의 일을 반성해 보는 것이다. 그저 맹목적으로 하루를 바쁘게 사는 것은 나중에 후회만 따른다. 하루를 반성한다는 것은 매일 자신을 되돌아보며 미래를 준비하는 좋은 습관이다.

하루를 반성하는 방법으로는 저녁에 잠자기 전 다음과 같이 하루를 되돌아보는 것이다.

영감의 새벽 시간을 잘 활용했는가?

아침 식사는 맛있게 잘 먹었는가? 혹은 바빠서 걸렀는가?

오전 시간은 어떠했나? 졸리지는 않았나?

점심 식사는 과식, 편식은 하지 않았나?

오후 시간은 어땠는가? 졸릴 때는 어떻게 했나?

저녁 식사는 간편하게 했는가?

저녁 시간은 잘 활용했는가?

남에게 피해 입힌 일은 없는가? 실수한 일은 없는가?

짜증을 내거나 욕을 한 적이 있었는가?

부정적인 말을 사용한 적이 있는가?

남을 칭찬한 적이 있는가?

하루에 몇 번 미소를 지었나?

호탕하게 웃은 적은 있는가?

위의 사항들을 점검해 보
고 잘한 점이 있다면 스스로
칭찬하고 잘못한 점이 있
다면 반성해 보라. 이때
긍정적인 말로 하는 것이
중요하다. 일기 형식으
로 글을 쓰는 것은 매우
좋다.

바쁜 생활 속에서 이렇게 하루를 반성하는 일은 더 나은 미래
를 위해 반드시 필요하다.

■ 하루를 반성하면 뇌가 각성된다

잠자기 전 하루를 반성하면 모든 감정이 정리가 된다. 자신이
잘한 일 잘못한 일이 정리가 되면서 자신의 태도를 돌아보기 때문
이다. 이렇게 자신의 삶의 태도나 감정의 찌꺼기들이 정리되면 한
결 가벼운 마음으로 잠자리에 들게 된다. 이 안정된 마음은 우리를
숙면으로 이끈다. 반대로 우울하고 불안하고 걱정스런 마음이 있
으면 우리는 잠을 제대로 자지 못하고 뒤척거리게 된다. 이처럼 불
안한 마음과 안정된 마음은 우리 뇌에 피드백이 된다. 우리는 하루

를 반성하는 동안 자신의 잘못을 깨우치고 더 나은 방향으로 나아가려고 다짐하게 된다. 그러면 우리 뇌는 더 나은 방향으로 움직이기 시작한다. 그래서 우리가 하루를 반성하면 뇌가 각성되고 매일매일 어제보다 조금이라도 더 나은 삶을 살게 되는 것이다.

이런 작은 변화는 낙숫물이 바위를 뚫듯이 시간이 지날수록 엄청난 큰 변화를 가져오게 된다.

■ 매시간 집중할 수 있다

시간은 누구에게나 평등하게 주어진다. 성공한 사람에게만 하루 25시간이 주어지는 것은 결코 아니다. 다만 성공한 사람들은 마치 25시간이 주어지듯이 시간 경영을 잘할 뿐이다. 수많은 성현이 시간의 중요성에 대해 역설했지만 대부분의 사람은 여전히 무의미하게 시간을 흘려보내고 있다. 더욱이 현대는 디지털이 주는 쾌감 때문에 조금만 방심하면 주어진 시간을 통째로 빼앗기는 경우도 허다하다.

현대는 지식근로자의 시대다. 누가 더 많은 정보, 최첨단의 정보를 갖고 있느냐에 따라 삶이 달라질 수 있다. 그런데 함정이 하나 있다. 모든 정보가 오픈되어 있다는 것이다. 그래서 시간과의 전쟁이 시작되었다. 집중력이 필요한 이유도 시간의 유한성 때문이다. 한정된 시간 안에 누가 더 정확하고 양질의 정보를 갖고 있는가 하는 것은 곧 경쟁력이다. 그러므로 매시간 집중하면서 시간을 효율적으로 사용해야 한다. 시간 관리는 정보화 시대에 성공과 실패를 가르는 하나의 이정표가 될 것이다.

■ 후회를 줄일 수 있다

어린 시절은 왜 그렇게 시간이 빨리 가지 않았을까? 빨리 어른이 되고 싶은데 시간은 너무 더디게 가는 것처럼 느껴졌었다. 하지만 어른들은 눈 깜짝할 사이에 세월이 흐른다고 말한다. 그런데 어른이 되어가면서 누구나 느끼겠지만 20대는 20킬로미터의 속도로, 30대는 30킬로미터의 속도로, 40대는 더욱 빨리 시간이 흘러간다. 다시 말해 세월이 흐를수록 시간이 빠르게 흐르는 것처럼 느껴진다.

우리는 나이를 먹으며 삶을 되돌아보게 된다. 그러면서 만족하기보다 여러 가지를 후회하게 된다. 나는 인생이란 "후회를 줄이는 것"이라고 말하고 싶다. 그래서 인생의 황금기인 20대의 젊은 이들이 게임을 하거나 메신저에 빠져 몇 시간씩 보내는 것을 보면 너무나 안타깝다. 나도 그 시절 열심히 살기는 했지만 지금 돌이켜 보면 시간을 잘 활용하지 못한 것 같아 후회스럽다. 그러나 시간은 되돌릴 수 없기에 후회할 수밖에 없다. 아인슈타인은 이 사실을 과학적으로 설명했다. 빛보다 빠른 물체가 나오기 이전에는 우리는 과거로 돌아갈 수 없다는 것이다.

공자는 하루에 세 번 반성하라고 말했다. 이 말은 시간을 아껴

누구나
할 수 있는
집중력 향상법

쓰라는 말이기도 하지만, 시간에 대한 집중도를 높이라는 의미이기도 하다. 스티븐 코비 박사는 플래너를 사용해 시간을 최대한 효율적으로 사용하라고 당부했다. 이것이 바로 성공하는 사람들의 습관이기 때문이다.

▣ 건강하게 장수할 수 있다

이제 우리는 100세 장수 시대에 살고 있다. 인간의 수명이 연장되어 기뻐할 일이지만 한편으로는 어떻게 100년을 집중해서 살 것인지가 중요하다. 60세 이후에 집중력이 떨어지면 건강이 악화되어 병에 걸릴 확률이 높다. 더 나아가 온전한 정신으로 살 수 없다면, 수명이 연장된다는 것이 크게 기뻐할 일은 아니다. 100년을 산다 하더라도 그중 3분의 1은 잠자는 시간이고, 자아를 찾는 시점인 사춘기 이전 시간과 밥 먹는 시간 등등을 제하면 온전하게 깨어 있는 시간은 그리 많지 않다. 그래서 온전하게 깨어 있는 시간을 활기차게 보내야 한다. 자신이 하고 싶은 일을 찾아 자신의 일을 즐기면서 즐겁게 보내야 한다. 또 새로운 일에 도전해야 한다.

이렇게 하기 위해서는 시간을 잘게 나누어서 집중해야 한다. 그래야 효율적인 삶을 살 수 있다.

뇌의 가속화
+ 빠르게 보기, 빠르게 듣기 +

앞에서 집중력을 높이기 위해서 마감 시간이 필요하다고 말했다. 마감을 위해 뇌는 각성되고 효율적인 방법을 찾게 된다. 그리고 그동안 사용하지 않았던 신경망을 자극해 무의식을 활용한다. 이처럼 집중력을 높이기 위한 방법으로 뇌의 인지를 가속화할 필요가 있다. 평소에 뇌를 가속화하는 훈련을 함으로써 두뇌 가동률을 높인 사례는 수없이 많다. 이것은 뇌에 정보가 들어오는 시간을 빠르게 인위적으로 만드는 것이다. 이렇게 하면 뇌는 긴장하면서 집중하게 된다. 오감을 총동원해 새로운 정보를 받아들이고 어떤 정보인지를 판단하기 위해 모든 신경망이 바삐 움직인다.

물론 정보가 너무 빨리 들어오면 파악하지 못하는 부분도 있다. 이럴 때 전두엽에서는 기존의 받아들인 정보를 종합해 유추하게 되고, 마치 조각 맞추기를 하듯이 빠르게 많은 사고 활동을 하게 된다. 인간의 뇌는 환경에 적응하는 놀라운 적응 능력을 지니고 있다. 느리면 느린 대로 빠르면 빠른 대로 적응하기 시작한다. 처음 운전을 배울 때는 자동차의 속도에 대해 감을 잡지 못해 두렵게 느껴진다. 그러나 어느 정도 주행에 자신감이 붙고 나서 고속도로를 달려 보면 이제 자동차의 속도를 즐길 수 있다.

박종환 축구감독은 멕시코에서 열린 세계 청소년 축구대회에서 4강에 오르는 좋은 성적을 거두었다. 박 감독은 멕시코의 지대가 높아 그곳에 적응하기 위해 국내에서 연습할 때 선수들에게 마스크를 착용하고 축구 연습을 하게 했다. 이는 뇌를 가속화해 현지 적응력을 높인 좋은 사례라 할 수 있다.

여러분도 직접 체험해 볼 수 있다. 동네에 있는 야구 연습장에 가서 공을 한번 쳐 보라. 강속구라고 적힌 타석에 먼저 들어가서 공을 친 다음 속구라고 적힌 타석에서 공을 쳐 보라. 먼저 뇌에 빠른 속도감을 인지하고 조금 느리게 오는 공을 치는 것은 훨씬 쉬울 것이다. 그러나 방법을 거꾸로 한다면 공을 치기가 더 어렵다. 느리게 오는 공에 익숙해 있는데 빠른 공이 오면 뇌는 당황하게 되고 그때부터 적응하기 위한 노력을 하게 된다.

공부도 이와 마찬가지다. 평소에 공부하는 것보다 몇 배 빠르게 인지하는 훈련을 하게 되면 뇌는 서서히 적응하기 시작한다. 가령 책 읽기를 할 때 평소보다 10배 정도 빠르게 보는 훈련을 해 보자. 처음에는 내용을 파악하기도 어렵다. 하지만 내용을 파악하기 위해 집중하며 부단한 노력을 하면 이것이 익숙해지면서 평소의 2~3배 정도의 빠르기로 책을 읽는 것이 자연스러워진다.

■ 빠르게 보기

뇌를 가속화하는 방법 중 하나는 눈에서 접하는 정보들을 빠르게 인지하는 훈련이다. 속독법과는 성격이 다르다. 빠르게 보는 훈련에 대한 자료는 많이 있다.《포토리딩》,《타이거 시 러닝》,《포커스 리딩》등의 책들이 눈의 가속화 훈련 방법에 대해 이야기하고 있다. 책에서 제시하는 방법들을 따라 하는 데 제약도 있고 번거로운 점도 있는 것이 사실이다. 특히 아이들은 누군가 보조를 해 주어야 한다. 요즘은 컴퓨터에서 미리 프로그래밍한 내용을 빠르게 작동시켜 실행하는 방법이 있다. 이 방법은 효과가 매우 높다. 편안하게 컴퓨터 모니터를 바라보면 화면이 빠르게 움직이기 때문에 눈으로 보는 것을 가속화하는 데 상당한 효과가 있다.

이 방법은 고도의 집중력을 필요로 한다. 먼저 이완을 통한 충전으로 3초 호흡을 10분 정도 편안한 상태에서 한다. 만약 여건이 된다면 뇌 훈련을 30분 정도 더 해서 정보를 받아들이기 쉬운 뇌파 상태를 만든다. 그러고 나서 1분 정도 눈을 감고 편안한 상태에서 정보를 빠르게 받아들이겠다고 마음속으로 굳게 다짐한다. 그리고 컴퓨터 화면을 보면서 5분 정도 빠른 정보인지 훈련을 한다. 이때 책을 보면, 책의 활자들이 눈으로 빨려 들어옴을 느낄 수 있다. 사람마다 인지의 차이가 있어 효과 면에서 차이가 나겠지만 누구나 효과를 볼 수 있다.

　그런데 문제는 대부분의 사람이 실천하지 않는다는 데 있다. 한두 번 해 보고 되기를 바라는 것은 요행을 바라는 것과 같다. 뇌는 절대로 하루 만에 바뀔 수 없다. 6개월 이상의 꾸준한 훈련이 필요하다. 책을 읽을 때마다 위에서 말한 방법을 활용해 보라. 계속해서 반복하다 보면 어느 시점부터 느낌이 온다. 나는 이 방법을 활용해 웬만한 책은 30분 안에 볼 수 있다. 이 책을 쓰게 된 이유도 이런 방법을 초등학교 때부터 알았다면 하는 아쉬움이 있어 많은 사람에게 알려 주고 싶은 마음이 크기 때문이다. 이것은 대한민국의 아이들이 모두 영재가 될 수 있는 평범한 비법이다. 뇌의 성질을 알고 조금만 실천하면 누구나 위대해질 수 있고, 마법 같은 기적을 만날 수 있다.

　뇌를 이해한다는 것은 곧 잠재력을 만나는 길이다.

■ 빠르게 듣기

　공부 방법 중에 속청을 활용하는 곳이 있다. 빨리 듣는 방법도 빨리 보는 것과 내용은 같다. 뇌에 빠르게 정보를 주어 각성시키고 빠르게 듣기를 반복하다 보면 듣는 인지가 빨라지는 것이다. 속청은 어학 공부에 많이 활용된다. 이영권 박사는 대학 때 무역학을 전공했는데 전공의 특성상 영어 회화가 필요했기 때문에 방법을 찾던 중 라디오 영어뉴스 청취를 택했다. 그는 외국에 한 번도 가지 않고 이 방법을 통해 영어 회화를 정복했다. 이영권 박사는 라디오에서 영어뉴스가 방송되는 시간에는 하던 일을 멈추고 뉴스 듣기에만 집중했다. 결국 그는 영어뉴스 듣기로 영어를 정복하고 대기업에 입사해 미국 지사에 발령을 받는 기회를 얻었다.

영어의 귀를 여는 방법으로는 영어뉴스가 효과적이다. 뉴스는 드라마의 대사보다 빠르고 대사량도 많다. 또한 보통 고등학교 정도의 학력이면 모든 사람이 알아들을 수 있는 정도의 보편적인 단어를 사용한다. 영어뉴스를 들으며 빠른 속도의 영어 듣기를 훈련하면 어느 순간 귀가 열리게 되고 영어공부가 쉬워진다.

빨리 보기와 빨리 듣기 훈련을 했다면 말하기 훈련을 함께 하는 것이 좋다. 물론 말할 때도 빨리 하는 것이 좋다. 보기와 듣기는 뇌에 입력하는 것이고, 말하기는 출력하는 것이다. 입력과 출력이 원활해야 뇌 기능이 효율성을 발휘할 수 있다. 입력만 잔뜩해 놓고 출력이 안 된다면 소용이 없다. 뇌를 가속화하는 방법들은 처음에는 쉽지 않지만 지속적으로 하면 차츰 적응하게 되고 뇌는 도파민을 분비하며 스스로를 칭찬하고 가속화를 즐긴다. 뇌가 가속화되면 집중력이 향상되고 시간 사용의 효율성이 증대된다.

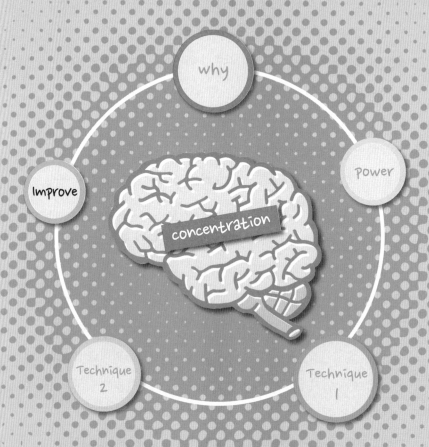

4
PART

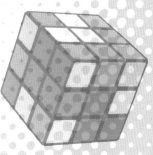

아이의 미래,
뇌에 달렸다

뇌를 알아야 집중력이 보인다

앞에서 우리는 살아가는 데 있어 집중력이 얼마나 중요한지 또 집중력이 얼마나 큰 힘을 발휘하는지 알아보았다. 그리고 가정에서 집중력을 향상할 수 있는 여러 방법을 살펴보았다. 특히 요즘처럼 디지털 기기가 만연해서 집중력이 분산되는 시대에는 학부모들이 아이의 집중력에 많은 관심을 가져야 한다. 집중력에 관심을 갖고 있다면 '뇌'에 관심을 가져야 한다. 21세기는 '뇌' 신경망의 활성화 정도가 성공을 좌우하기 때문이다. 뇌를 모르고 '열심히 하겠다'는 것은 밑 빠진 독에 물을 붓는 격이다.

과거에 정보가 많지 않던 시절에는 열심히 하는 것만으로 성공이 가능했다. 하지만 모든 정보가 오픈되어 있고, 정보의 양이 어마어마하게 쏟아지는 오늘날에는 '열심히 하는 것'만으로는 경쟁에서 밀릴 수밖에 없다. 명확한 집중 대상 없이 열심히 하는 것은 효율성이 떨어져 시간을 낭비하게 되고, 얻는 소득도 적다.

인간의 뇌는 정신과 육체활동을 총괄 통제한다. 컴퓨터로 말하자면 중앙처리장치(CPU)와 같다고 할 수 있다. 뇌는 1,000억 개의 뇌세포가 10조~100조 개의 치밀한 신경네트워크로 구성되어 있다. 이 신경네트워크는 중추신경계와 말초신경계로 나뉘어져 있어 머리끝에서 발끝까지 정보가 전달된다. 뇌는 좌우 뇌로 구분되어 있고, 각기 하는 역할이 다르다. 좌뇌는 논리적이고 분석적이어서 수, 계산, 언어에 능하다. 우뇌는 공간 인식, 종합적 판단, 예술, 감성 기능을 주로 관장한다. 그러나 이것이 완전히 분리되어 있는 것이 아니라 상호 협조를 통해 각각의 역할이 이루어진다. 이런 뇌의 역할은 학습과 관련해 매우 중요하다.

조수미는 세계적인 소프라노로 음악성과 감성은 뛰어나나 수에 대해서는 엉망진창이어서 돈에 대해 관심도 없고 돈이 어느 곳에 어떻게 얼마만큼 쓰이는지에 대한 개념이 없다고 한다. 이처럼 우리는 주변에서 예체능은 잘하나 국영수는 못하고, 국영수는 잘하나 예체능에는 영 소질이 없는 아이들을 보게 된다. 또 수학과 과학은 좋아하나 국어와 영어에는 흥미가 없는 아이들도 있다. 또 국어에서도 문법이나 비문학에는 강하나 소설이나 시 등에는 매우 약한 아이들도 있다. 반면에 시, 소설 부분에 뛰어나면서 사회나 역사 등은 잘하지만, 비문학과 수학, 과학 등은 잘하지 못하는 아이들도 있다.

이것은 여러 가지 원인이 있지만, 대부분 뇌가 균형적으로 발달하지 못했기 때문이다. 그러므로 뇌의 발달이 어떻게 이루어졌는지 정확히 아는 것은 중요하다. 또한 학습 부진도 뇌 상태를 파악해서 원인을 알면 해결 방법을 찾을 수 있다.

인간의 뇌는 항상성과 가소성이라는 두 가지 성질을 갖고 있다. 뇌의 항상성으로 인해 우리의 체온이 항상 36.5도로 유지되고, 혈당, 심장 박동 등이 일정하게 유지된다. 병이 나는 것은 이런 항상성이 깨진 까닭이다. 또한 뇌의 가소성으로 인해 우리는 새로운 것을 배울 수 있고, 변화될 수 있다. 초등학교 때 꼴찌를 밥 먹듯이 했던 아이가 사법고시에 패스해 판·검사가 될 수 있는 것도 뇌의 가소성 때문이다. 뇌의 가소성을 활용하면 얼마든지 공부를 잘할 수 있는 똑똑한 뇌로 만들 수가 있다.

우리는 뇌가 가진 항상성 덕분에 무의식적으로 반복되는 신경 패턴으로 지금의 자신을 유지하고 있다. 하지만 지금의 자신이 마음에 들지 않는다면 가소성을 활용해 바꿀 수 있다. 새로운 생각을 하면 새로운 신경망이 형성되고, 새로운 신경패턴이 형성되도록 반복해서 집중하면 우리는 변화될 수 있다.

이 얼마나 희망적인 이야기인가. 뇌는 절대로 고정적이지 않다. 다만 스스로 "나는 이런 사람이다"라고 고정화시킬 뿐이다. 그러므로 우리는 끊임없이 새로운 것을 배우고, 새로운 것에 도전해야 한다. 이것이 뇌를 젊게 유지하는 비결이고, 우리가 젊게 사는 비결이다. 또한 아이들이 공부를 잘할 수 있는 비결이다.

아이들이 새로운 것을 배우고 새로운 것에 도전하려 하지 않을 때 성적이 떨어지게 된다. 공부에 흥미를 잃게 된다. 학교에서는 수업 시간마다 새로운 내용이 폭포처럼 쏟아져 나오기 때문이다. 이 쏟아지는 새로운 내용을 놓치지 않기 위해서는 집중력이 필요하다. 그리고 집중해서 배운 내용을 반복적으로 익혀 자신의 것으로 만드는 과정이 필요하다. 이렇게 되풀이되는 과정에서 아이들은 지친다. 이런 아이들을 지치지 않게 도와주는 한 방법이 뇌 훈련인 것이다.

나는 대학에 다닐 때부터 국선도를 시작해 15년간 수련했다. 군대를 가고 직장을 다니면서 지속적으로 하지는 못했지만, 지금도 내 인생에서 중요한 기둥 역할을 하고 있다. 한때는 명상에 심취해 라즈니쉬, 크리슈나무르티의 저서들을 탐독했고, 지리산이나 계룡산에 들어가 수도하는 삶을 살까 하고 방황한 적도 있다. 이름난 도인이 있다는 소문을 들으면 직접 찾아가 만나야 직성이 풀렸다. 청춘의 방황을 끝내고 결혼을 하고 교육 계통의 일을 지속적으로 하면서 10년 전부터 뇌 과학을 접하게 되었다.

처음에는 뇌 훈련을 완강하게 거부했다. 어떻게 기계가 인간을 바꿀 수 있는가 하고 거부감을 느꼈지만, 대학에서 자연과학을 전공한 덕분에 반신반의하면서 자신에게 스스로 임상을 했다. 나의 뇌파를 보니 폐안시 알파파가 생성되지 않아 기초율동이 약한 굉장히 긴장된 뇌파였다. 얼마나 고단한 삶을 살았는지 삶의 무게가 느껴졌다. 훈련을 통해 뇌파의 변화를 직접 눈으로 확인하면서 조금씩 뇌 훈련의 효과를 느낄 수 있었다. 그리고 부모님께 물려받은 뇌를 바꿀 수 있다는 사실을 알게 되었다. 후천적으로도 얼마든지 뛰어난 뇌로 바꿀 수 있다는 것을 알고 그야말로 흥분했다. 그래서 많은 사람에게 알리려 했지만 사람들은 너무나 생소해했다.

그래서 우선 내 아이들과 절박한 아이들부터 뇌 훈련을 시키기 시작했다. 초등학교 4학년 남자아이가 있었는데 아직 정신 연령이 초등학교 1학년 정도에 머물고 말을 잘 못했다. 그 아이는 아플 때나 무엇이 먹고 싶을 때만 엄마를 꾹꾹 찔렀다. 학생의 어머니는 전국에 좋다는 곳을 찾아 백방으로 쫓아다녔지만 아이의 행동의 변화에는 별 진전이 없었다. 나를 소개받고 찾아왔을 때는 지푸라기라도 잡는 심정으로 뇌 훈련을 해 보겠다고 했다. 그런데 뇌 훈련 일주일 만에 그 아이가 말을 하기 시작했다. 학생의 어머니는 언어 치료원에서 6개월을 익혀야 한 단어를 말하던 아이가 뇌 훈련 일주일 만에 쏟아낸 단어에 놀라 기적이라고까지 표현했다.

나는 이것이 신경망에 변화가 생긴 것으로 확신했다. 몇 개월을 훈련하고 나서는 학습지를 시작하게 되었고, 그것을 받아들이는 아이를 보고 어머니는 너무 기뻐했다. 그 뒤로도 뇌 훈련을 계속하면서 엄마밖에 모르고 집에만 있던 아이가 자전거를 타고 밖에 놀러 가고 친구도 사귀었다. 그 밖에도 부모와 떨어져 캠프에 혼자 참석도 하는 등 많은 변화가 생겼다.

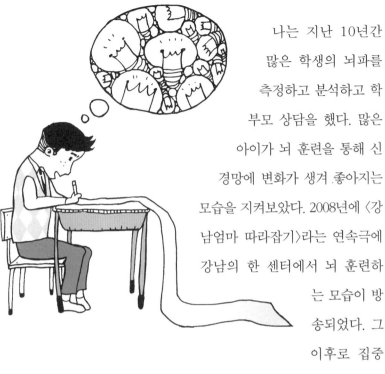

나는 지난 10년간 많은 학생의 뇌파를 측정하고 분석하고 학부모 상담을 했다. 많은 아이가 뇌 훈련을 통해 신경망에 변화가 생겨 좋아지는 모습을 지켜보았다. 2008년에 〈강남엄마 따라잡기〉라는 연속극에 강남의 한 센터에서 뇌 훈련하는 모습이 방송되었다. 그 이후로 집중력에 관심을 갖게 된 많은 학부모가 뇌 훈련에 대한 문의를 해 왔다. 대부분 뇌 훈련만 하면 집중력이 향상되는지를 물어 왔다.

뇌 훈련이 만병통치약은 아니다. 아무 준비도 없이 뇌 훈련만 하면 좋아질 거란 생각은 버려야 한다. 뇌 훈련은 단지 뇌가 발달하고 신경망이 형성되는 데 촉매 역할을 할 뿐이다. 밤에 불을 밝히는 데 호롱불이나 촛불을 밝혀도 상관없다. 하지만 전깃불을 밝히면 더욱 환하지 않은가. 뇌 훈련을 한다는 것은 마치 전깃불처럼 밝기가 더 밝아지는 것이다. 뇌 발달이 촉진되고, 뇌의 효율성이 증가해 자연스럽게 집중력이 높아지는 것이다. 이런 상태에서 공부를 하게 되면 머리에 정보가 잘 입력되고 기억이 잘되는 것이다. (재)한국정신과학연구소 박병운 박사는 뇌 훈련과 집중력에 대해 다음과 같이 말한다.

"뇌 훈련을 하면 뇌의 각성 상태를 유지하는 능력이 높아져 집중력이 향상됩니다. 집중력은 한 가지에 몰두하는 힘도 되지만 더 중요한 것은 뇌의 효율성을 의미합니다. 신경망이 발달하면 뇌가 일을 처리하는 속도가 빨라지게 되어 단위 시간에 처리하는 일의 양이 많아집니다. 즉, 뇌의 효율성이 높아지게 되고 이것이 곧 집중력을 높여 주는 것입니다. 단지 한 가지 일에만 몰두하는 능력이 높아지면 이것은 올바른 현상이 아니고 오히려 병적인 현상입니다. 따라서 수업 중에 강의 내용이 더 잘 들린다거나, 책을 읽으면 이해가 빠르고 암기가 잘되고 문제 푸는 속도가 빨라지는 등의 효과가 나타나게 됩니다."

몸은 근육으로 형성되어 있으므로 아름다움과 건강을 유지하기 위해서는 근육 운동을 해야 한다. 뇌는 신경으로 형성되어 있으므로 명석하고 톡톡 튀는 건강을 유지하기 위해서는 끊임없는 신경 운동을 해야 한다. 눈에 보이지도 않는 신경 운동을 어떻게 할 수 있을까? 바로 뇌 훈련이 방법이다. 의사나 과학자가 아니고는 뇌를 직접 볼 수 없다. 그러나 뇌 훈련 기계를 통해 뇌파를 측정해서 간접적으로 볼 수 있다. 즉, 우리 뇌는 정보를 전달할 때 전기가 파생한다. 이를 잡아낸 것이 뇌파다. 다시 말해, 신경 운동을 하는 순간 전기가 생기고 이것을 기계로 전환해 보여 주는 것이 바로 뇌파인 것이다. 이 뇌파를 분석하고 거기에 알맞은 뇌 훈련을 하게 되는데 이것이 바로 뇌의 신경망을 활성화시켜 주는 뇌 신경 운동인 것이다.

뇌 훈련은 우리가 생각하는 것보다 효과가 크다. 엄청난 신경망의 활성화를 가져오기 때문에 집중력, 기억력, 사고력의 발달을 가져온다. 하지만 한 가지 단점이 있다. 시간이 오래 걸린다. 뇌에서 새로운 신경망이 형성되고 새로운 신경패턴이 형성되어 두터워질 때까지 2년 정도의 시간이 필요하다. 그러므로 시간의 여유를 갖고 지속적으로 훈련하는 것이 좋다.

이제 우리나라에서도 뇌 훈련이 대중화되기 시작했다. 무척이나 반가운 일이다. 뇌 훈련은 뇌 과학 발달의 축복이다. 뇌 훈련은 집중력 향상에 도움이 될 뿐만 아니라 뇌 전체 발달에 영향을 준다. 그리고 요즘 사회 문제가 되는 충동적인 청소년들에게 조절 능력을 키워 줌으로써 정서적으로 안정감을 찾아 준다. 그리고 이 시대가 요구하는 창의성 개발에도 많은 도움을 준다. 이것은 대한민국의 인재 경쟁력을 높일 좋은 기회가 될 수 있다.

전두엽과 집중력

우리 뇌는 위치에 따라서 전두엽, 후두엽, 두정엽, 측두엽 등으로 나뉜다. 그중 전두엽은 뇌의 앞쪽에 위치하고 시상에서 들어오는 정보를 분석하는 사고 활동을 한다. 또 이런 사고 활동을 바탕으로 종합하고, 판단하고, 계획을 수립하고, 다시 명령을 내린다. 전두엽은 충동적인 감정을 조절하는 중요한 역할을 한다. 전두엽은 운동 중추를 관장하고 신체의 운동을 조절한다. 전두엽은 뇌의 다른 부위와 가장 많이 연결되어 있다. 그래서 학자들은 전두엽을 뇌의 CEO, 뇌의 대통령, 뇌의 사령관이라고 부른다. 전두엽은 동물과 인간을 구분하는 결정적인 특징이기도 하다. 인간의 뇌에서 전두엽이 차지하는 비율은 30~40퍼센트에 이른다. 이 비율은 다른 어떤 동물보다 인간이 가장 높다.

진화생물학자들은 인간의 뇌가 점점 진화되어 왔다고 말한다. 그중에서도 뇌의 크기로 오스트랄로피테쿠스부터 호모 사피엔스

사이의 많은 인류를 구별하기도 한다. 이들 뇌의 가장 큰 특징이 전두엽이 점점 커졌다는 것이다. 인간이 위협으로부터 생존할 수 있는 방법들을 사고와 학습을 통해 다음 세대에 전달해 주다 보니 전두엽이 커지지 않았을까 하고 추정하고 있다. 전두엽의 발달로 인간만이 생각하고 남을 배려하고 예의를 갖출 수 있게 된 것이다. 미국에서 방화범이나 흉악범의 전두엽을 측정해 보았는데 일반인의 전두엽보다 크기가 작았다고 한다. 결국 전두엽이 작다는 이야기는 아직 완전한 인간으로 성숙되지 않았다는 증거일 것이다.

이런 중요한 역할을 하는 전두엽은 집중력과 밀접한 관계가 있다. 《꿈을 이룬 사람들의 뇌》의 저자 조 디스펜자는 전두엽과 집중력의 관계를 이 책에서 다음과 같이 설명했다.

진화를 통해 우리는 놀라운 선물을 받았다. 바로 우리 뇌의 앞쪽에 자리 잡고 있는 전두엽이다. 가장 최근에 발달한 뇌인 전두엽은 우리의 가장 자랑스러운 성취이며, 인간의 신경계에서 가장 진화한 부위다. 앞이마 뒤쪽에 자리한 전두엽은 대뇌신피질을 이루는 4개의 엽 중 가장 크며, 우리의 중앙통제기관으로 기능한다. 즉, 간섭을 걸러내고 주의를 집중하여 마음의 폭풍을 잠재워서 우리의 지각중추가 우리 내·외부세계와 연결을 유지하도록 돕는 것이다. (중략) 무엇보다도 전두엽은 우리가 매일 의식, 의지, 목적을 가지고 하는 수많은 의도적인 선택과 행동의 중추다. '진정한 자아'의 집인 것이다. 전두엽을 거대한 오케스트라의 지휘자라고 생각해 보기 바란다. 전두엽은 뇌의 다른 부위와 직접적으로 연결되어 다른 뇌의 작동을 통제한다. 고차원적인 일을 하는 데 필요한 고차원적인 기능은 오직 전두엽만이 수행할 수 있다. 그러므로 우리가 습관적인 마음 상태를 극복하거나 생각보다 느낌대로 살려는 성향을 극복하려면, 전두엽과 그 기능에 더 익숙해질 필요가 있다.

이처럼 전두엽은 뇌 전체를 통제하면서 새로운 정보가 들어오면 집중할 수 있는 환경을 만든다. 예를 들어 우리가 흥미 있는 일에 집중하고 있으면, 주위의 소리들이 들리지 않거나 작게 들릴 뿐이다. 전두엽에서 방해되는 소리가 들리지 않도록 차단하는 것이다. 주의력 결핍 장애를 겪고 있는 아이들을 보면 전두엽이 활성화되어 있지 않음을 알 수 있다. 이런 부분을 종합해 보면 전두엽은 집중력과 많은 관련이 있고, 우리는 전두엽을 활성화함으로써 집중력을 향상시킬 수 있다는 결론에 이른다. 따라서 아이나 어른이나 공부를 잘하고 일을 잘하려면 전두엽에 관심을 갖고 잘 발달시켜야 한다.

전두엽은 발달하는 기간이 길다. 유아기부터 시작해서 사춘기, 청소년기를 거쳐 어른이 되어야 완성된다. 우리는 종종 전두엽 발달이 미숙한 청소년들이 자기만의 주장을 고집해 주위를 당혹하게 하는 경우를 본다. 이럴수록 부모나 사회가 인내하고 기다리는 지혜가 필요하다. 이렇게 많은 시간을 두고 발달하는 전두엽은 아이의 미래에 중요하고 위대한 일을 하도록 이끄는 중추다. 인생의 목표를 세우고 그 목표를 달성하기 위해 궁리를 하는 것도, 더 나은 세상을 꿈꾸며 더 나은 미래를 상상하는 것도, 자신을 위해 해야 할 것과 하지 말아야 할 것을 판단하는 것도 모두 전두엽이 한다.

만약 전두엽 발달에 장애가 오면 어떤 현상이 나타나는지 잠깐 살펴보겠다. 뭔가 나사가 하나 풀린 것 같이 한마디로 품격 있는 인간으로서의 삶을 살지 못한다. 한곳에 집중하지 못하고 여기저기 기웃거리며 산만하게 군다. 무슨 일이 생기면 결단을 내리지 못하고 우왕좌왕한다. 무슨 일을 계획해 행동하지 못하기 때문에 생각이 없고 책임감도 없다. 그래서 일에 대한 책임감이 떨어진다.

이처럼 인간다운 삶을 살아가는 데 전두엽의 기능은 상당히 중요하다.

그러면 사고하고 집중하게 만드는 전두엽을 발달시킬 수 있는 방법을 알아보자.

새롭고 가치 있는 일에 도전하는 것이다. 자신의 능력보다 좀 더 어려운 대상을 찾아 집중하는 것이다. 이타적인 숭고한 마음으로 자신의 의욕을 높이는 것이다. 이러할 때 전두엽은 신경망의 구조를 바꾸면서 그동안 사용하지 않았던 신경세포들을 총동원해 패턴에 변화를 준다. 이때부터 우리가 모르고 있던 잠재의식이 살아나는 것이다. 우리 인간은 자신의 능력이 어느 정도인지, 얼마를 사용하고 있는지 잘 모르고 살아간다. 전두엽은 잠재의식을 깨울 비밀의 열쇠다.

현실에 안주하고 게으른 생활을 하면 뇌의 도움도 받을 수 없고, 뇌의 노화를 가속화한다. 사용하지 않으니 자연스럽게 도태되는 것이다. 그렇기에 우리는 현실이 어렵더라도 전두엽을 활성화하기 위해 더 나은 미래를 상상해야 한다. 전두엽은 상상의 보고다. 그 상상이 생생할수록 전두엽은 더 집중하게 된다. 이러할 때 전두엽은 필요 없는 신경망은 잘라내고 시냅스 활동은 더욱 촉진시켜 상상이 현실이 되도록 만들어 준다. 그래서 실패하더라도 또 도전해야 한다. 실패하더라도 또 도전을 하면 전두엽이 활성화되기 때문에 시간이 지날수록 성공할 확률이 커지는 것이다.

이런 노력을 통해 전두엽을 활성화하면 우리는 우리가 원하는 일에 쉽게 집중할 수 있다.

잠재의식을 깨우는 비밀의 열쇠, 전두엽

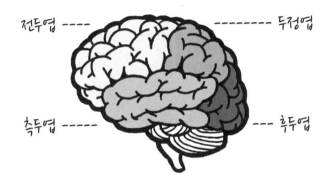

[Frontal lobe, 前頭葉]

* 시상에서 들어오는 정보를 분석하는 사고 활동을 한다. 또 이런 사고 활동을 바탕으로 종합하고, 판단하고, 계획을 수립하고, 다시 명령을 내린다.
* 충동적인 감정을 조절하는 중요한 역할을 한다.
* 운동 중추를 관장하고 신체의 운동을 조절한다.
* 집중력과 많은 관련이 있고, 전두엽을 활성화함으로써 집중력을 향상시킬 수 있다.

집중력의 힘, 신경전달물질

우리는 전두엽이 고도의 사고를 하고 뇌 전체를 통제하고 집중할 수 있는 환경을 만든다는 사실을 알게 되었다. 신경전달물질은 전두엽의 통제에 따라 신경을 흥분시키거나 억제하는 기능을 한다. 신경전달물질은 전두엽의 활동을 시냅스를 통해 적극적으로 수행한다. 즉, 신경전달물질은 전두엽의 지휘 아래 시냅스를 통해 집중력에 깊숙이 관여하고 있다.

신경전달물질은 전두엽에서 이루어지는 생각에 의해서도 많은 영향을 받는다. 신경전달물질은 시냅스를 통해 전달되는데, 이때 칼슘이 필요하다. 시냅스에서는 많은 신경전달물질이 전기적 신호와 화학적 연접을 통해 신경전달물질을 뉴런에서 뉴런으로 전달한다. 이것이 뇌 속에서 제대로 전달되고 안 되고는 몸 전체에 큰 영향을 미친다. 전두엽에서 하는 사고 활동이 긍정적이면 신경전달물질의 전달도 활발하고, 반대로 부정적이면 신경전달물질의 전달에 좋지 않은 영향을 미친다.

신경전달물질이 직접 눈으로 볼 수 있는 것이 아니어서 학부모들은 어떻게 할 수 없다고 생각하지만 뇌 과학을 활용하면 미루어 짐작할 수 있다. 신경전달물질은 뇌 활동에 꼭 필요하지만 너무 많아도 안 되고 너무 적어도 안 된다. 그래서 뇌의 항상성이 중요하다. 필요한 만큼을 적당하게 항상 공급하는 것이 중요하다. 그렇게 하려면 뇌의 항상성을 높여야 한다. 뇌의 항상성을 높이는 것이 결국은 집중력을 향상시키는 것이라는 사실이 증명된 셈이다. 신경전달물질의 원활한 전달은 우리의 건강에도 직접적으로 영향을 미친다.

다음은 우리가 관심을 가져야 할 신경전달물질들이다.

아세틸콜린은 주의력, 학습, 기억 형성에 관여하는 신경전달물질이다. 특히 기억에 많이 관여를 해서 공부에 직접적인 영향을 미친다. 금방 배우고 돌아서서 물어보면 전혀 기억을 못 하는 아이들이 있다. 이런 아이는 아세틸콜린의 전달에 문제가 있을 수도 있다. 이럴 때는 뇌파 측정을 해서 뇌 상태를 점검할 필요가 있다. 기억을 못 한다고 나무라거나 조상이나 부모 탓을 하는 것은 바람직하지 않다. 원인을 알면 정확한 대책을 세울 수 있다. 아세틸콜린은 신경의 자극을 근육에 전달한다. 부족하면 알츠하이머병에 걸리기 쉽고, 학습 장애와 관련 있다.

도파민은 뇌의 여러 곳에서 각성 상태를 조절하고 신체적인 동작을 제어한다. 도파민은 성취감을 느낄 때 보상해 주는 신경전달물질이다. 그래서 우리가 도파민의 지원을 받으려면 도전 목표를 가져야 한다. 우리는 도파민의 적극적인 지원을 받을 생각을 해야 한다. 도파민은 자신이 할 수 있을 정도의 일을 적당히 했을 때는 나오지 않는다. 도전해서 성취감을 맛보지 않은 사람은 도파민이 주는 이루 말할 수 없는 기쁨을 느낄 수 없다. 그래서 집중할 대상인 집중의 문을 찾는 것이다. 자신의 모든 것을 걸고 도전할 목표가 있다면 도파민의 전폭적인 지지를 받을 수 있다.

도전적인 목표를 갖게 되면 사람이 열정적으로 바뀐다. 사람이 열정을 가질 때 도파민은 폭포수처럼 쏟아진다. 이는 뇌세포 연결망에 왕성한 활동이 일어나고 도파민이 지원하니 꽃으로 말하면 활짝 핀 모습과 같다는 생각이 든다. 이런 사례를 방송을 통해 보았다.

연초에 KBS에서 설 특집으로 〈히말라야를 그리다〉를 방영했다. 그 주인공은 곽원주 화백이었다. 그는 늦은 나이에 산수화에 입문했는데, 우리나라와 중국, 일본의 산들을 그리다 거대한 히말라야를 산수화로 그리기로 마음먹었다. 예순여섯의 나이에 그 앞에는 추위, 고산 지역, 국경을 넘나드는 장거리 이동이라는 난관들이 놓여 있었지만 그는 자신의 모든 것을 걸고 도전에 나섰다. 노화백은 몇 년에 걸친 노력 끝에 국내 최초로 히말라야 14좌를 화폭에 담는 쾌거를 이루었다. 마지막 14좌봉을 화폭에 담으면서 노화백은 기쁨의 통곡을 했다. 시청자들로 하여금 눈시울을 붉히게 만드는 장면이었다.

이처럼 우리가 집중해 성취의 희열을 느낄 때 도파민이 솟구치는 것이다. 하지만 도파민이 과하면 정신분열 증상을 나타내고 부족하면 몸이 떨리는 파킨슨병을 나타낸다.

세로토닌은 뇌 속에 널리 분포되어 기분에 커다란 영향을 미친다. 세로토닌의 분비가 많아지면 기분이 좋아지고, 낙천적으로 되며, 수면과 식욕 및 혈압을 조절한다. 공격적인 면을 자제시키고, 남을 배려하는 것과 같은 사회적 행동을 고무한다. 또한 평안을 가져온다. 걱정이 많은 사람에게 누군가 다가와 다정히 말을 걸어주고 팔을 쓰다듬어 주면 차분해지는데, 이때 세로토닌이 분비된다.

세로토닌이 부족하면 우울증에 걸릴 수 있다. 세로토닌의 분비를 촉진하려면 운동을 하고 햇볕을 쬐야 한다. 명상이나 요가 산책 등을 한 뒤의 상쾌함도 세로토닌 때문이다. 도파민이 기뻐서 흥분하면 분비된다면, 세로토닌은 온화한 기쁨, 정서적 안정을 느낄 때 분비된다.

그 밖에 모르핀과 같은 역할을 하는 엔도르핀, 분노나 화를 낼 때 나오는 아드레날린, 사랑할 때 나오는 옥시토신과 바소프레신, 암페타민 등 많은 신경전달물질이 있다.

의사들은 이런 신경전달물질들의 성질을 이용해 우울증 환자나 ADHD 환자, 정신분열증 환자 등 다양한 환자들을 치료한다. 중요한 것은 이런 신경전달물질들이 시냅스에서 능동적으로 잘 전달되어야 뇌의 항상성이 유지되어 건강하고 하고 싶은 일에 집중할 수 있다는 것이다.

뇌 훈련은 이런 신경전달물질의 조절을 원활하게 해 뇌의 항상성을 유지하는 데 도움이 된다.

주의력과 집중력은 친구

우리는 집중력을 향상시키기 위한 여러 가지 방법을 알아보았다. 뇌 과학에서 보면 휴식 능력, 주의력, 집중력은 서로 밀접한 관계가 있으며 뇌의 항상성과 연관이 있다. 집중력을 높이려면 결국은 전체적으로 뇌가 골고루 잘 발달해야 하고 뇌의 항상성이 잘 유지되어야 한다. 또한 주의력과 휴식 능력이 있어야 집중력도 높아진다.

주의력은 전체를 잘 살피는 것이다. 축구경기를 예로 들면, 상대방 수비를 잘 살펴서 상대방 골문 근처까지 공을 몰고 가는 것은 주의력에 해당한다. 골을 넣기 위해 주변에 수비수가 어디 있으며, 우리 편이 어디에 위치하고, 골키퍼가 어떤 위치에 있는지 파악하는 것은 주의력이다. 하지만 상대방 골문에 결정적인 골을 넣는 것은 집중력이다. 때문에 골을 넣으려면 집중력과 주의력 둘 다 있어야 한다. 그래서 어떤 학자들은 주의력과 집중력을 구별하지 않고 주의집중이라고 말하기도 한다.

학부모들은 아이가 집중력만 높으면 공부를 잘할 거란 막연한 기대를 한다. 하지만 집중력만으로 공부를 잘하는 것은 아니다. 예를 들어 학교에서 수업을 하고 있는 아이의 태도를 보자.

선생님은 열심히 수업을 진행하고 있다. 집중력이 높은 아이는 선생님의 설명을 잘 듣는다. 그러나 선생님의 설명을 듣지 않고 있는 아이들이 있다. 책을 뒤적거리거나, 연필을 굴리거나, 졸거나 한다. 각자 앉아 있는 자세도 천차만별이다. 하지만 이 모든 부산스러운 행동 속에서 주의를 선생님에게로 돌려야 한다. 그리고 선생님의 말에 집중해야 한다. 또한 선생님의 수업 중에 필요한 내용과 필요 없는 내용을 가려내야 한다. 그중에서도 수업의 주제를 정확히 파악해야 한다. 그래야 공부를 잘할 수 있다.

이처럼 공부를 잘하기 위해서는 부산스런 수업 분위기에서 선생님에게 주의를 돌리는 주의력과 선생님의 설명 중 필요 없는 것에 주의를 주지 않는 자세가 필요하다. 또한 당연히 선생님의 수업에 집중해 핵심을 파악하는 일도 필요하다. 즉, 선생님에게 주의를 기울여야만 집중할 수 있다는 말이다. 이처럼 주의력과 집중력은 밀접한 관계가 있다.

간혹 주의력만 아주 높은 사람이 있다. 이런 사람은 다음과 같은 특징을 보인다. 눈치를 잘 보고 항상 남을 의식하며, 활동성이 강하다. 해야 할 말과 해서는 안 되는 말을 구분하지 못해 아무 말이나 마구 한다. 한마디로 분위기 파악을 못한다. 그러므로 뇌는 어느 한쪽으로 치우쳐 발달하면 바람직하지 못하다고 할 수 있다.

한편 주의력이 아주 떨어지는 아이들도 문제가 되고 있다. 이런 아이들은 주의력 결핍장애(ADD), 주의력결핍 과잉행동장애(ADHD) 아동이라고 부른다. 하지만 이것은 비단 아이들만의 문제는 아니다. 얼마 전 성인들도 ADHD 판정을 받으며, 이 판정을 받는 사람들은 사회적 활동이 실제적으로 힘들다는 것을 뉴스에서 보도한 적이 있다. 또 스물한 살 된 청년은 ADHD 판정으로 군대에 적응하기 힘들다는 법원 판결을 받기도 했다. 또한 현재 우리나라의 초등학교 교실에서 30~40퍼센트에 이르는 학생들이 주의력이 떨어져서 산만하고 수업에 집중하지 못하고 있다는 통계가 있다. 이처럼 주의력 결핍은 중요한 사회 문제로 떠오르고 있다.

어릴 때는 아이가 산만해도 부모는 호기심이 좀 많다, 변덕을 잘 부린다는 정도로만 인식하고 주의력이 부족하다는 생각은 하지 못한다. 그러나 학교에 가게 되면 선생님에게 아이가 산만해 공부에 집중을 하지 못한다는 말을 듣거나, 선생님의 권유로 병원에 가서 주의력 결핍장애, 주의력결핍 과잉행동장애 검사를 받게 된다. 판정이 나면 의사선생님이 권하는 약을 먹거나 뇌 훈련(NeuroFeedback)을 하기도 한다.

주의력이 떨어지면 맞닥뜨린 문제에 대해 깊이 생각하지 못하고 생각이 분산되기 쉽다. 그렇기 때문에 잠깐 관심을 가졌다가 어떤 결과가 나오기도 전에 다른 것으로 주의를 돌린다. 그래서 깊이 사고하는 능력도 매우 떨어진다. 또한 즉각적인 반응을 나타 내는 쾌락적인 것에 쉽게 흥분한다. 그래서 주의를 계속해서 옮기 는 것이다.

물론 공부를 하는 것도 힘들다. 공부를 하기 위해서는 엄청난 주의력과 집중력이 필요하다. 잘 아는 것도 있지만 모르는 것도 많다. 모르는 것을 이해하기 위해서는 그 주변의 것들을 받아들이 고 이해하는 주의력과 핵심을 파악하는 집중력이 동시에 있어야 한다. 그러나 주의력이 부족하면 근처에만 갔다가 돌아 나오는 격 이기 때문에 공부를 하기 힘들다. 또한 수업 시간 40분을 주의 집 중해야 하는데, 이런 친구들은 1분도 주의 집중하기 힘들기 때문 에 수업 내용을 전혀 이해하지 못하는 것은 당연하다.

그러나 공부보다 더 큰 문제는 친구들과의 관계다. 친구들이 하는 이야기를 참고 끝까지 듣기 힘들기 때문에 친구가 이야기하 는 도중에 다른 일에 관심을 갖거나, 자기 말을 하거나, 전혀 관계 없는 다른 이야기나 행동을 하게 된다. 그러면 친구들은 당연히 싫어할 수밖에 없다.

주의력은 전두엽에서 일어나는 여러 활동 중에서 필요한 것은 선택해서 집중하고 불필요한 것은 걸러 낸다. 주의를 기울여서 어 떤 것을 선택한다는 것은 매우 중요한 일이다. 고등학생이 중요한 수학 공부에 주의를 기울이지 않고, 오토바이를 모는 것에 주의를 기울이고 있다면 어떻게 되겠는가? 자신의 인생에 별 가치 없는 것에 주의를 기울인다면 인생에서 많은 시간을 낭비하는 것과 같다. 그러므로 주의력은 아주 중요하다.

집중력을 높이기 위해서는 휴식 능력과 주의력이 중요한 역할을 하는 것처럼 주의력을 높이기 위해서도 집중력과 휴식 능력은 중요한 역할을 한다. 주의력과 집중력은 친구이기 때문에 집중력을 높이는 방법이 곧 주의력을 높이는 방법이기도 하다.

지금까지 집중력을 높이는 방법에 대해서는 많은 이야기를 했으니 주의력을 향상시키는 법에 대해서 간단하게 말하고자 한다. 주의력은 전두엽에서 일어나는 일이기 때문에 가장 먼저 신경망을 활성화하는 뇌 훈련이 필요하다. 사고 활동을 왕성하게 하기 위해 질문하기를 적극 권장한다. 질문은 끊임없이 새로운 생각을 하게 만들어 복잡하게 연결된 신경망에 자극을 주어 새로운 신경 패턴을 유도한다. 또한 질문의 질문은 창의적인 아이디어를 낳고 더 많은 신경망의 연결 고리를 형성한다. 독서도 주의력과 집중력을 배양한다. 주의를 많이 기울이다 보면 쉽게 피곤해지기 때문에 3초 호흡을 통해 적당한 이완이 필요하다. 또한 적당한 운동으로 건강하게 몸을 유지해야 한다는 것은 말할 필요도 없을 것이다.

기억력, 사고력, 집중력
+뇌 발달 삼총사+

우리 뇌는 자신이 살아가는 데 필요하다고 생각되는 정보를 기억한다. 그리고 그 기억을 중심으로 사고하고 판단한다. 그런데 정보를 기억하기 위해선 먼저 집중력이 필요하다. 또한 올바른 사고와 판단을 위해서도 집중력이 필요하다. 이렇듯 기억력, 사고력, 집중력은 삼총사처럼 하나로 움직인다. 공부를 잘한다는 것도 결국은 이 세 가지가 하나로 잘 움직인다는 의미다.

시험을 보면 우리는 먼저 문제를 읽는다. 그 뒤 기억된 정보를 바탕으로 사고하고 판단한다. 그리고 집중해 질문에 합당한 정보들을 찾아내서 올바른 정답을 내놓아야 한다. 결국 시험을 잘 보았다는 것은 제대로 된 정보를 기억하고 사고하고 집중해서 문제의 답을 똑바로 제시했다는 것이다. 이처럼 뇌에서 기억력, 사고력, 집중력은 동시에 작동한다. 또한 전두엽에서 행해지므로 뇌발달 삼총사라 할 수 있다.

하버드대 정신의학 교수인 존 레이티 박사가 쓴《뇌 1.4킬로그램의 사용법》에서는 기억력에 대해 다음과 같이 말한다.

작업 기억은 전전두엽의 집행 기능의 중요한 일부다. 작업 기억을 다루는 시스템은 전두엽에 위치해 있는데, 운동과 처리에 관련된 영역 바로 앞이다. 그것은 자료, 동기, 착상을 잠시 마음속에 담아둔다. 그리고 장기기억시스템에 의지해 해마와 피질의 다른 부분들에서 정보를 부호화해 사용한다. 작업 기억은 한 번에 몇 초 동안 소량의 정보만을 갖는다. 예컨대 전화번호부의 번호를 전화 걸때까지 기억하는 능력이다. 이런 정보의 '정신적 연습'이 없다면, 우리는 단 몇 초 만에 작업 기억의 내용을 잊을 것이다. 하지만 장기기억의 정보는 더 오래 기억된다. 우리는 작업 기억을 이용해 눈앞에서 발생한 사건들을 개념화한 뒤, 장기기억을 이용해 현재를 살아가고 미래에 대한 계획을 짠다.

여기서 말한 작업 기억은 우리가 알고 있는 단기기억과 같다. 우리 뇌는 우리의 생명과 직결된 문제에 있어서는 무의식적으로 장기기억에 저장한다. 그러나 학습에 의한 것은 생명과 직결된 것이 아니므로 기억해도 그만 아니어도 그만인 것으로 취급한다. 그래서 아이들은 학교에서 배운 내용을 금방 쉽게 잊어버리게 되는 것이다. 학습한 내용을 장기기억으로 넘기기 위해선 집중과 반복이 필요하다. 예부터 예습과 복습을 강조한 것은 이런 이유 때문이다.

우리는 하루에 눈을 뜨자마자 화장실에 갈 것인지 아닌지부터 시작해서 잠자리에 들기 전까지 수없이 생각하고, 판단하고, 결정을 내린다. 이것은 기존에 자신의 뇌에 들어온 정보들을 통한 행동이다. 뇌에 들어온 정보란 우리 뇌 속에 기억되어 있는 정보라는 말이다. 그러므로 기억력과 사고력은 떼려야 뗄 수 없는 관계에 있다.

사고력과 기억력의 바탕에는 집중력이 있다. 어떤 일에 얼마나 집중하느냐에 따라 기억력이 달라지고, 어떤 사고를 하느냐에 따라 집중과 기억의 강도가 달라진다. 만약 뜨거운 물에 대한 기억이 없다면 우리는 뜨거운 물을 만지게 될 것이다. 그리고 화상을 입을 수 있다. 만약 사고와 기억이 제대로 이루어지지 않는다면 우리는 무수히 많은 장애를 유발할 수 있다. 학습장애도 그중의 하나다. 부모들이 원하는 대로 아이가 잘 자라게 하기 위해선 우선 사고력, 기억력, 집중력과 관련이 많은 전두엽을 활성화해야 한다. 뇌 발달 삼총사인 기억력, 사고력, 집중력은 삶을 살아가는 데 있어 꼭 필요한 요소들이다. 뇌의 고른 발달이 이런 요소들을 잘 발달시킬 수 있는 방법이다. 뇌에 대한 정보를 통해 아이들의 뇌가 골고루 발달할 수 있도록 도와주자.

적절한 자극과 뇌 훈련으로 균형 잡힌 뇌 발달을 이루고, 적당한 휴식과 뇌 훈련으로 뇌의 피로를 줄여 주면, 아이들은 건강하게 자랄 것이다. 여기에 자신이 좋아하는 것에 열정을 갖고 집중해 도전하면 훌륭한 인재가 될 수 있을 것이다.

아이를 훌륭하고 뛰어난 인재로 키우는 것은 모든 부모의 바람이다. 그 해답은 바로 뇌에 있다고 밝혔다. 이제 독자 여러분은 뇌와 관련된 이야기를 쭉 보면서 자신도 모르게 뇌에 대해 이해가 되고 있다는 사실을 발견하게 될 것이다.

뇌 과학에 입각해서 '어떻게 하면 똑똑한 아이로 훌륭하게 키울 것인가'에 대한 해답은 뇌의 신경망 연결이다. 얼마만큼 촘촘하게 신경망이 형성되고 수초가 많이 생성되는가가 관건이다. 수초가 많으면 신경망을 통해 전달되는 속도가 빠르다. 정보 전달 속도가 빠르다는 것은 머리가 좋다는 말과 같다. 빠르게 인지되고 기억이 잘된다는 말이다. 그래서 우리는 아이들의 뇌 발달을 위해 신경망 형성과 그 신경망을 보호하는 수초의 형성에 많은 관심을 가져야 한다. 그러기 위해서 우선 부모들은 아이의 유아기에 집중해야 한다. 5세에서 7세 사이에 전두엽의 형성의 신경망이 80퍼센트 이상이 완성되기 때문에 이 시기를 절대 놓쳐서는 안 된다. 이때부터 집중의 대상을 찾아 줄 준비를 철저하게 해야 한다. 이 시기에는 아직 신경망 형성 단계이기 때문에 집중하기가 쉽지 않다. 아이가 뭔가를 집중할 선택의 폭을 넓힐 배경지식을 많이 쌓도록 적극적으로 도와주어야 한다.

그 방법 중의 하나가 책 읽어 주기다. 매일 2시간 이상은 아이에게 책을 읽어 주어야 한다. 아이가 한글을 깨우쳐 본인이 혼자 책을 읽더라도 책 읽어 주기를 멈추지 말아야 한다. 이 시기에 최대의 적은 텔레비전, 스마트폰, 인터넷 게임이다. 이 시기에는 부모들이 목숨 걸고 디지털 기기로부터 아이들을 지켜야 한다. 그리고 이 시기에 여건이 되면 뇌 훈련을 일주일에 한 번씩 시키면 매우 좋다. 뇌 훈련은 아이들의 신경망 연결과 수초 형성에 촉매와 같은 역할을 한다.

사고력 발달에는 책만 한 것이 없다

뇌세포 분열이 폭발적으로 일어나는 시기에 신경망 형성의 활성화는 뇌 발달의 지름길이다. 전두엽이 발달되는 시기에 뇌의 가소성을 최대한 활용하는 것이다. 그리고 뇌는 넘쳐도 안 되고 부족해도 안 되므로 뇌의 항상성을 잘 유지해야 한다. 그리고 이 시기에는 많은 질문을 하고 질문을 잘 받아 주어야 한다. 질문은 아이들의 사고력 발달에 도움을 준다. 사고하면 전두엽에 새로운 신경망들이 끊임없이 형성된다. 아이가 무엇을 사고하게 되면 뇌는 자동으로 집중한다. 사고의 크기에 따라 집중의 크기도 달라진다. 질문은 전두엽 발달에 초석이 된다. 그리고 유아기에는 자연에 많이 노출되게 해야 한다. 모래도, 진흙도, 눈도 만져 보게 하라. 대한민국의 사계절을 만끽하게 하라. 그것이 아이들에게는 사고력을 발달시키는 진정한 공부다.

이런 유아기를 거쳐 초등학생이 되면 배경지식을 바탕으로 집중의 문을 스스로 찾도록 환경을 만들어 주어야 한다. 이 시기에 모든 사고의 중심은 아이가 되어야 한다. 그래야 지속적인 신경망 연결이 이루어진다. 부모가 할 일은 유아기에 90퍼센트가 끝났다. 이제 부모가 할 일은 사랑이 가득한 눈빛으로 아이를 바라보며 인내하며 기다리는 일이다. 절대로 부모의 욕심으로 아이를 바라보아서는 안 된다. 초등학교부터는 세상의 중심이 아이가 되는 것이다. 혹여 아이가 부모를 의지하는 마음을 가지지 않도록 철저하게 독립심을 길러 주어야 한다. 부모를 의지하는 순간 아이들의 뇌는 활동을 하지 않는 게으른 세포들이 생겨난다. 양치기처럼 뒤에서 경로 이탈만 막아주면 된다. 물가로 끌고 가는 우를 범해서는 안 된다. 이러면 아이의 뇌가 먼저 감지하고 부모가 떠먹여 주기만을 기다린다. 이 시기부터 아이가 자신이 선택하고 자신이 책임지는 생활을 하도록 해야 한다. 아이 스스로 생각하고, 질문하고, 사고하고, 실천하고, 도전하는 삶을 살게 해야 한다. 이것이 전두엽을 활성화하고 주의력, 집중력, 기억력을 향상하는 비법이다.

또한 뇌가 발달해서 짧은 시간에 많은 정보를 입력하고 기억하는 신경망이 형성되어 시간을 효율적으로 사용할 수 있게 된다. 그런데 만약 초등학생을 유아기의 아이처럼 대하면 뇌가 발달하는 데 부정적인 역할을 한다. 뇌를 믿고 맡기는 것이 뇌 발달의 지름길이다. 그리고 반드시 휴식을 취하게 해야 한다. 뇌 발달을 위해 적절한 자극으로 전두엽을 활성화하는 것도 중요하지만 뇌 충전을 위한 휴식도 중요하다.

낮 시간 동안 쉬는 시간을 활용해서 3초 호흡을 하고 아침, 저녁으로 명상을 하자. 그리고 취침은 10시 전후에 하고 깊은 숙면을 취할 수 있는 환경을 만들지. 집중하기 좋은 새벽 시간을 활용해 보자.

머리가 좋다는 것은?

뇌 과학에 입각해서 '어떻게 하면 똑똑한 아이로 훌륭하게 키울 것인가'에 대한 해답은 뇌의 신경망 연결이다.

얼마만큼 촘촘하게 신경망이 형성되고 수초가 많이 생성되는가가 관건이다. 수초가 많으면 신경망을 통해 전달되는 속도가 빠르다. **정보 전달 속도가 빠르다는 것은 머리가 좋다는 말과 같다.** 빠르게 인지되고 기억이 잘된다는 말이다.

그래서 우리는 아이들의 뇌 발달을 위해 신경망 형성과 그 신경망을 보호하는 수초의 형성에 많은 관심을 가져야 한다.

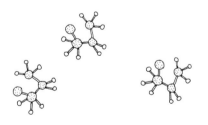

좌우 뇌 균형 맞추기

아이들의 뇌 발달에 있어 좌우 뇌의 균형이 맞지 않으면 정서적으로 불안정하다. 그래서 충동적이고, 짜증을 잘 내고, 우울의 성향이 나타날 수가 있다. 이로 인해 학습 의욕이 떨어져 자연스럽게 집중력 저하로 이어질 수 있다. 이에 좌우 뇌가 갖는 특징을 잘 이해하고, 좌우 뇌를 골고루 발달시킬 방법들을 모색해야 한다.

대뇌 피질은 뇌량을 사이에 두고 좌뇌와 우뇌로 나누어져 있다. 좌뇌와 우뇌는 각자 독립적이고 다르게 활동한다. 사람들은 각자 유전적인 차이가 있고, 살아가는 환경이 다르기 때문에 좌뇌와 우뇌의 발달에 조금씩 차이가 있다. 그것은 성격의 차이로도 나타나고, 좋아하고 싫어하는 경향으로도 나타난다. 아이들을 보면 호기심이 많고 활달한 아이가 있고, 조용하고 차분한 아이가 있다. 내성적이라 모르는 사람 앞에서는 말도 잘 못하는 아이가 있는가 하면, 아무에게나 가서 말을 붙이고 금방 친구를 만드는 아이도 있다. 또한 음악을 좋아하는 아이가 있는가 하면, 수학을 좋아하는 아이도 있다. 동물을 좋아하는 아이가 있는가 하면, 싫어하는 아이도 있다. 이처럼 다양한 아이들이 있는 것은 좌우 뇌의 발달이 똑같지 않기 때문이기도 하다. 우선 좌뇌와 우뇌의 특징을 알아볼 필요가 있다.

좌뇌는 논리적, 분석적, 이성적이다. 뇌 회전 속도가 빨라 수학적 계산이 용이하고 섬세한 작업이 가능하다. 순서에 따라 정보를 처리하고, 언어와 관련해 읽고 쓰고 정리하고 말로 표현하는 일에 관여한다. 그래서 좌뇌는 정보를 순식간에 처리한다. 우뇌는 직관과 통찰에 능해 전체를 종합적으로 파악한다. 감성이 풍부해 예술가의 자질에 도움을 주고, 공간을 인식하고 파악하는 능력, 시각 정보를 분석하는 능력이 있다. 우뇌는 얼굴을 파악하는 능력, 패턴을 찾아내는 능력도 뛰어나다. 운동을 하거나 집을 찾을 때도 우뇌가 활발하게 활동한다. 우뇌는 신경망이 길게 연결되어 있어 새로운 것을 인지하는 창의적 사고에 관여하고 다양하고 깊은 사고를 하는 데 도움을 준다.

만약 좌뇌만 발달하면 지극히 계산적이고 배려심이 부족해 무미건조하고 이기적으로 될 성향이 높다. 그래서 전체적인 종합 사고력이 떨어져 지시에 잘 따르는 참모 역할에 적합하다. 반대로 좌뇌 발달이 느리면 자기 것을 제대로 못 챙기고 계산, 책 읽기, 받아쓰기 등을 잘 못한다. 또 우뇌만 발달하면 고흐와 같이 예술가적인 천재성을 나타내는 경우가 많지만 사회성이 떨어져 현실 생활에 적응을 못 하는 경우가 있다. 우뇌가 발달하면 종합적인 사고 활동이 뛰어나기 때문에 리더로서 탁월함을 나타내고, 남들에게 베풀기를 좋아한다. 반대로 우뇌 발달이 느리면 감성이 부족하고 사고력, 문제 해결력, 응용문제에 취약하다.

부모는 아이가 공부도 잘하고, 성격도 좋으며, 자신의 의사도 당당히 주장할 줄 알고, 남을 잘 배려하고, 자연을 사랑하는 사람이 되기를 바란다. 이렇게 되기 위해서는 우선 좌우 뇌가 균형을 이루고 발달해야 한다. 좌우 뇌의 균형이 잘 맞아야 뇌 기능이 최적화되고 활발한 활동을 할 수 있다. 공부도 잘하고, 친구들과도 잘 어울리고, 무엇이든 잘하는 만능 엔터테이너 같은 아이들이 가끔 있다. 이런 아이들의 뇌 상태를 살펴보면 좌우 뇌 동시성이 뛰어남을 볼 수 있다. '좌우 뇌 동시성'이란 좌뇌와 우뇌가 동시에 활동하는 정도를 말하는 것이다. 즉, 이런 아이들은 공부를 할 때 좌뇌만 쓰는 것이 아니라 우뇌와 함께 사용한다는 말이다.

그런데 국영수 과목만 중요시하고, 예체능은 소홀히 하는 우리나라 교육은 좌뇌 중심 교육이다. 그러나 사람은 좌우 뇌 균형이 맞지 않으면 정서적으로 매우 불안정한 상태를 나타낸다. 쉽게 짜증을 내고, 아무 생각 없이 욕을 하고, 갑자기 충동적인 행동을 하거나 의기소침해져 방 안에서 나오려 하지 않는다. 의욕이 떨어지고, 심하면 우울증이 찾아오기도 한다. 특히 디지털 기기로 인해 좌우 뇌의 불균형이 나타나는 아이들은 서서히 게임 중독이나 스마트폰 중독 등 중독 형태로 나타나기도 한다. 청소년기에 이런 좌우 뇌의 불균형과 사춘기가 함께 작용하면 이유 없는 반항과 일탈로 이어지기 쉽다. 특히 현대는 디지털 기기의 과도한 사용으로 인해 우뇌의 발달이 느려져 좌우 뇌의 불균형이 나타나기 쉽다.

《뉴로피드백, 두뇌의 자기 치유》의 저자 짐 로빈스는 이 책에서 좌우 뇌의 불균형에 대해 다음과 같이 말한다.

위스콘신 대학교와 다른 연구 기관들의 연구에 따르면 좌측 후두엽 피질은 사람의 생활에서 긍정적인 감정을 축적하는 데 핵심 역할을 하는 것으로 알려져 있다. 왼쪽 두뇌 세포의 작은 조각이 두뇌 속의 네트워크를 가동시켜 기분이 좋게 느끼게 하는 반면, 오

른쪽은 노여움이나 공포와 같은 부정적인 감정들을 나타낸다. 양
쪽 두뇌의 주파수가 균형을 이루지 못하고 오른쪽 주파수가 왼쪽
보다 높게 되면 사람들은 긍정적인 감정들을 얻지 못하고 우울하
게 된다.

이렇듯 좌우 뇌의 불균형은 아이들을 정서적으로 안정되지 못
하게 하기 때문에 좋지 않다. 그러므로 아이의 정서적 안정을 위
해, 학습 능력 향상을 위해 좌우 뇌를 동시에 자극할 수 있는 여러
가지 활동을 하는 것이 좋다. 너무 어린 나이부터 학습에만 집중
하지 말고, 몸과 머리를 모두 사용할 수 있도록 이끌어 주어야 한
다. 또한 아이의 활동하는 모습을 지켜보고 너무 활동적이거나 너
무 소심하면 뇌 발달이 균형을 이루지 않은 것인지 의심해 봐야
한다.

창의력과 집중력

21세기는 창의적인 인재가 세상의 명예와 부를 독식하는 세상이 될 것이다.

인류의 최초의 혁명은 불의 발견이었다. 날것으로만 먹던 음식을 익혀 먹게 되고, 그릇을 만들어 곡식을 저장하게 되었다. 또한 불은 따뜻함과 함께 무서운 맹수로부터 인간을 지켜 주는 역할을 했다. 다음으로 일어난 혁명은 문자의 발명이다. 기억에 의존해 전승되던 모든 인류의 문화가 글로 남겨짐으로써 전승되는 데 큰 도움이 되었고, 이를 바탕으로 하는 지혜로 사람들은 점점 더 나은 문명을 만들게 되었다. 이때 문자를 익힌 사람들은 특별한 권리를 누렸다. 거기에 금속활자는 많은 사람에게 지식을 보유할 수 있도록 하여 인류는 한 단계 더 높은 발전을 이루었다.

18세기 산업혁명은 인류의 또 다른 혁명을 불러일으켰다. 농경사회를 산업사회로 바꾸는 혁신적인 변화를 이끌어 낸 것이다.

그러나 산업사회는 대량의 물질을 공급했을 뿐 실제적으로 농경사회와는 그다지 다르지 않았다. 농업에서 산업으로 바뀌었을 뿐이지 역시 사람의 노동력을 필요로 했기 때문이다. 그러나 전기가 만들어지고, 텔레비전이 발명되면서 인류는 또 다른 변화를 맞이했다. 텔레비전이 처음 나왔을 때 사람들은 이제 책이 사라질 것이라고 말했다. 그 나라 안에서 일어난 여러 사건 사고를 그날 알 수 있는 세상이 되었기 때문이다.

그러나 인터넷의 탄생은 정보의 혁명을 불러왔다. 이제 한 나라 안이 아니라 세상의 모든 정보를 장소에 구애받지 않고 알 수 있는 세상이 된 것이다. 21세기는 정보의 시대라는 말이 밀레니엄을 시작하면서 생겨났다. 이제 세계는 하나의 글로벌 시장이 되었다. 미국에서 인터넷으로 제품을 주문하면 중국의 공장에서 만들어진 제품이 프랑스의 유통업체를 통해 미국에 배달되는 식으로 세계는 바뀌었다.

《미래를 경영하라》의 저자 톰 피터스는 21세기는 창의성의 시대라고 말한다. 옛날 대기업은 100년을 이어 갔다. 즉, 2대까지 그 부의 대물림이 가능했다. 그러나 1970년내에 들어서 대기업의 수명은 20~30년으로 짧아졌다. 한 세대의 자수성가 정도는 이루어질 수 있었다는 말이다. 하지만 2000년대에 들어선 지금은 5년으로 급감했다. 새로운 기업이 태어나 5년 이상을 버틸 수 있을지 알 수 없다는 것이다. 이렇듯 세상은 아무도 예측할 수 없을 정도로 빠르게 변화하고 있다. 기업들은 살아남기 위해서는 혁신에 혁신을 거듭해야 한다. 그래서 21세기는 괴짜라고 불리는 창의성이 넘쳐나는 인재들이 살아남게 되고, 그런 인재들을 발굴해 잘 활용하는 기업만이 살아남을 것이다.

GM이나 마이크로사는 이미 인재 전쟁에 뛰어들었고, 삼성은 혁신을 부르짖고 있다. 박근혜 정부는 창조경제를 기치로 내걸었다. 대기업들의 직원 채용도 변화되고 있다. 학력이나 스펙이 좋은 사람이 아니라 창의성이 뛰어난 인재를 찾아 나섰다. 이렇듯 21세기는 창의성이 주도하는 시대가 될 것이다. 그럼, 어떻게 하면 아이를 창의적인 인재로 키울 것인가?

해답은 뇌에 있다. 공부를 잘하고 성공하기 위해서는 집중력이 필요한데 집중력을 향상시키기 위해서는 전두엽을 활성화해야 한다고 말했다. 즉, 뇌를 알고 잘 발달시켜야 집중력을 향상할 수 있다. 창의력도 마찬가지다. 창의적인 인재로 키우려면 전두엽을 잘 발달시켜 사용하지 않는 뇌세포를 깨워야 한다. 사람들은 살아가면서 뇌에 고정화된 신경망의 패턴을 만든다. 이것을 우리는 습관이라고 한다. 좋은 습관은 인생을 가치 있게 살게 한다. 하지만 나쁜 습관을 갖게 되면 오히려 삶의 걸림돌이 될 수 있다.

대부분의 사람은 고착화된 신경망으로 세상을 바라보고 판단한다. 안타깝게도 현재 우리나라 거의 대부분의 교육이 고착화된 신경망을 형성하는 데 일조하고 있다. 아이들이 창의력을 기를 수 있는 방향과는 정반대로 가고 있는 것이다. 이제 우리는 창의적 인재 육성에 대해 고민하고 방법을 철저히 바꿔야 하는 기로에 서 있다.

무엇보다 뇌에 대한 관심을 가져야 한다. 그래야 창의성의 시대에 대처할 수 있다. 창의성은 앞으로 국가, 기업, 개인의 생존을 좌우할 것이다. 삼성과 애플의 특허 소송은 우리가 창의성에 사활을 걸어야 하는 하나의 신호탄이라 할 수 있다. 현재 우리나라도 국가에서 '창조경제'의 슬로건을 내걸고, 기업들은 창의성 경영을 독려하면서 창의적인 인재를 찾기 위해 애쓰고 있다.

뇌 과학자들에 의하면 창의적인 생각은 세타 상태지만 깨어 있는 상태에서 발생한다고 한다. 연구 결과 뇌파가 평상시 세타파 상태에서는 잠이 오지만, 명상을 오래한 수행자들은 세타파 상태에서도 깨어 있음이 밝혀졌다. 그래서 새벽에 잠이 깰 때 불현듯 아이디어가 떠오르기도 하는 것이다. 그래서 항상 머리맡에 필기구를 두고 잠을 자는 사람도 있다.

《뉴로피드백, 두뇌의 자기 치유》의 저자 짐 로빈스는 이 책에서 에디슨도 새로운 발명을 할 때는 원초적인 바이오피드백을 이용했다고 말했다.

그는 편안한 의자에 앉아서 오른손에 돌멩이를 쥐고 있고는 했다고 한다. 손 아래쪽 바닥에 그는 함석으로 된 접시를 놓아두었다.

의자에 편안히 자리 잡고 졸기 시작하면 그는 손에서 돌멩이를 떨어뜨릴 것이다. 그러면 그 돌멩이는 아래에 놓인 접시 위에 떨어져서 그를 깨울 것이다. 그러면 그는 자신에게 떠올랐던 아이디어를 메모했다. 화학자 프리드리히 케쿨레도 이와 유사한 상태에서 원자들이 연결된 고리를 구성하고 뱀들이 자신의 꼬리를 무는 공상을 하곤 했다. 이런 공상은 그가 벤젠 고리의 형태를 발견하도록 했다.

이처럼 창의적인 인재는 스스로 각성의 세타 상태를 만들었던 것이다. 졸리지 않고 마음이 편안한 안정적인 세타파를 만드는 것은 쉽지 않다. 하지만 그것을 해결해 줄 수 있는 것이 바로 뇌 훈련과 명상이다. 이것을 잘 활용하면 각성의 세타파 상태를 만들 수 있기 때문이다.

창의성을 키우는 방법은 바로 전두엽을 활성화하는 것이다. 포괄적으로 전두엽을 활성화하면 주의력, 집중력, 기억력도 좋아지지만 창의성도 좋아진다. 그래서 앞서 말한 전두엽을 활성화하는 방법을 최대한 활용하고 다음의 방법을 추가적으로 시행해 보라.

질문 기법은 아무리 강조해도 지나치지 않다. 질문에 이어서 토론하고, 토론을 발표하고, 글로 작성하는 것은 매우 큰 효과를 가져온다. 지금 초중고에서는 토론 문화를 정착시키기 위해 노력하고 있다. 그러나 가부장적이고 유교적인 문화가 아직도 많이 남아 있는 우리나라는 토론 문화가 정착하기가 쉽지 않다. 하지만 창의적인 인재를 키우기 위해서는 토론 문화를 정착시켜야 한다.

피터 드러커는 21세기의 경영자는 질문을 잘해야 한다고 말했다. 가치 있는 질문을 제대로 하느냐 못하느냐에 따라 기업의 존망이 갈릴 것이다. 창의력이 뛰어난 인재들로 하여금 새로운 혁신적인 아이디어를 만들어 내게 하기 위해서는 제대로 된 질문이 필요하다는 것이다. 앞으로 우리 아이들이 살아갈 세상에서는 각각의 전문가 집단이 모여 다른 사람들이 보지 못하는 각도의 새로운

질문을 통해 창의적인 혁신을 이루어 갈 것이다. 그렇기 때문에 창의력을 개발할 수 있는 토론문화의 정착은 아무리 강조해도 지나치지 않다. 그리고 시야를 넓혀 다르게 보기에 익숙해짐과 동시에 끊임없이 의문을 가져야 한다.

창의성은 우뇌 쪽에서 많이 활성화가 이루어진다. 좌뇌 쪽에서는 규칙과 질서를 중요시하기 때문에 기존의 것을 지키려는 성향이 강하다. 그래서 되도록 우뇌 쪽에 자극을 많이 주어야 하는데, 이를 위해서는 우리 몸의 왼쪽 부위를 많이 사용하는 것이 좋다. 즉, 왼손과 왼발을 적극 사용해 보라. 밥도 왼손으로 먹고 마우스도 왼손으로 사용하고 탁구나 배드민턴도 왼손으로 해 보라. 오른손잡이는 이와 같이 의식적으로 몸의 왼쪽을 사용하는 것이 좋다.

또한 새로운 것을 받아들이는 유연한 마음을 가져야 한다. 우리나라는 아직까지 전통적인 문화의 잔재가 많이 남아 있어 위에서 명령하고 아래에서 지시에 따르는 경향이 강하다. 그래서 새로운 것을 받아들이는 유연함이 많이 부족하다. 그러나 뇌는 새롭게 보거나 새로운 정보가 들어오면 놀고 있는 세포를 깨운다. 이때 우리가 새로운 정보를 유연하고 긍정적으로 수용할 자세가 필요하다.

우리가 무언가 새로운 것을 생각해 내기 위해서는 많은 정보가 필요하다. 만약 입체카드를 하나 만든다고 하자. 입체카드를 만들려면 우선 종이를 입체적으로 세우는 방법을 알아야 한다. 둘째, 무슨 그림을 입체적으로 표현할 것인지 그림 그리기도 알아야 한다. 그리고 입체카드를 세우는 순서를 알 수 있는 도면을 그리고 읽는 방법도 알아야 한다. 이처럼 입체카드 하나를 만드는 데도 수많은 정보가 필요하다. 이 정보들을 얻기 위해서는 각 분야에 대한 지식을 공부하고 배우는 집중의 시간이 필요하다. 정보들을 다 알았을 때 이것을 다른 방법으로 활용할 수 있는 질문과 토론이 필요하고, 이 과정에서 새로운 아이디어들이 샘솟는다. 자신이 모르는 분야에서 새로운 창의력은 나올 수가 없다. 그러므로 정보에 대한 집중력과 이것을 활용하는 창의력은 불가분의 관계에 있다고 할 수 있다. 새롭게 보거나 새로운 정보가 들어오면 뇌는 집중하게 되고 놀고 있는 세포를 깨우는 것이다. 그래서 새로운 세포 연결이 이루어지고 새로운 패턴들이 생겨난다. 새로운 자극을 긍정적으로 받아들이면 집중하는 뇌의 엄청난 지원을 받게 되는 것이다.

전두엽을 자극해서 주의 집중력을 높이고 잘 사용하지 않는 세포를 깨워 창의성을 이끌어 내자.

『집중 잘하는 뇌파 만들기』

21세기를 잘 살아가기 위해서는 집중력이 반드시 필요하다. 공부를 하든 사업을 하든 운동을 하든 간에 효율성과 경제성을 높이기 위해서는 집중력은 필수적이다. 또한 뇌 발달 측면에서도 집중력은 빠질 수 없는 요소다. 이렇게 집중력이 중요하지만 우리의 환경은 점점 집중력을 분산시키는 요인들로 넘쳐나고 있다.

이런 집중력 위기의 시대에 아이를 집중 잘하는 아이로 키우려면 부모의 지혜가 필요하다. 그래서 부모는 유아기부터 아이들의 집중력에 집중해야 한다. 휴식 능력을 높이기 위해 3초 호흡, 명상, 숙면을 위한 잠자리 환경에 관심을 가져야 한다. 또한 집중의 문을 찾아 주기 위해 배경지식을 쌓게 하고, 스스로 계획하고 도전하는 자립심도 길러 주어야 한다. 특히 전두엽을 활성화하기 위해 끊임없는 새로운 자극을 주어야 한다. 그리고 여건이 된다면 뇌 훈련을 시키는 것이 바람직하다. 이런 방법들이 뇌 과학자들이 말하는 '집중 잘하는 뇌파'를 만드는 길이다. 이시형 박사는 《뇌이야기》라는 책에서 뇌를 최적화하는 방법으로 뇌 훈련(뉴로피드백)에 대해 다음과 같이 말한다.

(재)한국정신과학연구소 박병운 박사는 2001년 세계 최초로 휴대용 뉴로피드백 시스템 뉴로하모니를 개발했다. 그는 "뉴로피드백 훈련은 반복적인 뇌파 통제 훈련을 통해 자기 스스로 자신의 뇌파를 변화시키는 훈련으로 뇌의 균형과 조화를 만들어준다"고 말했다. 수면 장애, 학습 장애, ADHD, 불안증, 강박증 등의 치료에 도움을 주고, 집중력 강화, 두뇌 이완, 두뇌 균형 등의 다양한 적용도 가능하다고 한다. 많은 임상시험에서 그 결과를 입증했다.

나는 처음 뇌파를 측정했을 때 그래프가 전체적으로 불안정한 상태였다. 그렇지만 3개월 정도 꾸준히 훈련했더니 뇌파가 많이 안정되었다. 측정 직후에는 주의력이 부족하다고 나왔지만, 뇌파 훈련을 하면서 주의력이 다른 부분과 균형을 이루면서 차츰 독서량도 늘어났다. 그 후에도 계속해서 뇌파 훈련과 독서를 병행했는데 심신 안정에 많은 도움이 되고 있다.

그는 자신이 뇌 훈련을 통해 효과를 보고 사람들에게 더 나은 삶을 살아갈 수 있도록 도움을 주고자 뇌 교육사 민간자격증을 취득했다고 한다. 여든이 넘은 나이에도 왕성한 활동을 보여 주는

21세기는 공부 잘하는 아이보다

창의성이 뛰어나고 사고를 잘하는 아이가 성공할 것이다.

창의성과 사고력을 기르는 비결은 바로 집중력이다.

그러므로 집중력에 아이의 미래와 성공의 열쇠가 들어 있다.

아이의 **미래**
뇌에 달렸다

이시형 박사는 100세 시대의 모델이라고 생각한다.

국내에서는 박병운 박사가 뇌 훈련 기기의 국산화에 성공함으로써 뇌 훈련 대중화에 기여하고 있다. 뇌 과학이 발달한 시대에 똑똑한 것은 그다지 중요하지 않다. 누구든지 똑똑해질 수 있기 때문이다. 이때 차별화될 수 있는 것은 바로 집중력이다. 집중력은 뇌 훈련을 2년 이상 지속적으로 해야 비로소 향상될 수 있으며, 집중이 잘되는 뇌는 전두엽이 발달해 창조력이 강하기 때문이다.

이제 자신에 맞는 집중력 향상법을 선택하고 훈련해서 집중력 있는 뇌로 변모해 보자. 그것이 바로 21세기의 가장 강력한 경쟁력이다.

집중의 힘은 대단하다

평범한 직장인이 두 달 동안 집중해서 서문과 목차, 그리고 본문의 일부분을 만들어 출판사에 투고를 했다. 삼 일 만에 출판사에서 러브콜이 밀려오고 일주일 이내에 계약이 체결되었다. 책을 한 번도 출간한 적이 없는 무명작가에게는 기적 같은 일이었다. 기적은 본문을 집필하는 과정에서도 계속되었다. 회사 업무를 마치면 자동으로 집중이 되는 것이다. 이 기간에 내가 살아오면서 가장 높은 집중력이 발휘되었고, 시간을 가장 효율적으로 사용한 듯싶다. 대학을 들어가기 위해 치열하게 공부했던 고3 시절보다, 취업을 위해 노력했던 시간들보다 몇 배의 집중력이 발휘되었다. 집중력도 도전 목표에 따라 그 발휘의 정도가 다르다는 사실을 느꼈다. 왜 우리가 가치 있고 의미 있는 높은 목표를 잡아야 하는지도 다시 한 번 되새기게 되었다. 책을 쓴다는 것이 이렇게 재미있고 흥미로운 일인지 왜 몰랐단 말인가!

　이 놀라운 집중력의 체험을 대한민국의 아이들에게 먼저 전하고 싶다. 무엇에 집중해야 할지 모르고, 어떻게 집중해야 할지도 모른 채 흘러가는 시간을 그냥 낭비하는 대한민국의 아이들에게 자신에게 집중하는 법을 알려 주고 싶다. 또한 어른이 되었지만 아직도 자신의 인생에 집중하지 못하고 있는 모든 사람에게도 집중력의 방법을 알려주고 싶다. 나는 스스로 기한을 촉박하게 잡고 집중력의 한계에 도전했다. 집중하면 할수록 예전에 상상도 하지 못했던 일들이 일어났다. 자료 수집을 위해 도서관에 가서 책 한 권을 펼치면 30분 이내에 볼 수 있었다. 활자들이 눈에 빨려 들어오는 것 같다고밖에 표현할 수가 없다. 그동안에 익혀왔던 속독, 포토 리딩, 포커스 리딩 등의 방법들이 한꺼번에 뇌에서 작동되는 느낌이었다.

　뇌는 주인의 명령을 한 치의 오차도 없이 실행할 뿐만 아니라 잠재력을 일깨워 상상을 초월하는 기적과 같은 일이 일어나도록 한다. 뇌는 주인의 명령에 집중해서 뭔가를 더 창조해서 덤으로 주는 것이다. 하지만 컴퓨터는 A를 입력하면 정확하게 A만 출력된다. 그래서 뇌와 컴퓨터는 다른 것이다. 컴퓨터는 절대로 인간의 뇌를 따라올 수 없다. 뇌에 대한 막연한 관심을 갖기보다는 뇌를 알고 활용하면 기적이라고 말하는 것들을 직접 체험 할 수 있다.

나는 짧은 시간에 방대한 양의 책을 읽었다. 독서법에 관한 책을 내도 될 정도로 책 읽기가 쉽고 편안했다. 서로 다른 저자들이 같은 주제를 놓고 각기 다양한 언어로 표현한 것을 내가 다시 나만의 것으로 창조하는 기쁨을 누릴 수 있었다. 이 책을 집필하면서 자연스럽게 전두엽의 활동이 활발하게 진행되어 불필요한 것은 자동으로 제거됨을 체험할 수 있었다. 반면 멀리서 집중에 관한 이야기를 하면 저절로 크게 들렸고, 집중에 관련된 것을 보면 빨리 그리고 크게 보였다.

이런 집중력은 누구나 발휘할 수 있다. 20년 이상 집중력에 관심을 갖고 있어서 막연하게 책을 써야겠다는 생각은 하고 있었지만 실천에 옮기지는 못했다. 그리고 10년 이상 뇌 훈련을 활용하면서 체험한 마법 같은 뇌의 변화들을 세상에 알리고 싶었다. 뇌과학을 활용하면 뇌를 최적화해 아이들로 하여금 여유롭게 시간을 활용하면서 똑똑하게 성장할 수 있도록 있게 할 수 있다는 사실을 알면서도 세상에 알리지 못해 안타까워하고 있었다. 그러던 중 내게 기회가 찾아왔다. 가족과 떨어져 혼자 부산에서 직장 생활을 하면서 자료를 모으고 준비하다 지인을 만나 도움을 받았다. 생각을 정리해 책으로 만들려고 하자 전두엽의 신경망에 변화가 일어났는지 많은 아이디어가 떠오르고 도파민이 분비되는지 마구 흥분되었다. 만약 아이들도 이렇게 집중할 수 있다면 입시지옥에서 지옥 같은 삶이 아니라 분명 더 나은 삶을 살 수 있고, 대한민국 교육에서 일어나고 있는 악순환이 해결될 수 있는 하나의 실마리가 된다. 무엇인가에 집중한다는 것은 자신과 대면하는 것이다. 그리고 자신이 알고 있던 부분 말고도 전혀 몰랐던 또 다른 자신과도 만나게 된다. 또한 현재보다 더 가치 있는 일에 도전하는 새로운 인생을 살게 된다. 그러니 이제 여러분도 집중의 대상을 찾아 집중하고 그 결과 전두엽을 비롯한 뇌의 전폭적인 지지와 도움으로 잠든 무의식을 깨워 또 다른 세계를 맛보기를 진심으로 바란다.

끝으로 이 책이 세상에 나오는 데 도움을 준 평단출판사에 감사를 드린다. 그리고 자료를 정리하고 도와준 아내와 묵묵히 자식의 성공을 위해 기도하시는 부모님, 건강하게 자신의 길을 찾아가는 두 아이들에게 깊은 감사의 마음을 전한다.

참고문헌
BIBLIOGRAPHY

* 제프브라운 · 마크펜스크 · 네포런트 지음,《위너브레인》, 김유미 옮김, 문학동네, 2011.

* 조 디스펜자 지음,《꿈을 이룬 사람들의 뇌》, 김제일 · 윤혜영 옮김, 한언, 2009.

* 존 메디나 지음,《브레인 룰스》, 서영조 옮김, 정재승 감수, 프린티어, 2009.

* 이코타 사토시 지음,《되살아는 뇌의 비밀》, 황소연 옮김, 가디언, 2011.

* 박종연 지음,《스마트폰 중독 이렇게 극복하라》, 혜성출판사, 2013.

* 짐 로빈스 지음,《뉴로피드백, 두뇌의 자기 치유》, 이구형 옮김, 지성사, 2013.

* 이시영 지음,《뇌 이야기》, 북포스, 2012.

* 마야 슈토르히, 쿤트프랑크 지음,《휴식 능력 마나나》, 송소민 옮김, 동아일보사, 2011.

* 스티븐 코비 지음,《성공하는 사람들의 7습관》, 김경섭 · 김원석 옮김, 김영사, 1994.

* 톰 피터스 지음,《미래를 경영하라》, 정승욱 옮김, 21세기북스, 2005.

* 박승후 지음,《포커스 리딩》, 한언, 2008.

* 존 레이티 지음,《뇌, 1.4킬로그램의 사용법》, 김소희 옮김, 최주식 감수, 21세기북스, 2010.

* 권기태 지음,《일분 후의 삶》, 랜덤하우스코리아, 2007.

* 황농문 지음,《몰입 두 번째 이야기》, 알에이치코리아, 2013.

* 변기원 · 박재원 지음,《부모가 아는 만큼 좋아지는 공부 집중력》, 비아북, 2009.

* 이명경 지음,《집중력이 내 아이의 인생을 결정한다》, 랜덤하우스코리아, 2006.

* 매기 잭슨 지음,《집중력의 탄생》, 왕수민 옮김, 다산초당, 2010.

* 루시 조 펠러디노 지음,《포커스 존》, 조윤경 옮김, 멘토르, 2009.

* 린다 란티에리 · 대니얼 골먼 지음,《엄마표 집중력》, 병인영 옮김, 해빗, 2009.

* 우에시마 메구미 지음,《집중력향상 1분 트레이닝》, 선우 옮김, 나너우리, 2013.

* 신의진 지음,《디지털 세상이 아이를 아프게 한다》, 북클라우드, 2013.

* 라이프 엑스퍼트 지음,《집중의 기술》, 전경아 옮김, 기원전, 2008.

* 김영훈 · 한국교육방송공사 지음,《아이의 공부 두뇌》, 베가북스, 2012.

* 정형권 지음,《몰입공부법》, 성안당, 2012.

* P. M. 포르니 지음,《생각하며 산다는 것》, 임현경, 21세기북스, 2012.

* 알란 워커 지음,《영혼을 위한 휴가》, 박인희 옮김, 지혜의나무, 2009.

* 이영돈 지음,《마음: KBS 특별기획 다큐멘터리》, 예담, 2006.

* 정목 지음,《비울수록 가득하네》, 쌤앤파커스, 2013.

* 공지영 지음,《높고 푸른 사다리》, 한겨레출판, 2013.

* 엘리너 스널 지음,《우리 아이 마음 집중》, 하정희 옮김, 동아일보사, 2013.

* 호아킴 데 포사다 · 밥 앤들먼 지음,《마시멜로 이야기 3》, 공경희 옮김, 21세기북스, 2013.

* 장승수 지음,《공부가 가장 쉬웠어요》, 김영사, 2004.

* 신홍범 지음,《우리아이 수면 코칭》, 미래인, 2011.

* 리사 헤인버그 지음,《집중》, 박정길 옮김, 마젤란, 2008.

* 임경택 지음,《숨쉬는 이야기: 단전호흡》, 샘이깊은물, 2008.

* 마이클 겔브 · 켈리 하월 지음,《뇌를 젊게하는 8가지 습관》, 고빛샘 옮김, 청림Life, 2013.

* 게리 스몰 지음,《뇌가 살아야 내 몸이 산다》, 이미정 옮김, 이재홍 감수, 이상media, 2011.

* 이안 로버트슨 지음,《승자의 뇌》, 이경식 옮김, 알에이치코리아, 2013.

* 샘 혼 지음,《집중력 마법을 부리다》, 이상원 옮김, 갈매나무, 2012.

* 라이프 엑스퍼트 지음,《집중력으로 승부하라》, 기원전, 2011.

* 세론 Q. 듀몬 지음,《성공하려면 집중력으로 승부하라!》, 박현석 옮김, 동해출판, 2006.

* 로베르 클라르크 지음,《천재들의 뇌》, 이세진 옮김, 해나무, 2003.

* 라이오넬 타이거 · 마이클 맥과이어 지음,《신의 뇌》, 김상우 옮김, 와이즈북, 2012.

* 짐 로허 · 토니 슈워츠 지음,《삶을 주관하는 힘, 몰입 에너지》, 유영만 · 송경근 옮김, 한언, 2004.

* 김수영 지음,《멈추지마 다시 꿈부터 써봐》, 웅진지식하우스, 2010.

* 할 어반 지음,《긍정적인 말의 힘》, 박정길 옮김, 엘도라도, 2006.

* 박은몽 지음,《김연아의 6가지 성공코드》, 문예춘추사, 2010.

* 멕스웰 몰츠 지음,《성공의 법칙》, 공병호 옮김, 비즈니스북스, 2010.

* 서효석 지음,《입으로 숨쉬면 병에 걸린다》, 스프링, 2011.

* 대한수면연구회 지음,《수면혁명》, 북스캔, 2006.

* 강신장 지음,《오리진이 되라》, 쌤앤파커스, 2010.

* 말콤 글래드웰 지음,《아웃라이어》, 노정태 옮김, 최인철 감수, 김영사, 2009.

* 니콜라스 카 지음,《생각하지 않는 사람들》, 최지향 옮김, 청림출판, 2011.

* 도로시 리즈 지음,《질문의 7가지 힘》, 노혜숙 옮김, 더난출판사, 2002.

* 위르겐 볼프 지음,《버리고 시작하라》, 김정혜 옮김, 흐름출판, 2010.

* 정은기 지음,《초집중력 학습법》, 새론북스, 2009.

* 모기 겐이치로 지음,《뇌가 기뻐하는 공부법》, 이근아 옮김, 이아소, 2009.

* 토르켈 클링베르그 지음,《넘치는 뇌》, 한태영 옮김, 정갑수 감수, 월컴퍼니, 2012.

* 요시다 다카요시 지음,《누구나 천재가 될 수 있다 뇌자극 공부법 합격바이블》, 전경아
  옮김, 지상사, 2009.

* 정은기 지음,《아인슈타인 두뇌 훔치기》, 경향에듀, 2009.

* 조성래 지음,《걷기명상》, 알아차림, 2013.

* 헤네폴라 구나라나타 지음,《위빠사나 명상》, 손혜숙 옮김, 아름드리미디어, 2007.

* 존 카밧진 지음,《마음챙김 명상》, 장현갑 · 김교헌 · 김정호 옮김, 학지사, 2005.

* 란메이 지음,《불교명상: 일상의 스트레스와 번뇌에서 벗어나는 정신 수련법》, 김진무 옮김,
  일빛, 2011.

* 성영신 · 강은주 · 김성일 지음,《뇌를 움직이는 마음, 마음을 움직이는 뇌》, 해나무, 2004.

* 매튜 에들런드 지음,《휴식: 내몸이 새로 태어나는 시간》, 이유경 옮김, 라이프맵, 2011.

* 서유헌 지음,《엄마표 뇌교육》, 생각의나무, 2010.

* 다이애나 St 루드 지음,《마음을 풀어주는 명상》, 홍종욱 옮김, 지혜의나무, 2009.

* C. M. 브리스톨 지음,《신념의 마력》, 오태환 옮김, 도서출판 선영사, 1987.

* 이케가야 유지 · 이토이 시게사토 지음,《해마》, 박선무 · 고선윤 옮김, 은행나무, 2006.

* 김용욱 지음,《몰입, 이렇게 하라: 몰입형 인간 만들기 3×3》, 물푸레, 2009.

* 루스 클라인 지음,《스트레스를 날려버릴 77가지 방법》, 박미경 옮김, 현문미디어, 2010.

* 낸스 길마틴 지음,《당신, 잠시 멈춰도 괜찮아》, 김학영 옮김, 비즈니스북스, 1012.

* 한진규 지음,《잠이 인생을 바꾼다》, 팝콘북스, 2006.

천재보다 집중 잘하는
청소년이 성공한다

김동하 지음

발 행 일 초판 1쇄 2014년 7월 25일
　　　　　초판 4쇄 2014년 12월 18일
발 행 처 평단문화사
발 행 인 최석두

등록번호 제1-765호 / 등록일 1988년 7월 6일
주　　소 서울시 마포구 서교동 480-9 에이스빌딩 3층
전화번호 (02)325-8144(代) FAX (02)325-8143
이 메 일 pyongdan@hanmail.net
I S B N 978-89-7343-397-1 03320

이 도서의 국립중앙도서관 출판시도서목록(CIP)은 e-CIP 홈페이지(http://www.nl.go.kr/ecip)와
국가자료공동목록시스템(http://www.nl.go.kr/kolisnet)에서 이용하실 수 있습니다.
(CIP제어번호: CIP2014019656)

저희는 매출액의 2%를 불우이웃돕기에 사용하고 있습니다.